DIE FRAU IN DER GESELLSCHAFT
FRÜHE TEXTE

Herausgegeben von Gisela Brinker-Gabler

Lektorat:
Jutta Siegmund-Schultze

FISCHER TASCHENBUCH VERLAG

FRAU UND MUSIK

Mit Beiträgen von
Nina d'Aubigny, Adele Gerhard, Johanna Kinkel,
Alma Mahler-Werfel, Clara Schumann u. a.

Herausgegeben und eingeleitet von
Eva Rieger

FISCHER TASCHENBUCH VERLAG

Originalausgabe
Fischer Taschenbuch Verlag
Dezember 1980
Umschlagentwurf: Jan Buchholz/Reni Hinsch
Fischer Taschenbuch Verlag GmbH, Frankfurt am Main

Gesamtherstellung: Hanseatische Druckanstalt GmbH, Hamburg
Printed in Germany
1280-ISBN-3-596-22257-5

ZU DIESER REIHE

Als eine Frau lesen lernte,
trat die Frauenfrage in die Welt.
Marie von Ebner-Eschenbach (1830–1916)

Die neue Reihe »Die Frau in der Gesellschaft – Frühe Texte« führt die gegenwärtige Erneuerung der Diskussion um Status und Selbstverständnis der Frau zurück auf die historische Tradition. Die Wiederentdeckung literarischer und sachlicher Beiträge von Frauen sowohl des bürgerlich-gemäßigten und radikalen Flügels als auch von Frauen aus dem sozialistischen Lager soll den heutigen Emanzipationsbewegungen neue Impulse und Denkanstöße geben. Denn in den Texten und Analysen, die seit Mitte des 19. Jahrhunderts bis zum Beginn der dreißiger Jahre im Zuge der ersten Frauenbewegung entstanden, wird teilweise ein Argumentationsstand erreicht, über den die heutige Diskussion nicht nur nicht hinausgekommen, sondern vielfach sogar wieder zurückgefallen ist. Die einzelnen Bände, die jeweils unter ein bestimmtes Thema gestellt wurden, enthalten heute zum Teil unbekannte und kaum noch erreichbare Texte und Dokumentationen von Schriftstellerinnen, Wissenschaftlerinnen und Politikerinnen, die bereits vor mehr als hundert Jahren erstaunlich sachliche Vorarbeit im Kampf um die Gleichstellung der Frau in unserer Gesellschaft geleistet haben. Die Rückgewinnung der Geschichte der Frauen und ihrer Kämpfe bedeutet einen wichtigen Beitrag zur Sicherstellung gleicher Rechte und Chancen der Frauen heute und in der Zukunft.
Die Textauswahl wird jeweils durch eine Einleitung, Kurzbiographien der Autorinnen und bibliographische Angaben ergänzt.
Folgende Bände dieser Reihe sind bisher erschienen: ›Zur Psychologie der Frau‹, hrsg. v. Gisela Brinker-Gabler (Bd. 2045), ›Frauenarbeit und Beruf‹, hrsg. v. Gisela Brinker-Gabler (Bd. 2046), ›Frauen gegen den Krieg‹, hrsg. v. Gisela Brinker-Gabler (Bd. 2048) und ›Frau und Sport‹, hrsg. v. Gertrud Pfister (Bd. 2052). In Vorbereitung: ›Frau und Gewerkschaft‹, hrsg. v. Gisela Loseff-Tillmanns u. a. m.
Parallel zu diesen Themenbänden erscheinen innerhalb der Reihe »Die Frau in der Gesellschaft« auch Lebensgeschichten bedeutender Frauen in Selbstzeugnissen und Dokumenten aus dem gleichen Zeitraum der »Frühen Texte«. Innerhalb dieses Pro-

gramms sind bisher erschienen: ›Fanny Lewald. Meine Lebensgeschichte‹, hrsg. v. Gisela Brinker-Gabler (Bd. 2047) und ›Mathilde Franziska Anneke in Selbstzeugnissen und Dokumenten‹, von Maria Wagner (Bd. 2051).
In Vorbereitung: ›Toni Sender. Autobiographie einer deutschen Rebellin‹, hrsg. v. Gisela Brinker-Gabler (Bd. 2044), ›Bertha von Suttner. Memoiren‹, hrsg. v. Gisela Brinker-Gabler (Bd. 2053) und ›Rahel Sanzara. Eine Biographie‹, von Diana Orendi-Hinze (Bd. 2258).

ZU DIESEM BUCH

Warum gibt es kein weibliches musikalisches Genie? Diese Frage bewegte bereits die Frauen der ersten Emanzipationsbestrebungen ebenso wie die Frage nach einer eigenständigen weiblichen musikalischen Aussage überhaupt. Dieser Band vereinigt neben theoretischen Erörterungen über das Geniale, die Kreativität und Frauenkunst sowie Schilderungen aus dem musikpädagogischen Bereich auch Situationsberichte von Komponistinnen und Sängerinnen in Tagebüchern, Buchveröffentlichungen und Briefen. An diesen authentischen Texten aus dem 19. und beginnenden 20. Jahrhundert werden die Brüche und Widersprüche deutlich, die sich im Leben dieser Frauen als Reaktion auf die gesellschaftlichen Zwänge niedergeschlagen haben. Entweder sie ergaben sich der ihnen zugeordneten Frauenrolle und ordneten sich dem Mann unter wie zum Beispiel Cosima Wagner, oder sie rebellierten wie Agnese Schebest in den fünfziger Jahren des vorigen Jahrhunderts, oder sie scheiterten als Künstlerinnen wie Alma Mahler-Werfel. Neben den institutionellen Zwängen waren es aber auch ideologische Postulate, die den Weg der Frau zur großen Musikerin behinderten, und der Konflikt zwischen Küche und Karriere. Die Probleme überlagern, wenn auch in modifizierter Form, auch heute noch die Situation der Musikerin. Diese Textsammlung ist daher, abgesehen von ihrem historischen Interesse, auch ein wichtiger Beitrag zur Selbstfindung der Musikerin in unserer Gesellschaft.

DIE HERAUSGEBERIN

Eva Rieger, Jahrgang 1940, studierte Musikwissenschaft und Erziehungswissenschaft und promovierte über die Schulmusikerziehung in der DDR. Sie war von 1973 bis 1977 wissenschaftliche Assistentin an der Hochschule für Musik in Berlin und ist seit 1978 Akademische Rätin für Musikerziehung an der Universität Göttingen. Seit 1973 ist sie aktiv in der Frauenbewegung tätig.

INHALT

EINLEITUNG

Noch immer spielt die Frau in unserer Musikkultur nur eine bescheidene Nebenrolle. Ihr Anteil an der Musikproduktion ist im Vergleich zum Mann gering, und ein weibliches musikalisches Genie ist in der Musikgeschichte nicht verzeichnet. Wenn man nach den Gründen für diese geringe Mitwirkung der Frau in der Musik sucht, fällt zunächst die unterschiedliche Beteiligung von Frauen an den diversen musikalischen Sparten und in den verschiedenen historischen Epochen auf. Vom Mittelalter an war Frauen der Zugang zur »hohen« Musik versperrt (im Gegensatz zur Volksmusik, an der sie stets beteiligt waren), weil diese Musik ausschließlich im Dienst der Kirche stand und Frauen von kirchlichen Ämtern und liturgischen Handlungen ausgeschlossen blieben. Erst vom 17. Jahrhundert an betritt die Frau als Sängerin die Opern- und Konzertbühne. Vorher wurden Frauenrollen von Kastraten gesungen. Mit dem Siegeszug der aus Italien kommenden Oper verlangte die Öffentlichkeit nun nach dem Reiz der weiblichen Stimme. Im 18. Jahrhundert, unter dem Einfluß der französischen Kultur, wurde auch die klavierspielende Dame salonfähig. Das expandierende Verlagsleben förderte gleichzeitig die Verbreitung leicht spielbarer, häufig trivialer Klavierstücke und fand in den Frauen willkommene Abnehmer. Nicht selten wurde diese Musik sogar ausdrücklich von Männern für Frauen komponiert. Doch der Zugang zu fast allen anderen Instrumenten blieb ihnen weiterhin versperrt. Mit Ausnahme der Harfe, die als »weibliches« Instrument galt und seit jeher der Frau überlassen wurde, war Frauen das Orchesterspiel bis zu Beginn dieses Jahrhunderts verwehrt. Noch heute existiert in Deutschland ein Orchester, und zwar bezeichnenderweise dasjenige mit dem größten internationalen Prestige, das Berliner Philharmonische Orchester, das außer einer Harfenistin am zweiten Pult keine Frau im Ensemble hat und dessen Chefdirigent Frauen als Mitarbeiterinnen ablehnt.[1]

[1] Herbert v. Karajan gab in Peking während einer Pressekonferenz auf die Frage, warum es bei den Philharmonikern keine weiblichen Musiker gebe, die Antwort, daß Frauen »in die Küche und nicht ins Symphonieorchester gehören« (Die Welt vom 7. 11. 1979).

Frauen wurden also in das öffentliche Musikleben immer nur dann einbezogen, wenn Männer ihren Platz nicht ausfüllen konnten. Sie wurden im reproduzierenden Bereich allmählich, wenn auch immer noch mit Vorbehalten, toleriert, obwohl einige Instrumente, wie Blechblas- und Schlaginstrumente, die Domäne der Männer geblieben sind. Im eigenschöpferischen Bereich aber, als Komponistinnen, wurden Frauen bis heute nie unterstützt; im Gegenteil, jahrhundertelang blieben ihnen die Musikhochschulen verschlossen, ihre Werke wurden ignoriert, verlacht oder, noch schlimmer, mit »weiblichen« Attributen wie »blaß«, »hübsch«, »kurzer Atem« usw. versehen.

Ein Vergleich mit anderen Künsten zeigt die gleichen Phänomene. Frauen konnten immer dort zuerst »einbrechen«, wo die eigenschöpferische Leistung zweitrangig war. In der bildenden Kunst waren Kunsthandwerk und Kunstgewerbe am leichtesten zugänglich. Am stärksten tabuisiert war die Bildhauerei. Es gab noch zu Beginn dieses Jahrhunderts erfolgreiche Bestrebungen, Frauen von den Ausbildungsstätten auszuschließen. In der Musik wurden Frauen zwar im reproduzierenden Bereich, als Sängerin und Instrumentalspielerin, sowie im musikpädagogischen Sektor akzeptiert, die Komposition indessen war für sie stets ein »verschlossener Garten«.

Es fehlte nicht an Versuchen, die mangelnde Teilnahme der Frau an der künstlerischen Produktion mit ihrem »naturgegebenen« eigenschöpferischen Defizit zu erklären. Doch die vielen vergessenen und unbeachteten Werke von Frauen in den Archiven der Musikbibliotheken und Büchereien beweisen die Unhaltbarkeit dieser Behauptung. Offensichtlich gab es viele Komponistinnen, die zu Unrecht unbekannt geblieben sind. Das Aufspüren ihrer Werke wird vor allem dadurch erschwert, daß viele Frauen unter männlichem Pseudonym veröffentlichten.

In der Diskussion über die weibliche Kreativität erstaunt des weiteren die rigide Trennung zwischen der angeblich unschöpferischen Musikausübung und dem Komponieren. In Wirklichkeit verwischt sich diese Grenze. Gesang und Instrumentalspiel erfordern durchaus ein eigenschöpferisches Potential, trägt doch auch die persönliche Interpretation des vortragenden Künstlers nicht unwesentlich zum Erfolg eines Werkes bei. Frauen haben als Sängerinnen ihre Zuhörer zu Tränen gerührt und leidenschaftliche Akklamationen ausgelöst. Ist solche Reaktion wirklich durch bloße Nachahmung zu bewirken? »Alles, was ich schaffe, kommt aus mir selbst«[2], bekennt die berühmte Sängerin

[2] Lilli Lehmann, *Mein Weg*. Leipzig 1913, Bd. 1, S. 171.

Lilli Lehmann in ihren Memoiren. Ist man aber bereit zuzugeben, daß erst die eigenschöpferische Persönlichkeit eine gute Sängerin ausmacht, fällt die im Namen des Schöpferischen vollzogene Trennung von Komposition und künstlerischer Ausübung in sich zusammen.
Mit dem Aufkommen der ersten Frauenbewegung um die Mitte des vorigen Jahrhunderts zog die Frage der weiblichen Kreativität weitere Kreise. Man sah in der geringen Anzahl schöpferisch tätiger Frauen weniger ein »natürliches« Defizit als vielmehr ein Ergebnis des Ausschließlichkeitsanspruchs männlich-patriarchaler Kultur. Inwiefern ist aber unsere Musikkultur, die sich stets mit allgemein-menschlichem Anspruch an die Zuhörer wandte, von männlichen Interessen durchsetzt? Kann allen Ernstes behauptet werden, daß Musik geschlechtsspezifische Inhalte überträgt?

Männliche Musikkultur

Die Musikwissenschaft hat den Ruf, eine äußerst konservative Disziplin zu sein und darin sogar die Theologie noch zu übertreffen. Ihre patriarchale Grundstruktur steht im Zusammenhang mit der staatsstabilisierenden Funktion, die die »hohe« Musik vom Mittelalter an über Jahrhunderte hinweg innehatte. Mehr als andere Künste hat sich die Musik mit staatlichen Interessen verbündet und disziplinierend gewirkt. Im Mittelalter, als die Musiktheoretiker an den Universitäten ihre Dogmen verkündeten, wurde die Musik außerhalb der Klostermauern ausschließlich von Männern gelehrt und ausgeübt. Frauen durften zwar innerhalb der Klostermauern musizieren und komponieren, waren jedoch von der kirchlichen Musikhierarchie ausgeschlossen. Diese Funktionslosigkeit weiblicher Kunst ist wohl einer der Gründe für die geistige Auszehrung der Frau.
Jahrhundertelang diente die Musik zum Lob Gottes, um dann allmählich in das Lob weltlicher Herrscher, einzelner Heroen und schließlich des bürgerlichen Mannes einzustimmen. Zwar wurde auch die Frau in vielfältiger Weise musikalisch dargestellt und besungen, aber stets als Objekt der männlichen Imagination, sei es als idealisierte Geliebte oder als Repräsentantin der Unterwelt, des Unbewußten, Hexenhaften und Bösen schlechthin. Man projizierte männliche Phantasien, Sehnsüchte und Ängste in sie hinein, aber die realen Bedingungen weiblicher Alltagsexistenz wurden ausgespart. Sie hätten sich auch schwerlich künstlerisch-idealisierend abbilden lassen.

Beethovens Mondscheinsonate
von Franz Stassen

Der mit der Französischen Revolution sich verstärkende Säkularisierungsprozeß hatte für die Musik zur Folge, daß sich ihre aristokratische und kirchliche Funktionalisierung wandelte. Mit der Ablösung des Feudalismus durch den Absolutismus entwikkelte sich ein zunehmend stärkerer Einfluß des Bürgertums auf die Künste. Joseph Haydn (1732–1809), der die Wünsche und

Träume dieses neuen Publikums musikalisch umsetzte, erntete mit seinen Oratorien Stürme der Begeisterung.
»Die Schöpfung«, von Musiktheoretikern als »die Spitze des nationalen Gemeinschaftserlebnisses der beiden Jahrzehnte nach 1800« bezeichnet[3], ein Werk, das Vorstellungen symbolisiert, »die dem Geistesgebäude eines sich frei und aufgeklärt fühlenden Bürgertums entnommen sind«[4], dokumentiert die Übernahme der gesellschaftlichen Macht durch den männlichen Bürger. Dieses Kunstwerk feiert »die bürgerliche Lebensform im besonderen«, wodurch es zu einem »durch und durch weltlich gerichteten Werk« wird.[5] Die Vermengung weltlicher und geistlicher Elemente in dieser Musik trug dazu bei, daß bürgerliche Normen, zu denen die Unterdrückung der Frau zählte, als gottgegeben akzeptiert wurden. Wie der himmlische Herr, so ist auch der Familienvater zum Herrschen bestimmt. Adam darf Eva leiten, sie hat ihm zu folgen, und mit den Worten »Dein Wille ist mir Gesetz. So hat's der Herr bestimmt«, fügt sie sich in dieses Gewaltverhältnis, das auch musikalisch seinen Ausdruck findet: Während Adam mit punktierten Rhythmen und der aufsteigenden Terz Aktivität ausstrahlt, bedeuten der Vorhalt und das Sekundintervall bei Eva Schwäche und Passivität.
Es ist bezeichnend, daß die in diesen Jahrzehnten errichteten Konzertsäle architektonisch an religiöse Kultstätten erinnern. Häufig hatten sie eine Tempelfassade und demonstrierten so schon äußerlich die Verwobenheit religiöser und weltlicher Vorstellungen, die Übertragung göttlicher auf menschlich-männliche Macht.
Die spekulative Philosophie des deutschen Idealismus sprach dem musikalischen Kunstwerk Transzendenz und Offenbarungskraft zu und predigte die Vorstellung vom zeitlos Schönen. Diese geschichtslose Ästhetik, die dem Geniekult des »Sturm und Drang« entsprach, hatte für die Frau verhängnisvolle Auswirkungen. Der Komponist wurde als »göttliches Genie« verehrt, die Inspiration wurde glorifiziert und der Anteil der eigenen Leistung gering bewertet. Das Kunstwerk galt folglich als zeitloses Dokument göttlicher Vollkommenheit. Im Mittelpunkt der bürgerlichen Musikkultur stand der Begriff des »autonomen Kunstwerks« und der »absoluten Musik«. »Absolute Musik« bedeutete zum einen die Widerspiegelung des Absoluten, des Metaphysischen im Kunstwerk, zum andern das Hin-

[3] Schering, zit. b. Eberhard Preussner, *Die bürgerliche Musikkultur*. Hamburg 1935, S. 23.
[4] Preussner, a. a. O., S. 75.
[5] Ebd., S. 78.

überwechseln aus der Sphäre des Gefühls in die der »reinen Idee«. Der Komponist aber, der »Metaphysisches« in seiner Musik zu vermitteln vermochte und als Sonderfall der Schöpfung, als menschliche Inkarnation des »Absoluten« verehrt wurde, konnte nur männlichen Geschlechts sein. In seinem Genie feierte das Bürgertum zugleich die eigene – männliche – Leistung. Auch die Lehre von der »reinen Idee«, die der deutsche Idealismus verkündete, entsprach dem männlichen Weltbild, galt doch Verhaftetsein im Körperlichen, Sinnlichen seit alters her als weibliches Merkmal. Robert Schumann (1810–1856) verdeutlicht diesen männlich-elitären Anspruch, wenn er von einem Stück seines Zeitgenossen Carl Reißiger meint, es wäre »ein Quartett bei hellem Kerzenglanz unter schönen Frauen anzuhören ... während wirkliche Beethovener die Tür verschließen und in jedem einzelnen Takt schwelgen und saugen«.[6] Seichte Salonmusik läßt sich angemessen bei Kerzenlicht und in Gegenwart schöner Frauen genießen, während die »innerste Wesenheit der Kunst«, das Eigentliche also, dort erfahrbar wird, wo man sich von der vulgären Öffentlichkeit und von den Frauen zurückzieht.

Es ist kein Zufall, daß Ludwig van Beethovens Name in diesem Zusammenhang genannt wird; spiegelte er doch wie kaum ein anderer Komponist das neue Selbstbewußtsein des aufstrebenden Bürgertums musikalisch wider. Er verherrlichte mit seiner Musik alle Eigenschaften, mit denen der männliche Bürger am Ende des feudalistischen Zeitalters sich identifizieren konnte: Tatendrang, Eigenwille und Selbstvertrauen. So nahm die Verehrung Beethovens nahezu kultische Züge an, die sich bis heute noch finden. In diesem Fall ist die häufig zu beobachtende Gleichsetzung von männlichen mit »menschlichen« Eigenschaften besonders deutlich. Beethoven galt als Genie der Menschheit schlechthin, in Wirklichkeit verkörperte er Vorstellungen, mit denen sich damals vor allem Männer identifizieren konnten.

Nicht zufällig trieb Beethoven die Entwicklung der Sonatenform entscheidend voran. Dieses am häufigsten verwendete formale Korsett der Klassik (in Ouvertüre, Sinfonie, Sonate, in der Kammermusik usw.) enthält in der Themeneinteilung Geschlechterrollen-Stereotypen. Das größte deutschsprachige Musiklexikon schreibt über die Sonatenform: »Zwei Grundprinzipien des Menschen sollen in den beiden Hauptthemen Gestalt werden: das tätig nach außen drängende männliche (1. Thema)

[6] Zit. b. Carl Dahlhaus, *Die Idee der absoluten Musik*. Kassel/Basel 1978, S. 20.

Beethoven
Radierung von Alois Kolb

und das still in sich ruhende weibliche (2. Thema).«[7] Das 2. Thema wird als »Folgethema«, das von »geringer Selbständigkeit« zu sein hat, umschrieben. Es ist nicht von der Hand zu weisen, daß die musikalische Ausführung der gegensätzlichen Themen an die Geschlechter-Polarität erinnert, denn, obwohl sie sich in der Durchführung vermengen, geht in der Reprise das »männliche« Hauptthema fast immer siegreich hervor. Und wenn um die Jahrhundertwende ernsthaft geschrieben wird: »Die Kunst der Frau begleitet die Kunst des Mannes. Sie ist die zweite Stimme im Orchester, nimmt die Themen der ersten Stimme auf, wandelt sie ab, gibt ihnen neue, eigenartige Färbung; aber sie klingt und lebt von jener«[8], so zeigt sich darin ein Musikverständnis, das auf theoretische Durchdringung verzich-

7 MGG (Musik in Geschichte und Gegenwart). Kassel 1956, Artikel »Form«, Bd. 4, Spalte 549.

8 Hans Hildebrandt, *Die Frau als Künstlerin.* Berlin 1928, S 108.

tet und unreflektiert Assoziationen zur angeblich naturgegebenen Passivität und Unterlegenheit der Frau auf den musikalischen Bereich überträgt.

Die musikalischen Entsprechungen des Geschlechterverhältnisses auf der verbal-assoziativen Ebene, die in der Musikliteratur verbreitet zu finden sind, ließen sich detailliert nachweisen.[9] Es bedarf dazu gar keiner Spitzfindigkeit, da die Musiktheoretiker selber musikalische Sachverhalte mit Geschlechter-Etiketten bezeichnen (»das Rezitativ ist der Bruder, die Arie die Schwester. Beginnt er, setzt sie fort . . .«[10]) oder musikalische Empfindungen den Geschlechtern zuordnen: »Wer sich gern in die Symbolik [der musikalischen Sprache] versenkt, der mag in den Adagios und Scherzos unsrer Sonaten und Sinfonien eine überwiegend weibliche Empfindungsweise erkennen, sich auch vielfach von deren mildem Walten in den sogenannten zweiten Hauptmotiven der Allegrosätze angemutet fühlen«.[11] Viele musikalische Phänomene finden eine Entsprechung in diesem Geschlechterrollen-Verständnis. Das männliche Prinzip zeigt sich in großen Intervallsprüngen, aufwärtsstrebenden Dreiklängen, Lautstärken, sforzatis, Oktavengängen, der Fuge, der vollen Orchesterbesetzung sowie reichlichem Einsatz der (Blech)blasinstrumente. Dem weiblichen Prinzip entsprechen lyrische Melodien, legato-Phrasierungen, bevorzugter Einsatz von Flöte und Harfe, kammermusikalische, filigranhafte Instrumentation, piano-Stellen, leicht abfallende oder ansteigende melodische Passagen im Sekundintervall, gleichmäßige Rhythmik.

Ein musikalisches Beispiel mag die Darstellung der Frau in diesem Zusammenhang erhellen. In Franz Liszts »Faust-Symphonie« wird Faust im ersten, Gretchen im zweiten Satz musikalisch illustriert. Das Thema Fausts ist aufwärtsstrebend, rhythmisch markant und leidenschaftlich skizziert; Gretchen dagegen erhält ein abwärtsgleitendes, kleinschrittiges Thema mit der Überschrift »dolce semplice«. Die Instrumentation bei der Illustration Gretchens ist zierlich-kammermusikalisch gehalten, es entsteht der Eindruck des Durchsichtigen und Leidenschaftslosen. Dem Schluß-Männerchor im letzten Satz, der mit dem Goethe-Zitat »Das ewig Weibliche zieht uns hinan« die sinfonische Dichtung krönt, entspricht die Behandlungsweise der Frau: nachdem ihr im zweiten Satz musikalisch der untergeordnete

9 Mehr dazu vgl. Eva Rieger, *Frau, Musik und Männerherrschaft*. Berlin 1981 (i. Vorb.).

10 Oskar Bie, *Die Oper*. Berlin 1913, S. 22.

11 Otto Gumprecht, *Neue musikalische Charakterbilder*. Leipzig 1876, S. 45.

Bruckner-Denkmal in Wien

Platz zugewiesen worden ist, kann sie anschließend gefahrlos verherrlicht werden.
Eine Würdigung der Beiträge der Frau zu unserer Musikkultur wäre lückenhaft ohne Berücksichtigung dieser Phänomene. Aus dem Selbstverständnis männlicher Musikkultur erklärt sich auch, daß die Werke von Frauen bislang niemals angemessen gewürdigt wurden. In dem bereits erwähnten Musiklexikon sind

Chopin-Denkmal in Paris von Fromont-Meurice

bekannte Musikerinnen ausgespart.[12] Wenn in der Musikliteratur von Frauen die Rede ist, handelt es sich meistens um Sängerinnen oder um Mütter und Frauen von Komponisten. Daß Frauen als Mütter oder als Geliebte für das seelische und körperliche Wohl eines Künstlers sorgen, wird ihnen höher angerechnet

[12] Z. B. Komponistinnen wie Luise Le Beau und Elisabeth Kuyper, die zu Lebzeiten einen beachtlichen Bekanntheitsgrad erreichten und ein umfangreiches Werkverzeichnis vorweisen.

als eine eigenschöpferische Leistung. Hierzu gehört auch, daß die zahlreichen Grabdenkmäler von Komponisten häufig mit Frauenfiguren geschmückt sind, wobei stets auf den gebührenden Abstand geachtet wird: die Frau dient als anregende Muse oder einfach als ästhetisches Beiwerk.

Die klavierspielende »höhere Tochter«

Im schulischen Musikunterricht, der vom Mittelalter bis in dieses Jahrhundert hinein bevorzugt den männlichen Jugendlichen zugute kam, wurde fast ausschließlich gesungen. Zu Zeiten Luthers wurden die Knaben-Schulchöre im Gottesdienst, aber auch für außerkirchliche Feiern eingesetzt. Aus den Singchören gingen die großen Kantoreiverbände hervor, die das deutsche Musikleben sowie die Kirchenmusik jahrhundertelang bestimmten. Frauen hatten keinen Zugang zur Musikausübung, sie erhielten daher auch keine vergleichbare Ausbildung.

Als um die Mitte des 17. Jahrhunderts die religiöse und weltliche Vormachtstellung der Kirche dahinschwand, verlor auch die Schulmusik an Bedeutung. Die Kunstmusik wurde im Fächerkatalog von den Realien verdrängt; eine systematische Einführung in das Notensingen fand auch an den Knabenschulen kaum mehr statt. Aber das Musikleben befand sich weiterhin in fester Männerhand: der Beruf des freien Musikers begann sich herauszubilden. Die Kirchen stellten Organisten und Kapellmeister ein, die gleichzeitig als Komponisten schöpferisch arbeiten konnten.

Im 18. Jahrhundert entstand unter dem Einfluß der französischen Kultur für die Töchter des wohlhabenden Bürgertums eine neue Situation. Mit dem Entstehen der Warenwirtschaft wuchs das Bedürfnis nach ästhetischem Genuß als Ausgleich für den Existenzkampf, vor allem aber auch nach Widerspiegelung des neu erworbenen Selbstbewußtseins. Den Frauen fiel dabei die Rolle zu, im Wohnzimmer und Salon mit Klavierspiel und Gesang zu unterhalten.

In der Folgezeit ist eine merkwürdige Ambivalenz in den Traktaten zur musikalischen Mädchenbildung zu beobachten. Die Bestimmung der Frau zur Hausfrau und Mutter verbot ihr zwar einerseits eine intensive Beschäftigung mit den Künsten und Wissenschaften. Andererseits wurde es für das Prestige eines Ehemannes wichtig, daß seine Frau die Gäste musikalisch unterhalten konnte, und eine musikalische Ausbildung der Töchter erwies sich als lohnende Investition für eine vorteilhafte Verheiratung.

Der Pädagoge Johann Daniel Hensel stellt gegen Ende des 18. Jahrhunderts eine Liste »unentbehrlicher, weniger unentbehrlicher und entbehrlicher Künste und Wissenschaften für Frauen« auf. Zu den unbedingt erforderlichen Kenntnissen zählt er Fähigkeiten wie Stricken, Nähen, Kochen, Backen, Waschen, Getränkeherstellung usw.; zu den »weniger unentbehrlichen, aber doch sehr nützlichen« Kenntnissen gehört die Musik, die er in Instrumentalspiel und Singen unterteilt. In die Rubrik der völlig entbehrlichen Kenntnisse stuft er die Musiktheorie und Komposition ein.[13] Daß man die Künste in den Mittelpunkt der weiblichen Erziehung stellt, findet ein anderer Pädagoge in Ordnung, tadelt aber gewisse »Ausartungen weiblicher Bildung«, die darin bestehen, daß man Frauen zu Virtuosinnen und Künstlerinnen ausbildet, anstatt ihren Kunstgeschmack zu beleben und ihren Kunstsinn zu erwecken.[14] Ein weiterer Pädagoge ermahnt Frauen, keinesfalls die Musik zum »Paradieren und Glänzen« zu verwenden, vor allem dann nicht, wenn ihre hausfraulichen Pflichten unerledigt sind.[15]

Der Sinn ist offenbar. Es gilt, eine klare Grenze zwischen Dilettantismus und Virtuosentum zu ziehen. Eine Vertiefung in die Kunst der Musik über die Grenze des Gehörsingens hinaus und eine, wie auch immer geartete, ernsthafte Beschäftigung mit ihr, ist der Weiblichkeit nicht angemessen. Zwei Faktoren scheinen die Ursache dieser rigiden Verhaltensmaßregeln zu bilden: zum einen die Angst, daß die Frau ihrer hausfraulichen Pflichten, vor allem gegenüber dem Mann, müde wird. »Während die kunst- und geistreichen Mütter musizieren, singen, zeichnen ... sind die unglücklichen Kinder ohne Aufsicht und Anleitung, körperlich und geistig verwahrlost. Dem Manne ergeht es nicht besser«.[16] Zum anderen entsteht Angst vor dem Verlust traditionell weiblicher Werte. Ernst Brandes hat dies in seiner Schrift »Über die Weiber«, die exemplarisch ist für viele andere, erläutert. Er gibt offen zu, daß er die Frau braucht, um durch sie Kraft zu schöpfen. Zu den weiblichen Qualitäten, die er zur Regenerierung seiner emotional-physischen Kräfte schätzt und braucht,

[13] Johann D. Hensel, *System der weiblichen Erziehung*. Halle 1787.

[14] Friedrich I. Niethammer, *Der Streit des Philantropinismus und Humanismus in der Theorie des Erziehungs-Unterrichts unsrer Zeit*. Weinheim 1968, S. 351 (Nachdruck von 1808).

[15] Johann Heinrich Campe, *Vätherlicher Rath für meine Tochter*. Braunschweig 1789, S. 120.

[16] Niethammer, a. a. O., S. 349.

zählt er Anhänglichkeit, Aufopferung, zarte Empfindung, die Fähigkeit zu lieben und Belesenheit, sofern damit nicht geprahlt wird. »Eine unerträgliche Rauheit, eine immer in Tätlichkeiten ausbrechende Wildheit würde unter den Männern herrschen, wenn sie nur eine Generation hindurch ohne Weiber lebten«.[17] In dem Augenblick, wo die Frau selbst etwas fordert oder etwa wagt, sich auf eine Stufe mit dem Mann zu stellen, entsteht Angst. Die Frau soll dem Mann einen Ausgleich dafür bieten, daß er im Kampf um das ökonomische Überleben bestimmte Wesenseigenschaften verloren hat. Da dieser Ausgleich auf partnerschaftlicher Ebene nicht möglich wäre, wird er zu Lasten der Frau vollzogen. Die Frau darf geben, aber nicht nehmen. Wagt sie es trotzdem, ist sie sich der Männerverachtung sicher. Brandes spricht von den »Prätentionen der Weiber«, die selbst unterhalten werden wollen, statt ihre Männer zu unterhalten. So ist es kein Wunder, daß die Mußekultur, die der bürgerlichen Frau im 19. Jahrhundert eine Alternative zu ihrem Ausschluß aus der öffentlichen beruflichen Betätigung hätte bieten können, ihr dennoch keine persönliche Freiheit ermöglichte. Sie hatte trotz ihrer privilegierten sozialen Stellung keine Chance, ihre Fähigkeiten voll zu entfalten, weil sie sich von vornherein männlichen Wünschen unterzuordnen hatte.

Ab 1850 entstanden zahlreiche Schulen für die Töchter des wohlhabenden Bürgertums. In den Lehrplänen dieser Mädchenpensionate und höheren Töchterschulen bildete die Musik eine unheilvolle Allianz mit anderen ästhetisierenden Fächern wie Literatur, Französisch und Zeichnen. Die erste Frauenbewegung wehrte sich denn auch gegen diese Fächerkombination, die zu einer einseitigen und oberflächlichen Ausbildung führte. »Diese ästhetische Bildung ... treibt Zweige ohne Saft und Kraft«[18], befand eine der ersten Kritikerinnen, Luise Büchner. Sie wies darauf hin, daß als Folge dieses Fächerverbundes an den Mädchenschulen auch die Schülerinnen der Damen-Lyceen zu den literarisch-ästhetischen Fächern drängten statt zu den Naturwissenschaften, was die Geschlechter-Ungleichheit fördere, anstatt sie abzubauen. Auch Louise Otto-Peters wies auf das Inhumane einer solchen »Erziehung zur Dame« hin, das sich in der Ziel- und Zwecklosigkeit des Tuns manifestiere: »Wenn die Frau daheim bleibt und der Gemahl ihr Zeit läßt, bis Mitternacht oder länger auf ihn zu warten –: was hat sie da weiter zu tun, als ein

17 Ernst Brandes, *Über die Weiber*. Leipzig 1787 (anonym veröffentl.), S. 56.

18 Luise Büchner, *Die Frau. Hinterlassene Aufsätze, Abhandlungen und Berichte zur Frauenfrage*. Halle 1878, S. 46.

wenig zu musizieren oder zu lesen, zu sticken – und all dies zweck- und ziellos, nur – um sich die Zeit zu vertreiben?«[19] Der Kampf der ersten Frauenbewegung gegen die ästhetisierende Bildung an den Pensionaten und höheren Töchterschulen war somit nicht ein Kampf gegen einzelne Fächer, sondern gegen eine sexistische Erziehung, die der Frau jede vertiefte Beschäftigung mit Wissenschaft und Kunst verwehrte. Daß schließlich auch an Mädchenschulen ein der Knabenerziehung angenäherter Fächerkatalog eingeführt wurde, war freilich weniger die Folge feministischer Bemühungen als vielmehr ein Resultat der veränderten ökonomischen Verhältnisse um 1900 und eines wachsenden Bedarfs an ausgebildeten weiblichen Arbeitskräften. Es wäre jedoch verfehlt, aus dieser Entwicklung die Sinnlosigkeit feministischer Aktivitäten abzuleiten, denn die Auffassung von einer spezifisch weiblichen Eigenart war unvermindert lebendig und schränkte die beruflichen Möglichkeiten für Frauen immer noch weitgehend ein.

Bis weit in unser Jahrhundert hinein gab es unterschiedliche Lehrpläne für den Musikunterricht von Jungen und Mädchen. Noch 1923 wurde in den preußischen Lehrplänen für die höheren Schulen bei Mädchen auf die Verbindung von Musik- und Turnunterricht hingewiesen, während die Jungen die Unterrichtsstunden zum Kennenlernen musikalischer Werke verwenden konnten.[20]

Auch im Privatmusikbereich wurde den Mädchen im 19. Jahrhundert ein Unterricht geboten, der zu Dilettantismus und Halbbildung führte. Die zu Beginn des 19. Jahrhunderts entstehenden privaten und öffentlichen Musikanstalten lassen sich grob in zwei Kategorien einteilen. Die einen entstanden aus dem ökonomisch-künstlerischen Bedarf an Musikkräften, vor allem im orchestralen Sektor; hier erhielt der Nachwuchs eine gründliche Berufsausbildung. Dadurch waren männliche Jugendliche in der Mehrzahl; Mädchen wurden jedoch im Vokalbereich und zuweilen auch im Fach Klavier zugelassen. Die anderen Musikschulen erteilten einen auf wenige Fächer spezialisierten Unterricht. Hier wurden vorwiegend Mädchen unterrichtet. So gab es bereits 1812 in Leipzig zwei Singinstitute, an denen »junge Frauenzimmer« aus »vornehmen Häusern« unterwiesen wur-

[19] Zit. b. Jürgen Zinnecker, *Sozialgeschichte der Mädchenbildung*. Weinheim 1973, S. 103.

[20] Gerhard Braun, *Die Schulmusikerziehung in Preußen. Von den Falkschen Bestimmungen bis zur Kestenberg-Reform*. Kassel/Basel 1957, S. 158.

Heures grises von Lavirotte de Montchenu

den.[21] Den Eltern wurde schnelle Kunstfertigkeit für wenig Geld versprochen, den Mädchen Hoffnungen auf eine Primadonna-Laufbahn gemacht. Da die Ausbildung meistens von kurzer Dauer war, reichte es jedoch allenfalls für den heimischen Salon.

Ein weiteres Moment trug wesentlich dazu bei, daß das Angebot an musikalischer Ausbildung im 19. Jahrhundert so unübersicht-

21 Allgemeine Musikerziehung, 1812, zit. b. Georg Sowa, *Anfänge institutioneller Musikerziehung in Deutschland. Studien zur Musikgeschichte des 19. Jahrhunderts, Bd. 33*. Regensburg 1973, S. 185.

lich war. Bis zu Beginn des 20. Jahrhunderts gab es keine staatliche Prüfungsordnung für Musiklehrkräfte, und so konnten gerade Frauen, denen eine anderweitige Berufsausbildung verwehrt wurde, sich auf diesem ungeschützten Feld ausbreiten. Es bildete sich ein berufliches Proletariat heraus, das mit einem Existenzminimum dahinvegetierte: »Es ließe sich ein langes, trauriges Lied vom Elend der Musiklehrerinnen singen, deren Honorar zwischen dem warmen Mittagessen und wenigen Reichsnickeln schwankt«.[22] Trotz dieser Misere strömten die Frauen in diesen Beruf. Um 1900 gab es in Berlin neben 504 männlichen Lehrern bereits 244 Privatmusiklehrerinnen.[23]

Im Zusammenhang mit dieser Entwicklung steht die allmähliche Abwertung des Begriffs »Dilettantismus«. Zu Beginn des bürgerlichen Zeitalters, als auch männliche Laien sich musikalische Kenntnisse aneigneten, bezeichnete man sie – durchaus im positiven Sinne – als »Dilettanten«. Einen abwertenden Beigeschmack erhielt das Wort erst, als es zunehmend auf Frauen angewendet wurde. Im 19. Jahrhundert schließlich schrieben Komponisten Stücke für Dilettanten, die sie ausdrücklich den Frauen widmeten. Czernys »Sammlung beliebter Nationalmelodien«, op. 575, war für die »zarten Finger der Damen« bestimmt; Weber widmete seine sechs Ecossaisen »dem schönen Geschlecht«, Daniel Steibelt betitelte sein op. 35 »Amusements pour les dames«, Johann Vanhals' leichtere Werke wurden den Damen als »leichte musikalische Kost« empfohlen, und Mendelssohn sperrte sich dagegen, die von ihm verlangten neuen Folgen der »Lieder ohne Worte« zu schreiben, weil sie seiner Ansicht nach nur für Damen bestimmt waren und man ihnen daher einen untergeordneten Rang in seinem Schaffen zumessen würde.[24] Nicht nur, daß seichte Musik häufig als »weibisch-sentimental« charakterisiert wurde, man traute auch Frauen von vornherein nur Dilettantisches zu: »Wenn das Befruchten männlicher Art ist, muß der Dilettantismus weiblich sein, da er auf das Befruchtetwerden durch die Kunst andrer wartet. Das ist er aber so sehr, daß sogar, im äußerlichen Sinn, das Heer der weiblichen Dilettanten das der männlichen bei weitem überwiegt«.[25] Der Verfasser dieser Zeilen fügt hinzu, daß der Mangel an unmittelbaren Beziehungen zum Leben ein hervorstechendes Zeichen des

22 Karl Krebs, *Frauen in der Musik*. Berlin 1895, S. 202. Die erste Prüfung von Musiklehrerinnen in Preußen fand 1906 statt.
23 Sowa, a. a. O., S. 247.
24 Vgl. Hans-Christoph Worbs, *Le tribut à la mode. Die Anfänge der Salonmusik*. In: Neue Zeitschrift f. Musik 3/1971, S. 128.
25 Erich Schlaikjer, *Vom Dilettanten*. In: Der Kunstwart, 19. Jg., H. 21/1906.

Dilettantismus sei. Damit ist der Teufelskreis perfekt. Man verweist die Frau auf ihre Pflichten im eigenen Heim, versperrt ihr den Zugang zur Öffentlichkeit, beschränkt ihre Entwicklungsmöglichkeiten und wirft ihr zugleich Dilettantismus vor, wenn ihre künstlerischen und kreativen Fähigkeiten nur bescheidenes Mittelmaß erreichen. Man greift nicht die gesellschaftlichen Ursachen an, sondern deren Folgen, und – was noch schwerer wiegt – man deutet diese Folgen als unveränderbar und »naturgegeben«.

Es gibt kaum engagierte Gegenstimmen von Frauen hierzu. Eine erste wichtige Kritik formulierte Nina d'Aubigny in ihrer Schrift, die Anfang des 19. Jahrhunderts erschien (S. 43). Es ist ein Plädoyer für eine intensive Gesangsausbildung der Frau, ein erster Versuch, die Bedeutung pädagogischer Anstrengungen im musikalisch-weiblichen Sektor hervorzuheben. Obwohl sie, durchaus in Übereinstimmung mit den Vorstellungen ihrer Zeit, die Bestimmung der Frau zur Hausfrau und Mutter akzeptiert, verurteilt sie energisch die geringen Bildungsmöglichkeiten für Frauen und weist die Argumentation zurück, daß jegliche Ausbildung der Frau wegen ihrer »natürlichen Bestimmung« überflüssig sei. Das in Briefform veröffentlichte Plädoyer wurde damals in weiten Kreisen gelesen (auch Beethoven besaß ein Exemplar), vermutlich deshalb, weil gleichzeitig im Bürgertum das Bedürfnis erwachte, die Töchter musikalisch ausbilden zu lassen.

Fanny Schindelmeisser gehörte zu den ersten Gründerinnen von Mädchen-Musikschulen (später wurden auch Knaben zugelassen), die ihre Schülerinnen regelrecht drillten und innerhalb kurzer Zeit ein Optimum an Leistung versprachen. Aber sie war in gleich zweifacher Hinsicht eine Außenseiterin der damaligen Gesellschaft – als Angehörige eines ungesicherten Berufsstandes und als alleinstehende Frau – und wurde nicht ernstgenommen; ihr Antrag beim preußischen Erziehungsministerium auf Patentierung ihrer klaviertechnischen Unterrichtsmethode wurde abgelehnt; andere Musiklehrer veröffentlichten ohne ihr Wissen Aufsätze über ihre Musikpädagogik, und schließlich wurde ihre Methode zwar unter ihrem Namen, aber in abgeänderter Form und ohne ihre Billigung von einem Musiklehrer übernommen, wobei die Abänderungen eine Kritik an ihren pädagogischen Überlegungen darstellten. Es ist anzunehmen, daß sie die Drucklegung ihrer kleinen Schrift (S. 221) selbst bezahlte, um sich öffentlich rehabilitieren zu können.

Die Musikpädagogin, Schriftstellerin und Komponistin Johanna

Kinkel wehrte sich gegen die seichte Salonmusik, die vor allem von jungen Mädchen zur Unterhaltung bei Gesellschaften dargeboten wurde. Sie arbeitete einen musiktheoretischen Lehrgang für Mädchen aus, der das durch fehlende Schulbildung wenig entwickelte Abstraktionsvermögen berücksichtigen und dennoch einen Einblick in die Anfänge der Komposition ermöglichen sollte. Johanna Kinkel bewies damit, daß sie die Ausbildung der Mädchen ernst nahm. Luise Adolpha le Beau schließlich wies auf den Teufelskreis hin, der darin besteht, daß man Mädchen zunächst schlecht ausbildet und dann ihre bescheidenen Leistungen als angebliche Bestätigung der »naturgegebenen« Unterlegenheit der Frau anprangert.

Privatleben und Beruf

Mehr als in anderen künstlerischen Sparten hat sich im musikalischen Bereich der Konflikt zwischen Küche und Karriere für die Frau verhängnisvoll ausgewirkt. Eine bildende Künstlerin konnte verheiratet sein, ohne daß ihr Ansehen darunter litt. Nicht so die Sängerin: vielerorts machten Intendanten die Ehelosigkeit zur Bedingung. Die Eheschließung konnte als Vertragsbruch und Kündigungsgrund ausgelegt werden.[26] Aber auch staatliche Institutionen bauten der Künstlerin Barrieren. Als der Ehemann der Pianistin und Komponistin Ingeborg Bronsart (1840–1913) zum Theater-Intendanten ernannt wurde, mußte sie der öffentlichen Kunstausübung entsagen, da Ehefrauen preußischer Offiziere und Beamten nicht öffentlich auftreten durften.[27] Für die berühmte Sängerin Gertrud Mara, geborene Schmehling (1749–1833), war die Eheschließung gleichbedeutend mit beruflichem Verzicht. Zu einigen Heiratsanträgen kommentierte sie: »... wenn ich dieselben angenommen hätte, so war meiner Künstler-Laufbahn ein Ende; ich schlug sie also aus und trachtete nach dem Lorbeer, hätte ich ihn nicht erreicht, so hätte ich mich mit der Myrthe trösten müssen«.[28] Ein rundes Jahrhundert später hat sich an dieser Lage noch nichts geändert. So heißt es von der Sängerin Marie Lehmann, daß sie »plötzlich alle Heirats-

[26] Adolph Kohut, *Die größten und berühmtesten Soubretten des neunzehnten Jahrhunderts.* Düsseldorf o. J., S. 49.
[27] La Mara, *Musikalische Charakterköpfe, Bd. 5: Die Frauen im Tonleben der Gegenwart.* Leipzig o. J. (1902), S. 49.
[28] O. v. Riesemann, *Eine Selbstbiographie der Sängerin Gertrud E. Mara.* In: Allgem. musikal. Zeitung. Leipzig Nr. 32/1875.

pläne wieder auf(gab); die Liebe zur Kunst war ihr zurückgekehrt«.[29]

»Man sollte glauben«, so ein Schriftsteller der Jahrhundertwende, der sich intensiv mit dem Schicksal von Sängerinnen beschäftigt hatte, »daß zwischen Polyhymnia und Hymen eine kaum zu überbrückende Kluft gähne und daß diese beiden Gottheiten einander Tod und Vernichtung geschworen haben. Ruhm und Liebe sind eben zwei Begriffe, die sich schwer vereinigen lassen.« Er schließt mit dem Seufzer: »Glücklich diejenigen, welche in ihrem Herzen Raum für die Kunst, aber auch für das häusliche und stille Glück der Ehe haben! Glücklich diejenigen, die auch als Primadonnen nicht aufhören, edler Sitte und holder Tugend zu huldigen!«[30] Damit wird die Ursache für den Konflikt ausschließlich bei den Frauen selbst gesucht. An ihnen soll es liegen, wenn in ihrem Herzen kein »Raum für das stille Glück« vorhanden ist. In Wahrheit war jedoch die herkömmliche Frauenrolle mit dem Berufsalltag der Sängerin nicht zu vereinbaren. Eine Gesangssolistin mußte künstlerisch-persönlich ausgereift sein und sich stets das Höchste abverlangen. Zugleich sollte sie sich aber im Privatleben mit der gesellschaftlich geforderten Rolle der dem Mann dienenden und ihm untergeordneten Frau abfinden. Wie viele Künstlerinnen durch die Ehe in persönliche Konflikte gerieten, läßt sich nur erahnen. In Biographien erfährt man – bedingt durch die übliche Tabuisierung intim-familiärer Beziehungen – nur beiläufig von diesen psychischen Belastungen. »Durch ihre Vermählung trat ein kurzes Stocken ihres Siegeszuges ein, bis der unwiderstehliche Drang ihrer innersten Natur sie der Kunstwelt zurückgab«.[31] »1863 nahm Amalie Weiß als Fidelio Abschied von der Bühne, um Joseph Joachim die Hand zu reichen. Sie verließ die Bühne mit schwerem Herzen«.[32] Oder aber die Familienverhältnisse zwangen die Künstlerin, traditionell weibliche Pflichten zu übernehmen, denen sie sich nicht entziehen konnte: »Die glänzende Laufbahn der Künstlerin ward durch schwere und langwierige Krankheiten in ihrer Familie wiederholt unterbrochen, und sie wurden der Grund, daß sie, viel zu früh für alle, die ihr herrliches Talent kannten, ganz von der Bühne schied«.[33] Für die meisten Künstlerinnen gab es nur ein Entweder-Oder und keine Integration.

29 Lilli Lehmann, a. a. O., Bd. I, S. 247 (über ihre Schwester).

30 Adolph Kohut, *Die Gesangsköniginnen in den letzten drei Jahrhunderten.* Berlin o. J. (1906), Bd. 2, S. 215.

31 Anna Morsch, *Deutschlands Tonkünstlerinnen.* Berlin 1894, S. 92 (über Antonia Mielke).

32 Morsch, a. a. O., S. 105.

33 Ebd., S. 101 (über Aglaja Orgéni).

Seit alters sagt man Sängerinnen einen unmoralischen Lebenswandel nach. Doch die vielen Geschichten, die man sich darüber erzählt, entspringen mehr der Wunschphantasie als der Wirklichkeit. Die Sängerin konnte sich zwar größere Freiheiten erlauben als andere Frauen, weil sie außerhalb bürgerlicher Normen lebte, aber dafür war sie den Männern, die ihre Karriere bestimmten, häufig ausgeliefert. Obwohl sie teilweise recht hohe Gagen erhielt, waren die eigentlichen Nutznießer ihrer künstlerischen Produktionskraft der Impresario, der Intendant, der Geldgeber und der Patron. Mancher Mann ließ sich ein Engagement mit sexuellen Gegenleistungen honorieren, und es gibt Hinweise darauf, daß sogar Zeitungskritiker für positive Rezensionen sexuelles Entgegenkommen erwarteten.[34] Dieses negative Image belastete viele Frauen seelisch. 1886 nahm sich die Operettensoubrette Eugenie Erdösy das Leben, weil ihr Verlobter ihre Unberührtheit angezweifelt hatte. Sie verlangte testamentarisch eine ärztliche Untersuchung und Bestätigung ihrer Jungfräulichkeit, was auch geschah.[35]

In den hier vorgelegten biographischen Texten ist nachzulesen, wie unterschiedlich gesellschaftliche Repression erfahren und verarbeitet wurde. Agnese Schebest erwähnt zwar ihre eigenen Eheprobleme nicht, gerade sie aber erlebte die Qualen, eines Mannes wegen ihre glänzende Bühnenlaufbahn aufgeben zu müssen. Mit 27 Jahren heiratete sie einen bekannten Gelehrten, der in ihr die gefeierte Diva sah und verehrte. Die Eheschließung bedeutete das Ende ihrer Karriere. Je mehr sie sich in die Rolle der pflichtgetreuen Gattin vertiefte, um so weniger entsprach sie dem Glamour-Bild, in das der Mann sich verliebt hatte. Schließlich stand sie nicht nur vor einer zerstörten Karriere, sondern zusätzlich vor einer gescheiterten Ehe. In ihrem Lebensbericht spart sie jedoch diesen Bereich aus und spricht ausschließlich von ihrer Bühnenlaufbahn. Wir bekommen nicht nur einen Einblick in die ungeschützte Situation der Bühnenkünstlerin, die sie zum erotischen Freiwild abstempelte, sondern auch in die üblichen Praktiken von Rezensenten und Intendanten. Und sie zeigt auf, daß das Singen keine rein reproduktive Tätigkeit ist, sondern durchaus als eigenschöpferische Leistung angesehen werden kann.

Bei der weltberühmten Sängerin Wilhelmine Schröder-Devrient entstanden ähnliche Konflikte. Von ihrer Mutter, der großen Künstlerin und Tragödin Sophie Schröder erzogen, durchbrach

[34] A. Kohut, *Die größten* . . ., a. a. O., S. 55.
[35] Ebd., S. 6.

sie bereits als Kind die Schranken der Mädchen-Sozialisation. Ihre künstlerische Autonomie stand im Widerspruch zu ihrem Privatleben, weil auch sie sich nicht von den bürgerlichen Erwartungen lösen konnte. In ihren Worten »ich mußte mich frei machen, um nicht als Weib wie als Künstlerin zu Grunde zu gehen« zeigt sich die verhängnisvolle Trennung beider Rollen, an der sie schließlich zerbrach.[36]

»Ich schmachte nach einem Ton Musik«, bekennt die Musikerin und Schriftstellerin Johanna Kinkel. Ihre Briefe lassen erkennen, daß sie die gesellschaftliche Repression ohne Verlust an Selbstwertgefühl überstand. Während andere Frauen die Unterdrükkung verinnerlichten und schließlich selber an die suggerierte Unterlegenheit der Frau glaubten, widerstand Johanna Kinkel von Anfang an dieser Gefahr. Ihre Hindernisse sind äußerlicher Art, Windelwaschen und Kinderhüten gehören dazu. Es ist wohl nicht vermessen anzunehmen, daß das Doppelleben, das sie sich zumutete, zu ihrem physischen Niedergang beitrug.

Alma Mahler-Werfel dagegen, die ihr späteres Leben frei von bürgerlichen Zwängen gestaltete, fügte sich dem Kompositionsverbot ihres Ehemannes, des Komponisten Gustav Mahler, widerspruchslos. Die in ihrer Jugend geschriebenen Lieder offenbaren ein bemerkenswertes Talent, das – wie bei so vielen Frauen – unterdrückt und dadurch vernichtet wurde. In ihrer Unfähigkeit, nach mehrjähriger Zwangspause wieder an Vergangenes anzuknüpfen, wird deutlich, daß die künstlerische Entwicklung kontinuierlich verlaufen muß und ständiges Training erfordert; in Gustav Mahlers Haltung zeigt sich das männliche Selbstverständnis, das in seiner Ichbezogenheit eine selbständige Entwicklung der eigenen Ehefrau nicht duldet.

Clara Schumann vermochte, durch einen ehrgeizigen Vater bestärkt, trotz aller Anfechtungen, ihre Karriere nach der Eheschließung fortzusetzen. Bemerkenswert ist aber ihre Trennung zwischen dem Klavierspiel und dem Komponieren. Obwohl ihr Vater sie sowohl im Klavierspiel als auch im kompositorischen Handwerk unterrichten ließ, verbindet sie einzig die Virtuosentätigkeit mit ihrer weiblichen Identität. Ihr Mann, der Komponist Robert Schumann, hätte es am liebsten gesehen, wenn sie auch auf das Konzertieren verzichtet hätte.[37] Für sie ist aber das

36 Die 1979 in der »Playboy«-Reihe neu herausgegebenen *Erotischen Memoiren* sind eine Fälschung des Verlegers Prinz. Es ist bezeichnend, daß dies verschleiert wird: Schröder-Devrient wird als unersättliche femme fatale dargestellt, eine Rolle, die Sängerinnen ohnehin gern zugeschrieben wird.

37 Vgl. Berthold Litzmann, *Clara Schumann. Ein Künstlerleben.* Leipzig 1918, Bd. 2, S. 6.

Musizieren ein Teil ihres Ichs, »die Luft, in der ich atme«.[38] Zweifellos hat die Vorstellung ihrer Zeit, das Komponieren sei eine männliche Domäne, auch sie beeinflußt. Zudem kapitulierte sie vor den vielen Hürden, die sogar ihrem Mann auffielen: »Clara«, schreibt er im zweiten Ehejahr, »hat eine Reihe von kleineren Stücken geschrieben, in der Erfindung so zart und musikreich, wie es ihr früher noch nicht gelungen. Aber Kinder haben und einen immer phantasierenden Mann und komponieren, geht nicht zusammen. Es fehlt ihr die anhaltende Übung, und dies rührt mich oft, da so mancher innige Gedanke verloren geht, den sie nicht auszuführen vermag.«[39] In Clara Schumanns Tagebüchern und Briefen finden wir manche Beschwerde über die ihr fehlende Zeit zum Komponieren sowie Äußerungen über die lustvolle Erfahrung des selbständigen Schaffens. Während sie aber die Virtuosentätigkeit als ein ihr zustehendes Recht betrachtete, war das Komponieren für sie stets eine angenehme Nebenbeschäftigung. Ihre Bemerkungen über eigene Kompositionen und die anderer Frauen machen deutlich, daß sie die allgemein verbreitete Geringschätzung weiblicher Kreativität verinnerlicht hatte.

Suggerierte Minderwertigkeit

Es verwundert nicht, daß Frauen auf dem kompositorischen Sektor am stärksten verunsichert waren. Abgesehen von den institutionellen Verboten, von denen Elisabeth Kuyper (S. 139) und Sabine Lepsius (S. 134) berichten, war die Erziehung der Frau im 19. Jahrhundert so ausgerichtet, daß ein leistungsbetontes oder auf Konkurrenz eingestelltes Verhalten, das männliche Erwachsene zwangsläufig übernehmen mußten, für sie nicht in Frage kam. Sie musizierte, um im Salon zu glänzen, nicht um Geld zu verdienen. So ist die Bescheidenheit mancher Komponistinnen zu erklären. Als sich Verleger für Kompositionen Sophie Menters (1846–1918) interessierten, wollte sie aus ihrem »miserablen Kompositionstalent durchaus kein Geschäft machen«.[40] Auch Fanny Hensel, geborene Mendelssohn, zögerte lange, ehe sie sich zum Herausgeben entschloß. Diese Verhaltensweisen

[38] Ebd., Bd. 3, S. 223.
[39] Ebd., Bd. 3, S. 21.
[40] Robert Münster, *Komponistinnen aus drei Jahrhunderten.* Katalog zur Ausstellung der Bayerischen Vereinsbank in Zusammenarbeit mit der Musiksammlung der Staatsbibliothek (München). o. J.

Exlibris

beruhten jedoch nicht, wie häufig angenommen wird, auf angeborener weiblicher Bescheidenheit; sie mußten zuweilen in mühevoller Erziehungsarbeit vermittelt werden. Ein Musterbeispiel solcher Konditionierung bietet ein Brief Abraham Mendelssohns an seine Tochter Fanny. Mit fünfzehn hatte sie den Wunsch geäußert, genauso wie ihr Bruder sich in die Kompositionskunst vertiefen zu dürfen. Ihr Vater machte ihr jedoch unmißverständlich klar, daß dies nicht möglich sei: Während die Musik für Felix der »Grundbaß seines Seins« ist und er daher »Ehrgeiz und

Karikatur von Stauber
(19. Jahrhundert)

Begierde« entwickeln darf, muß Musik für sie »Zierde« bleiben. Sie soll sich »gutmütig und vernünftig« verhalten, und zeigefingerschwingend heißt es zum Schluß: »Beharre in dieser Gesinnung und diesem Betragen, sie sind weiblich, und nur das Weibliche ziert die Frauen.«[41] In der Polarität »Grundbaß des Seins« kontra »Zierde« offenbart sich die zeittypische Haltung, die Kreativität bei der Frau zur Nebensache degradierte.
Es will scheinen, als seien ideologische Barrieren widerstandsfähiger als institutionelle. Unsichtbares vermag mehr Schaden anzurichten als Sichtbares, zumal man leichter gegen offensichtliche Abgrenzungen vorgehen kann. Nur so beispielsweise ist es zu erklären, daß heute, obwohl Musikhochschulen den Frauen seit Jahrzehnten offenstehen, weibliche Studierende die Fächer Komposition und Dirigieren immer noch meiden. Ein hervorstechendes Merkmal patriarchaler Ideologie bestand darin, aus dem Kulturcharakter der Frau »natürliche« Eigenschaften abzuleiten.

[41] Sebastian Hensel, *Die Familie Mendelssohn. Nach Briefen und Tagebüchern.* Berlin 1879, Bd. I, S. 89.

Die mangelnde Kreativität der Frau, ihre Passivität und Folgsamkeit wurden als Teil ihres Seins betrachtet, und jede Überschreitung dieser Grenze mußte eine Verletzung ihrer Weiblichkeit bedeuten. (Tatsächlich wurden Künstlerinnen denn auch als »anämische, perverse Wesen, als Mannweiber mit hetärischen Instinkten«[42] beschimpft.) Es ist kaum verwunderlich, daß Frauen lernten, selbst daran zu glauben. Daß Philippine Schick ihren Namen aus einer eigenen Komposition herausschnitt, gehört ebenso hierher, wie Clara Schumanns abschätzige Bemerkungen über »Frauenzimmerarbeit«. Für Cosima Wagner, die Tochter Franz Liszts und Ehefrau Richard Wagners, wurde die Lage zusätzlich erschwert durch einen autoritären Vater und einen despotischen Ehemann. Der Vater verbot ihr von Anfang an ein öffentliches Auftreten als Pianistin. Während ihrer Ehe mit dem Dirigenten Hans von Bülow betätigte sie sich schriftstellerisch, besuchte musikgeschichtliche Vorlesungen, nahm Italienisch- und Kompositionsunterricht. Der ansonsten mit Frauen nicht zimperliche Bülow sprach ihr immerhin Genie zu und drückte seine künstlerischen Minderwertigkeitsgefühle ihr gegenüber in Briefen an Liszt aus. In der Ehe mit Wagner ging Cosima jedoch mit fast masochistischer Selbstverleugnung auf seine Person ein. Sie ließ alle eigenen Tätigkeiten fallen, spielte kaum noch Klavier und lebte nur noch durch und für Wagner, dem eine solche Frau ideal erschien. Ihre noch in der Ehe mit Bülow ausgesprochenen Wünsche (»meine einzige Rettung sehe ich darin, eine große Künstlerin zu werden«[43]), die sich zunächst in zweifelnde Reflexion umwandeln (so fühlt sie sich »als amphibisches Wesen, halb Künstlerin, halb passiv, eine gemischte Rolle, zu der wir Frauen eben verdammt sind«[44]), verschwinden parallel zu dem Prozeß der Selbstauslöschung, der sich in der Ehe mit Wagner vollzieht. Die Überzeugung, zu ihrem Leben verdammt zu sein, begleitete sie bis ans Lebensende. Da ihr die Selbstverwirklichung verweigert wurde, fand sie schließlich eine Befriedigung darin, völlig in einem anderen Menschen aufzugehen.

42 Karl Scheffler, *Die Frau und die Kunst.* Berlin o. J. (1908), S. 101.
43 Zit. b. Alice Sokoloff, *Cosima Wagner,* München 1973, S. 110.
44 Zit. b. Moulin-Eckart, Richard Graf du, *Cosima Wagner. Ein Lebens- und Charakterbild.* Berlin 1928, Bd. I, S. 200.

Die wenigen Frauen, die sich im 19. Jahrhundert das Feld der Musikschriftstellerei eroberten, waren der Frauenbewegung kaum zugetan. Die Liszt-Biographin und Musikpädagogin Lina Ramann sowie die mehr im unterhaltenden Sektor tätige Elise Polko gingen gesellschaftskritischen Fragen ebenso aus dem Wege wie Marie Lipsius, die sich auf Wunsch ihres Vaters das Pseudonym La Mara zulegte und zahlreiche musikhistorische Schriften publizierte. Letztere widmete einen Band ihrer beliebten »Musikalischen Charakterköpfe«, in denen sie Künstler porträtierte, musikschaffenden Frauen. Aber sie fragte nicht nach den Schwierigkeiten, mit denen weibliche Komponisten zu kämpfen hatten. Dagegen war man sich innerhalb der frühen Frauenbewegung darin einig, daß die gesamte Kultur einseitig männlich geprägt sei. Die meisten Aussagen zu diesem Thema beziehen sich allerdings auf die Künste im allgemeinen; speziell zur Situation im Musikbereich gibt es nur wenige Stimmen.

Schaut man sich die heutige Situation an, so könnte man den Eindruck haben, daß sich inzwischen, nicht zuletzt durch die Aktivitäten der neuen Frauenbewegung, vieles zum Besseren verändert hat. In den USA gibt es Schallplatten mit Werken von Frauen aus Vergangenheit und Gegenwart; ein Münchner Verlag publiziert bevorzugt Frauenkompositionen. Seit zwei Jahren existiert in Deutschland eine Frauenmusikzeitung, und es gibt zwei Vereine, die sich dafür einsetzen, daß Werke von Frauen aufgeführt werden.[45] Aber alle diese Aktivitäten wären lediglich eine reizvolle Repertoireerweiterung, würde man sich allein mit dem Anführen verschollener Kompositionen begnügen. Es kann nicht ausreichen, der staunenden Welt zu zeigen, wie gut doch manche Frauen waren, deren Werke man so lange in die Archive verbannte. Zu fragen ist nach den ungeschriebenen Werken, nach den vielen Werken, die niemals zu Papier gebracht wurden und werden konnten. Ein Wettbewerb zwischen den Geschlechtern wäre auch heute noch für die Frau von vornherein verloren. Es ist deshalb notwendig, die Ursachen für den geringen Anteil von Frauen an der kreativen Produktion aufzudecken und die Voraussetzungen für eine eigenständige künstlerische Entwicklung der Frau zu schaffen.

[45] Während der Verein »Frau und Musik«, Sitz Köln, die Mitgliedschaft von Männern begrüßt und eine größere Partizipation an der bestehenden Kultur anstrebt, stellen die Berliner »Musikfrauen« die derzeitige Kultur in Frage und fordern eine gesellschaftliche Umwälzung zugunsten der Frau.

Die Phantasie der Frau ist im Laufe ihrer Sozialisation verkümmert, und ihre ursprünglichen kreativen Fähigkeiten werden nicht entwickelt, sondern beschnitten. Die vor wenigen Jahren von Valie Export aufgestellte These, daß die »typisch weiblichen« Eigenschaften den Merkmalen der Kreativität genau entgegengesetzt sind[46], wurde in ähnlicher Form bereits 1927 von Mathilde Ludendorff formuliert (S. 199). Sie wies darauf hin, daß der Frau Unfähigkeit suggeriert wird und daß diese Suggestion im Unterbewußtsein weiterwirkt. Auch S. Jessel war überzeugt, daß die Enge weiblicher Lebensverhältnisse kreative Begabungen zerstört, wie sie 1898 in ihrem Vortrag vor dem Allgemeinen Deutschen Frauenverein ausführte. Während aber Jessel damals glaubte, dem durch eine Änderung der Mädchenerziehung abhelfen zu können, wird heute die Situation der kreativen Frau komplexer gesehen. Karin Schrader-Klebert gehörte zu den ersten in der neuen Frauenbewegung, die dies erkannten: »Die Unterdrückung der Frau ist schon lange nicht mehr Sache des äußerlichen Zwanges durch den Mann oder des Druckes gesellschaftlicher Institutionen, sondern ebenso des der Frau eigenen Kulturcharakters.«[47] Auch Valie Export ist der Ansicht, daß die Widersprüche tiefer als auf der Ebene des Vorurteils und der sexistischen Ideologie zu finden sind; sie liegen »in den Strukturen und Supernormen unseres Gesellschaftssystems selbst«.[48] Evelyn Kuwertz sieht die Lage ähnlich. Sie unterstreicht vor allem den Tatbestand der Geschichtslosigkeit der Frau, die sich auf ihre Persönlichkeitsbildung negativ auswirke.[49]

Anna Plehn verwarf 1904 – ähnlich wie Valie Export siebzig Jahre später – die übliche Übertragung kulturspezifisch-weiblicher Eigenschaften auf gewisse künstlerische Kategorien. Ihrer Ansicht nach konnte es nicht angehen, von weiblichen Künstlern a priori zu verlangen, daß ihre Werke beispielsweise weicher, wehmütiger, heiterer und flacher als die der Männer zu sein haben. Allerdings versuchte sie nachzuweisen, daß es künstlerische Erkenntnisse gibt, zu denen nur die Frau vordringen kann. Diese Überzeugung trifft sich mit der Meinung heutiger Feministinnen wie Silvia Bovenschen, die 1976 in einem weithin beachteten Aufsatz die These vertrat, daß der den Frauen eigene und qualitativ andere Zugang zur Wirklichkeit sich in besonderen

46 Valie Export, *Überlegungen zum Verhältnis von Frau und Kreativität.* In: Künstlerinnen international, hrsg. v. Ursula Bierther u. a. Berlin 1977, S. 101.

47 Karin Schrader-Klebert, *Die kulturelle Revolution der Frau.* In: Kursbuch 17/1969, S. 5.

48 Valie Export, a. a. O., S. 102.

49 Evelyn Kuwertz, *Käthe Kollwitz.* In: Künstlerinnen international, a. a. O., S. 21.

Formen künstlerischer Äußerung niederschlagen müßte[50], oder wie Marianne Wex, die aus der unterschiedlichen allgemeinen wie auch individuellen Geschichte von Frauen und Männern schließt, daß auch die Kunst der Frau sich von der des Mannes unterscheiden müsse.[51] So verblüffend die Ähnlichkeit der Gedankengänge von Frauen um die Jahrhundertwende und heutiger Feministinnen ist, so unhistorisch und irreführend wäre es, ausschließlich auf Parallelen hinzuweisen.

Auffällig ist der verhältnismäßig breite Raum, den damals die Frage nach der Verbindung von Kunstausübung und Mutterschaft einnahm. Mathilde Ludendorff sprach 1927 sogar die »sexuelle Ungewecktheit« von Frauen an: ein Phänomen, das bislang im Rahmen von Diskussionen über künstlerische Kreativität nicht thematisiert wurde. Die Verkleinerung der Familie und die wachsende Mobilität der Frau ermöglichen ihr heute eine weitgehende Selbstbestimmung über ihren Körper und lassen das Problem »Küche oder Karriere« nicht mehr so brennend erscheinen wie damals. Helene Simon und Adele Gerhard gingen in ihrer Studie von 1901 (S. 161) noch kaum darauf ein, daß die Ehe als solche für die Frau grundsätzlich Unterordnung unter männliche Interessen bedeutete. Sie zeigten zwar die Konflikte auf, die entstehen können (und die in den biographischen Aufzeichnungen etwa von Alma Mahler-Werfel und Cosima Wagner anklingen), gingen aber nicht so weit, die Ehe als kulturelle Institution anzugreifen. Auch hier ist die neue Frauenbewegung einen Schritt weiter: »Verbleibt das Denken und Sein innerhalb familialer Strukturen, wird ihre Zerstörung nicht in Angriff genommen, ist mit der Überwindung des weiblichen Objektschicksals nicht zu rechnen.«[52] Damit ist ausgesprochen, daß die Künstlerin ihre bisherige private Isolation aufbrechen muß, um die gesellschaftliche Qualität ihrer scheinbar subjektiven Konflikte erkennen und dagegen angehen zu können. Der Weg in eine Welt, in der die Frau sich als Subjekt wahrnehmen und darstellen kann, scheint unendlich weit zu sein. Der weiblichen Kreativität stehen vor allem die verinnerlichten Barrieren, die als Behinderungen fortwirken, im Wege. Außerdem sieht sich die Musikerin einer Musikkultur gegenüber, die sie immer noch ausschließt und als Objekt behandelt.

50 Silvia Bovenschen, *Über die Frage: gibt es eine weibliche Ästhetik?* In: Ästhetik und Kommunikation, 25/1976, S. 73.

51 Marianne Wex, *Was ist Frauenkunst?* In: Künstlerinnen international, a. a. O., S. 111.

52 Gabriele Dietze, Vorwort. In: Dieselbe (Hrsg.): *Die Überwindung der Sprachlosigkeit. Texte aus der neuen Frauenbewegung.* Darmstadt/Neuwied 1979, S. 19.

Die Diskussion der Feministinnen über eine eigenständige weibliche Ästhetik, die nicht als neue Norm fungieren darf, sondern alle Gebiete weiblicher Kreativität und Phantasie umfassen soll, ist noch längst nicht abgeschlossen. Die hier vorgelegten Texte von Musikerinnen, die pathetisch oder ironisch, subjektiv oder sachlich über ihre Schwierigkeiten berichten, sind daher, abgesehen von ihrem historischen Interesse, ein wichtiger Beitrag zu dieser Diskussion und zur Selbstfindung der Musikerin in unserer Gesellschaft.

Anmerkungen der Autorinnen sind, den Originaltexten entsprechend, mit Ziffern versehen, die Anmerkungen der Herausgeberin innerhalb der Texte mit einem*. Die Orthographie wurde der Lesbarkeit wegen leicht modernisiert. Kürzungen der Herausgeberin in den Originaltexten sind durch Auslassungspunkte in eckigen Klammern kenntlich gemacht. Kurzbiographien informieren über die Autorinnen und ihre Werke, die Bibliographie versammelt wichtige Quellen- und Forschungsliteratur. Ein Verzeichnis deutscher Komponistinnen von 1850–1930 ergänzt diesen Band.

WEIBLICHE MUSIKERZIEHUNG

NINA D'AUBIGNY VON ENGELBRUNNER

BRIEF AN NATALIE ÜBER DEN GESANG ALS BEFÖRDERUNG DER HÄUSLICHEN GLÜCKSELIGKEIT UND DES GESELLIGEN VERGNÜGENS [1803]

[...]

»Die Erlernung und Unterhaltung der Musik sei zu kostspielig und zu zeiterfordernd, um ihren späteren Genuß im allgemeinen als ein Beförderungsmittel zur häuslichen Glückseligkeit ansehen zu können; darum sähe man so oft, daß Frauenzimmer, die im unverheirateten Stande selbst diese Kunst mit Auszeichnung und Beifall übten, als Hausfrauen, wo gehäuftere Geschäfte diese Art der Unterhaltung verbieten, sie liegen ließen« – dies ist Ihre dritte Einwendung, Natalie. Aber hier geht es, wie es so oft in der Welt zu gehen pflegt, wenn man den Tatsachen andere als die wahren Ursachen unterlegt, und die meisten Menschen sie dann als erwiesen auf Treue und Glauben annehmen, indem sie hoffen, ihre Vorgänger werden die Wahrheit gehörig geprüft haben.

Erinnern Sie sich einmal, beste Natalie, wie es gewöhnlich bei der Einimpfung von Kunstfertigkeiten zugeht, wie sie gelehrt und gelernt weden! Ob nicht diese erwähnte Vernachlässigung auf dem Fuße nachfolgen muß? Es gehört jetzt durchaus zum guten Ton in der Erziehung, daß wir Mädchen Musik lernen, sollte es dann auch nur, wie es bei vielen der Fall ist, dem Namen nach geschehen. Die Älteren tun ihr Mögliches; sie schaffen einen Musikmeister an und besolden ihn, damit er wöchentlich ein paarmal die Stunde neben dem Instrumente der Schülerin zubringe und den Unterricht erteile. Ob der Meister aber einer der Besseren sei, können sie nicht selbst beurteilen, und lassen es auf gut Glück ankommen, da man in dem Wahne steht, als sei es unnötige Verschwendung, der Anfängerin den besten, und daher den teuersten Meister zu geben, ohne zu ahnen, daß von diesem ersten Unterricht, von den Anfangsgründen, die künftigen Fortschritte abhängen.

Aller Anfang scheint den Schülern etwas trocken, zumal wenn der Meister von der gewöhnlichen Art ist, wo sie selten Rücksicht auf den zu unterhaltenden Verstand nehmen, und nur alles mechanisch zwingen wollen. Ein solcher Unterricht langweilt den Meister so sehr, als den Schüler, und so sind beide zufrieden, so schnell als möglich über die Anfangsgründe hinweg zu schlüpfen, ohne zu bedenken, daß dadurch die künftige Zeit ver-

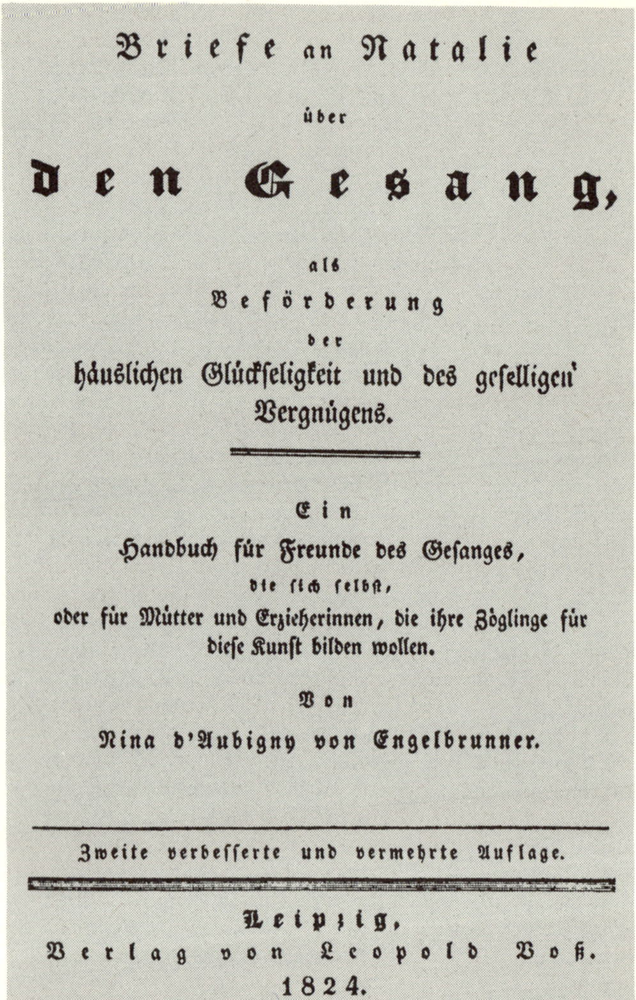
Briefe an Natalie

über

den Gesang,

als

Beförderung

der

häuslichen Glückseligkeit und des geselligen

Vergnügens.

Ein

Handbuch für Freunde des Gesanges,

die sich selbst,

oder für Mütter und Erzieherinnen, die ihre Zöglinge für

diese Kunst bilden wollen.

Von

Nina d'Aubigny von Engelbrunner.

Zweite verbesserte und vermehrte Auflage.

Leipzig,

Verlag von Leopold Voß.

1824.

schwendet und die Mühe verloren wird. Welchen Ekel bringt nicht oft die hundertfältige Wiederholung eines Spiels oder Singstücks für die Musik bei dem Schüler hervor, wenn sich der wenig nachdenkende Musikmeister keiner anderen Mittel zu bedienen weiß, des Schülers Fortschritte zu bewirken, und die

Aufmerksamkeit, die angeborene Flüchtigkeit junger Personen, durch die Mannigfaltigkeit seines Unterrichts, wo bald die Finger, bald das Ohr, bald das Auge, mit diesen allen aber stets der Verstand in reger Tätigkeit erhalten werden, zu fesseln versteht! – Von Singmeistern darf ich nicht einmal reden, da selbst in den angesehenen Städten sich nur selten Personen finden, die als solche auftreten dürfen. Die Freude der Schülerin, wenn der Musikmeister weg bleibt, beweist, wie wenig sie durch ihn die Tonkunst liebgewinnen konnte. In diesem Verhältnis zur Kunst, die erlernet werden sollte, verstreichen die Jahre; das Mädchen wächst heran; Lehrer und Eltern sind zufrieden, wenn die Schülerin gleich einem Papagei der Gesellschaft ein Halbdutzend in das Ohr fallende Stücke vortrillern oder spielen kann. Das junge Frauenzimmer wird Gattin; neue Zerstreuungen, Geschäfte, Unpäßlichkeiten halten sie Wochen, vielleicht gar mehrere Monate vom Instrument entfernt. Dem Meister gab man, so bald es auf gute Weise geschehen konnte, den Abschied; jedoch ist die Liebe zur Musik noch nicht ganz erloschen. Es kommen Augenblicke, wo man eine erholende Beschäftigung wünscht; da öffnet die auf solche Weise gezogene Virtuosin das vernachlässigte Instrument, um die sonst gespielten Stücke wieder zu versuchen. Allein nun fehlt es am Takte; die Schlüssel sind vergessen; das Gedächtnis hilft nur stellenweise in die alten Übungen; von Tonarten ist man sich wenig bewußt, und der Lehrmeister, welcher sie sonst, wie der Souffleur die schlechten Schauspieler, begeisterte, ist abgeschafft. An Kraft, neue Musikalien zu studieren, gebricht es ganz. Man macht noch einige schwache Versuche; doch die gewähren wenig Freude, und die Geduld ist am Ende. Da läßt man denn die Musik ganz liegen, und glaubt die Rechtfertigung für verschwendete Zeit und verschwendetes Geld zu fordern, wenn man den unschuldigen Haushalt und seine Geschäfte zum Deckmantel voriger Indolenz von Seiten der Schülerin und des Meisters nimmt. Aber dieser ist es wahrlich nicht, dem unsere Schwestern in Apoll das schwere Opfer bringen. Sie sammelten keine gründliche Kenntnisse zur rechten Zeit ein; da mußten ihre Fortschritte wohl gehemmt werden. Hätten sie einmal den Mut gefaßt, die Noten, die verschiedenen Schlüssel, Ton- und Taktarten, die Fingersetzung und Einteilung der Noten zu begreifen, so hätte sie eine kurze Entfernung vom Instrument und von dem Meister unmöglich ganz von den Freuden der Musik getrennt; mit leichter Mühe und wenig Zeitaufwand wäre alles bald wieder einzuholen gewesen.

[...]

Sie werden leicht begreifen, Freundin, daß ich mich nie bescheiden kann, daß wirklich die Haushaltung das große Hindernis zur ferneren Verbreitung des Gesangs und der Harmonie überhaupt sein könne, und daß man sie in dem Stande der Mutter und Hausfrau, als eine zeitraubende Beschäftigung, betrachten und vernachlässigen müsse! Beobachten Sie, ich bitte, nur jene Frauen, wes Standes sie auch sein mögen, welche sich dies zu behaupten getrauen. Bedürfen denn sie nicht, wie jeder Mensch, einiger Erholung? Leben sie nicht in anderen Zerstreuungen, die weniger wahren Genuß bieten, und doch mehr Zeit und mehr Geld als die Unterhaltung der Tonkunst kosten? Bringen sie nicht manche Stunde über ihrem Putze, bei der Lektüre mittelmäßiger Romane, in Teegesellschaften zu, wo Herz und Verstand oft leer ausgehen, ohne es zu erwägen, daß diese Stunden auch kostbare Teile eines kurzen Lebens sind, die zum Vorteil ihres Hauswesens und zur Einsammlung mancher nützlichen Kenntnis angewendet werden konnten?

[...]

Endlich gelangen wir zu der letzten Beschuldigung, über die ich mich zu erklären versprach, liebe Natalie, und die in der Meinung besteht: »als könne die Gewöhnung an Harmonie dem Stande der Gattin, der Hausfrau und der Mutter nachteilig sein, da dieser auf manche unausbleibliche Dissonanzen führe.«

Erlauben Sie, Natalie, daß ich des Glaubens zu leben und zu sterben hoffe, der mich überzeugt: wir können in keinem Stande der Harmonie, weder in Tönen noch in Gefühlen, jemals zu viel empfunden haben, und daß gerade einer meiner Hauptendzwekke bei der tätigen Verbreitung des Gesangs in dem Wunsche liegt, daß sich Weiber und Mädchen früher, als es gewöhnlich geschieht, gewöhnen möchten, alle Gegenstände aus einem harmonischen Gesichts- und Gehörpunkte zu betrachten. Ist ihr Urteil richtig und gehörig gebildet, so werden sie leicht einsehen, daß, um dem unangenehmen Geschreie mancher Kinderstuben zu entgehen, sie sich nicht von ihnen entfernen, aber wohl den Kindern durch vermehrte Wachsamkeit auf das, was sie quält, die Ursache dazu benehmen müssen. Sie werden bald begreifen, daß um freundliche Physiognomien und angenehm tönende Stimmen an ihren Dienstboten zu begegnen, über die so viel Hausmütter laut klagen, sie selbst durch harmonische Begegnung mit dem Dreiklang der Menschenfreundlichkeit, der Schonung und der Sanftmut diese hervorzuzaubern vermögen. Sie werden sich überzeugen, daß, wenn sie ihre Begriffe von Harmonie in das Hauswesen praktisch übertragen, eine wohltätige Ordnung, ein

Einklang der Gemüter in ihrer Mitte entsteht, der zu jener rastlosen Tätigkeit hinführt, die bei Menschen, welche alle nach den nämlichen Grundsätzen handeln, wahre Wunder bewirkt und Freude und Wohlbefinden in ihre Mitte einführt; daß die Welt durchaus auf diesem Wege besser und glücklicher werden müsse.

[...]

Es scheint mir nicht klug überlegt, wenn Sie, in der Voraussetzung der künftigen angehäuften Geschäfte, das zu erziehende Mädchen weniger entwickeln, weniger bilden wollten, weil ihm bei dem vorausgesetzten, aber unsicheren Falle, einst keine Zeit übrig bliebe, alle diese Fähigkeiten zu vervollkommnen.

[...]

Je mehr eines jungen Frauenzimmers Anlagen auf alle mögliche Weise gebildet werden, je vielfältiger ihre Geistes- und Körpergewandtheit entwickelt ist, je mehr sie Kenntnisse, Fähigkeiten, Geschicklichkeiten und Talente sich zu erwerben wußte: desto sicherer ist sie des Besitzes eines *seltenen Glücks,* weil diese Art von Glück von keinem Stande und keiner Lage abhängig wird, und ebenso für jeden Stand und in jede Lage paßt.

JOHANNA KINKEL

MUSIK ALS MODE
[1852]

[...]

Warum gerade die Musik eine so ausschließliche gesellschaftliche Mode geworden ist, begreife ich nicht. Ein gebildetes Haus, in dem kein Klavier stünde, gälte für eine Unmöglichkeit. Mädchen, die kein Gedicht richtig vorlesen können, lernen dennoch singen. Kaum, daß man eine Gesellschaft besuchen kann, ohne Musik ausstehen zu müssen, und was für entsetzliche Musik! Musik*freunde* und Musik*feinde* werden gleich empfindlich durch den Anblick eines geöffneten Klaviers mit zwei Lichtern darauf berührt, wenn sie einen Salon zur Erholung betreten. Dieses Musizieren zwischen der Unterhaltung ist eine auflösende Säure für das Gespräch. Hat man zum Glück einen verstehenden Menschen gefunden, mit dem man die höchsten Interessen durchsprechen kann, drängen sich einem die Gedanken in Fülle entgegen zu wechselseitigem Austausch, so schneidet uns die anregendste Mitteilung plötzlich der Schreckensruf ab: »Von der Alpe tönt das Horn.«

Du bezwingst Deine Ungeduld, hörst das hundertmal gehörte Lied mit verbissenem Ingrimm zu Ende, und nimmst das vorige Thema wieder auf. Ehe Du Deinem Freunde eine Lebensfrage bündig beantworten konntest, ergeht an Dich schon die andere vom Klavier her: »Mein Herz, ich will dich fragen, was ist die Liebe? sag!«

Du verlierst endlich alle Lust, an ein so zerstückeltes Gespräch die mindeste Aufmerksamkeit zu wenden, und läßt alles indolent an Dich herankommen, Geklimper und Geschwätz, Tee und Kuchen, wie es fällt.

Eine Hauptursache der Geistlosigkeit unserer meisten deutschen Gesellschaften ist dieses unausstehliche Musizieren, das man den Leuten aufdrängt, ohne zu fragen, ob sie Geschmack daran finden. Wenn jemand Musik hören will, so gehe er ins Konzert, und wenn er Konversation sucht, in Gesellschaft. Wie tückisch ist es nun, einen mit der Aussicht auf Konversation in eine Gesellschaft zu locken und ihn dann zu zwingen, Musik anzuhören. Das Geringste wäre doch, es einem vorher ehrlich zu sagen, es wird Musik gemacht, damit man seine Ohren weit genug flüchten kann.

Zeitgenössische Karikatur auf die klavierklimpernden Töchter,
»Stolz« eines jeden bürgerlichen Salons
(19. Jahrhundert)

Der Musiker, der täglich in dem Traumleben von Klängen befangen ist, bedarf zu seiner Erholung eines totalen Heraustretens aus dieser Sphäre geistiger Dämmerung in die sonnenhellen Regionen des Verstandes, wo der Gedanke am Gedanken die elektrischen Funken schlägt. Welch ein Genuß ist eine wohlgeordnete, sich wie ein Kunstwerk entwickelnde Konversation! In höchster Virtuosität verstehen wohl nur die Franzosen sie zu führen, und darum müssen wir auch den Namen selbst ihrer Sprache entlehnen. Daß unsere »Unterhaltung« die Sache nicht genau bezeichnet, beweist sich schon aus dem Mißbrauch, musikalische Abendunterhaltungen an ihre Stelle zu setzen. Wie notwendig bedürften viele Frauen dieser Kunst der edleren Konversation, die den klaren Blick über alle Zustände schärft! Statt dessen sitzen sie schweigend mit ihren Strickzeugen in der Gesellschaft, und lassen die Musik nur eben auf ihre Sinne wirken, um des Denkens enthoben zu sein. Diejenigen, die noch eine Stufe tiefer stehen, schwatzen zwischen der Musik Allotria und betrachten sie in unbegreiflicher Roheit nur als ein Mittel, um die Pausen zu verdecken, die etwa im Gespräch entstehen könnten. Gesellschaft und Musik stehen jetzt wie Staat und Kirche; mit beiden kann es nur besser werden, wenn sie scharf gesondert bleiben.

Muß die Geselligkeit durchaus die Allianz irgendeiner Kunst suchen, um sich über das Gemeine emporzuheben, so wähle sie doch lieber die der Konversation analogere Poesie als die Musik. Wie unbekannt bleiben unsere größten lyrischen Dichter im Verhältnis zu den geringsten Liederkomponisten! Rein darum, weil die Sitte unseren Damen nur gestattet, singend, nicht aber sprechend sich vor größeren Kreisen zu produzieren.

[...]

Ihre eigenen Gefühle idealistisch darzustellen, ist angeborenes Bedürfnis jeder Mädchenseele. Daher dieser Drang zu singen, selbst wo Stimme und Talent fehlen. Nun kommt noch ein äußerer Impuls hinzu, der, wie ich fürchte, häufig die Schuld trägt, daß Mädchen ohne inneren Beruf zur Musik sich dennoch in ihren Tempel drängen: ich meine, daß wir so vorherrschend im musikalischen Zeitalter leben, daß singende und klavierspielende Mädchen sich vor ihren nicht musizierenden Schwestern eines ungerechten Vorzugs erfreuen. Sie werden schon in frühester Jugend in größere Kreise gezogen, mehr beachtet, und verheiraten sich eher als andere, deren Eigenschaften unbemerkt bleiben. Mädchen von kaltem Gemüt erscheinen oft seelenvoller als andere, weil sie wohleinstudierte Empfindungen mit einer melodischen Stimme ausdrücken, zu denen sie selbst gar nicht befähigt sind. Andere, die sich nicht mit diesem Blendwerk umgeben können, haben vielleicht tiefes Gefühl, aber ihre unmusikalischen Laute lassen es wie eine bittere Ironie erscheinen.

Die Letzteren müßten zu ihrem eigenen Wohl notwendig aus der Musik ausgeschieden und zu Vertreterinnen der Redekunst angewiesen werden.

Du wirst diesen Brief eine seltsame Abschweifung nennen, indem ich, während ich versprach, Dich auf der Bahn des musikalischen Unterrichts zu fördern, mich auch einmal *gegen* die Musik erkläre. Aber ich weiß, daß durch die vielen ungehörigen Elemente unsere Kunst nur zerfressen wird, und ich möchte jede Mutter warnen, aus bloßer Modesucht einen Teil der Lebenszeit ihres Kindes dem Erlernen derselben aufzuopfern, wenn es nicht natürliches Talent oder große Vorliebe dafür äußert.

JOHANNA KINKEL

MUSIKTHEORIE FÜR MÄDCHEN
[1852]

Ein geschichtliches Studium der Musik ohne alle und jede theoretischen Kenntnisse möchte wohl unmöglich sein. Selbst der bloße Klavierspieler kann den Generalbaß schwer entbehren, und kein Lehrer sollte einem vorgerückten Schüler ein Stück einüben, über dessen inneren Bau jener sich in völliger Unwissenheit befände. Wer gar keine Akkordenlehre kennt, der spielt meist die Noten wie ein Kind, das ein lateinisches Gedicht auswendig gelernt hat, ohne dessen Sinn zu kennen. Ein anderes Gleichnis bezeichnet Dir wohl genauer, was ich meine: ein Maler, der nicht Anatomie studiert hat, wird nie den menschlichen Körper so ausdrucksvoll malen, als ein anderer, welcher genau weiß, welcher Muskel sich unter der Haut bewegt. Sogar dem Faltenwurf siehst Du es an, ob der Maler nur die Oberfläche seines Gegenstandes beobachtet hat. Ganz ebenso hörst Du aus dem Vortrag des Spielers heraus, ob ihm das Skelett der Komposition bewußt ist oder nicht.

Es gibt zwar große Talente, deren musikalisches Ahnungsvermögen sie ohne alle Kenntnisse an ein weiteres Ziel führt, als andere Minderbegabte trotz ihres Wissens erreichen, aber das hebt meine Behauptung nicht auf, denn was hätten jene *mit* den Kenntnissen erreichen können, was würden diese *ohne* sie geblieben sein?

Ein Dilettant, der es nur so weit gebracht hat, daß er Musik von der Schwierigkeit der leichteren Mozartschen Sonaten bewältigen kann, müßte soviel Generalbaß verstehen, daß er ein Vorspiel oder eine Begleitung zu einem Liedchen improvisieren und in jede Tonart transponieren könnte. Dies ist eine so kleine Anforderung, und doch, wie viel mehr Wert hätte für jeden ein solches Können, als das fertigste Spielen eines schweren Klavierkonzerts?

Die Generalbaßstudien, wie ich mir sie für das Bedürfnis junger Mädchen etwa denke, die der Musik als nur einem Teil ihrer allgemeinen Bildung wenig Zeit opfern können, dürfen freilich nicht so eingerichtet werden, daß sie bloß auf dem Papier bleiben, und nach unendlicher Schreiberei endlich das Resultat eines höchst trockenen Kompositionsversuches erzielt wird. Nein, sogleich auf dem Klavier muß jeder neugewonnene Akkord praktisch angewendet und, wo er in fremden Kompositionen vorkommt, wieder erkannt werden. Dies spornt den Trieb, mehr zu wissen, und mit jedem neueroberten Fußbreit wächst die Freude und das Interesse an der Musik. Wie verehrungswürdig schauen den Schüler die Rätsel in den reichhaltigeren Kunstwerken an, deren Größe er nun zu ahnen beginnt, da sein Ariadnefaden nicht mehr ausreicht, um in ihre labyrinthischen Tiefen einzudringen – und wie sinkt in seinen Augen alles Seichte und bloß Äußerliche, wenn er den ärmlichen Stoff durchschaut, mit dem das Blendwerk hingestellt wurde! Und das ist schon ein Gewinn, wenn der Schüler einsieht: hier ist eine Leistung über meinen Horizont, die darf ich mit meinem Urteil nicht antasten; oder: jenes gefällt mir zwar, weil es dem Ohr schmeichelt, aber ich sehe dennoch ein, daß es eine wertlose Arbeit ist. Ist er sich bewußt, daß ihm etwas Dummes gefallen und ein Erhabenes fremd bleiben konnte, so quält er den Künstler nicht mehr mit albernem Kunstgeschwätz, denn dies ist und bleibt, wie sich der Schaffende auch darüber hinwegsetzen möge, ein stetes Hemmnis für den Fortschritt der Musik.

[...]

Laß mich Dir beschreiben, welches Gängelband ich mir ausgesonnen habe, um das System der verwandten Tonarten jungen Mädchen rasch und leicht einzuprägen. Ein Rigorist wird es vielleicht verspotten; aber da es sich mir in unzähligen Fällen praktischer erwiesen hat, als das bisherige aus den Büchern, so habe ich jedenfalls die Erfahrung für mich.

Zuerst wird eine Tabelle auf Notenpapier von zwölf Systemen liniert, und, dem Quintenzirkel nachfolgend, jede Tonleiter hineingeschrieben, so daß C-dur oben anfängt, auf der siebenten Linie Fis-dur mit Ges-dur verwechselt wird und F-dur die unterste Linie beschließt.

Nun wird auf die Prime und die Quinte der Dreiklang gesetzt, vorher darauf aufmerksam gemacht, daß die Intervalle desselben schon in der Tonleiter enthalten waren, und oben die Namen Tonika und Dominante angeschrieben. Damit haben sie das ganze Blatt herunter die Übersicht des wichtigen Dominant-Akkords auf der fünften Stufe einer jeden Tonart. Jetzt müssen sie kleine Stückchen erfinden, in denen bloß diese beiden Akkorde abwechseln; hierin ist kein Irren möglich; denn wenn sie nur mit der Tonika anfangen und aufhören, so stimmt es immer. Sie dürfen zur Abwechslung weite und enge Arpeggien daraus machen, und nichts ist ihnen verboten, als daß Ober- und

Elegie
von Elise Goebeler

Unterstimme in Quinten und Oktaven fortschritten. Eher dürfen sie keinen Schritt weiter, bis sie darin fest sind. Die Allerunachtsamste selbst hat sich leicht gemerkt, daß das einfachste Mittel hierzu ist, mit der rechten Hand herunter zu greifen, wenn die Linke steigt, und umgekehrt, oder daß die eine Hand einen kleinen Schritt machen muß, wenn die andere einen großen tut. So darf man denn bald der Schülerin noch einen dritten Akkord preisgeben, nämlich den Dreiklang auf der Unterdominante (vierte Stufe der Tonleiter); der ist wieder leicht zu finden: Tonika in der Mitte, von da fünf Töne herauf mit der Linken zur Dominante, oder vom ersten Ausgangspunkt fünf Töne zurück zur Unterdominante. Überhaupt darf die Linke, bis die verwandten Tonarten der Tabelle sämtlich vorgekommen sind, nichts greifen als den Grundbaßton. Alle Umkehrungen verwirren die Anfängerinnen, ehe sie alle Dreiklänge in ihrer ersten natürlichen Gestalt mit den verschiedenen *Lagen* sich fest eingeprägt haben. Fällt ihnen keine neue Form mehr ein, um aus jenen drei Akkorden ein Sätzchen zu bauen, so muß der Lehrer ihnen nachhelfen und ihnen irgendeine neue Figur innerhalb derselben zeigen.

Fast die meisten Volkslieder lassen sich mit diesen drei Akkorden begleiten, und tut man gar einen Mollakkord hinzu, so ist ja beinahe der Stoff vorhanden, um eine ganze italienische Oper zu machen.

Der nächste Akkord, den man in den Kreis mit hineinzieht, ist am besten: der Dreiklang auf der sechsten Stufe der Tonleiter, dem man die Überschrift: Parallel-Tonart gibt, denn unter diesem Namen kennen ihn die Schülerinnen schon vom ersten Erlernen der Tonleiter auf dem Klavier her. Dieser Akkord paßt wieder überall hin, und zwischen jedem der vorherigen harten, strengen Dreiklänge, bildet er ein weiches, weiblich vermittelndes Element. Will man schnell vorwärts kommen, so lasse man die Schülerinnen die alten Figuren wieder anbringen, denen ja ohnehin durch das Hinzutreten der Molltonart nun eine frische Mannigfaltigkeit zugewachsen ist.

In dieser Weise fährt man ruhig fort, jeden neu hinzugekommenen Akkord durch alle Tonarten anbringen zu lassen, wobei man, wie oben erwähnt wurde, alles, nur keine Quinten- und Oktavenfortschreitungen zwischen Ober- und Unterstimme dulden darf. Nach der Parallel-Tonart läßt sich am leichtesten der weiche Dreiklang auf der zweiten Stufe der Tonleiter einflechten, zuletzt, als der schwierigste, der auf der dritten Stufe (Mediante). Man mache den Schüler darauf aufmerksam, daß dieser am natürlichsten nach der Dominante, mit der er am nächsten verwandt ist, angebracht werden kann.

Ist dieser Gang vollendet, und das geht bei einer Schülerin, die nur irgend musikalisches Gehör hat, in einem Monat reichlich, so macht sie von selbst keine Quinten- und Oktavenfortschreitungen mehr.

Lehrst Du sie nun noch den Hauptseptimen-Akkord richtig anbringen und auflösen, so kann sie sich für alle Dilettantenbedürfnisse selbst helfen. Hat sie den Trieb, weiter zu gehen, so füge der Tabelle die Umkehrungen der Akkorde bei, und lehre sie dieselben ebenso, wie das Vorige, nach und nach behandeln, wobei Du aber ohne schriftliche Aufgaben zugleich nicht fertig werden wirst. Dann mündet die Sache ferner vollständig in den Generalbaß ein, in die Kenntnis sämtlicher Akkorde, Vorhalte, Modulationen usw., wozu ein dilettierendes Frauenzimmer keine Zeit hat, und im Fall sie es auch lernte, wenn ihr die Schöpferkraft fehlt, nichts damit zu machen wüßte. Sehr besonnenen Naturen kann man höchstens die verschiedenen leitereigenen Septimenakkorde noch beibringen.

Großen Talenten wird nach diesem Vorhergehenden die vollständige Theorie ein unerläßliches Bedürfnis werden. Aber der Lehrer darf nicht außer Acht lassen, welchen Schnitt in alles Lernen der Frauen die Heirat macht. Diese Rücksicht allein schon macht es nötig, für Dilettantinnen bestimmte Stufen anzuordnen, auf denen es möglich ist, sich so festzustellen, daß sie im Laufe des Lebens das Erlernte nicht mehr verlieren können.

LUISE ADOLPHA LE BEAU

SIND MUSIKERINNEN MITTELMÄSSIG?
[1878]

Unter dem Titel »Über die Reform unserer Musikschulen« schrieb ein Mitarbeiter der »Allgemeinen deutschen Musikzeitung« eine Abhandlung, welche gewiß jeden interessiert hat, der an der musikalischen Erziehung unserer Jugend Anteil nimmt und deren erster Teil viele Wahrheiten enthält. Wenn übrigens der Herr Verfasser jenes Artikels als Mann es ein Wagnis nennt, die Beschaffenheit der Musikschulen öffentlich zur Sprache zu bringen, so erscheint es gewiß als ein noch viel größeres, wenn eine Dame es unternimmt, den zweiten Teil seiner Abhandlung zu beanstanden, bzw. die in demselben enthaltene Behauptung, »das Vordringen des weiblichen Elementes in den Musikschulen« sei »eine bedenkliche Erscheinung«, zu widerlegen.
Der Herr Verfasser gibt zwar zu, daß in der Anstalt, von der speziell die Rede ist, die Leistungen der weiblichen Zöglinge hervorragender seien als die der männlichen; allein er spricht der Frau die Fähigkeit ab, das komplizierte Stimmengewebe großer Tonschöpfungen zu überschauen, bezeichnet sie als »vollständig unfähig zur Direktion und Einstudierung größerer Chor- und Orchesterwerke« und findet es schließlich beklagenswert, daß unsere Musikschulen in der neuesten Zeit auch Komponistinnen hervorbringen. Ja er schreibt es hauptsächlich diesen zu, wenn die Kunst im Laufe der Zeit zu einem angenehmen Ohrenspiel »emporsinkt«.
Sollten die wenigen Kompositionsversuche, welche von Frauenhand vorliegen, wirklich zu solch ernsten Befürchtungen berechtigen? Vergißt man, wie viele männliche Komponisten sich berufen fühlen, die Welt mit mittelmäßigen Ergüssen zu überschwemmen? Und warum sollen denn nur die Frauen an allem von dem Herrn Verfasser gefürchteten Unheil Schuld sein?
Noch gibt es Musikschulen in Deutschland, welche ganz vorzügliche Orchester- und Chorleistungen, sowie durchaus tüchtige theoretische Arbeiten von Schülern aufweisen können. Noch gibt es, Gott sei Dank! Künstler, auch Künstlerinnen, welche von der Richtigkeit des Ausspruches: »die Bestrebungen eines jeden wahren Künstlers hätten sich dahin zu richten, der Erhe-

LUISE ADOLPHA LE BEAU
(1872)

bung des Virtuosentums zum Selbstzweck entgegenzuwirken« vollständig überzeugt sind und danach handeln.
Vermißt man aber bei Frauen im allgemeinen tieferes Eingehen in ein Kunstwerk, so ist der Grund hierfür nicht in der Unfähigkeit des weiblichen Geschlechts, sondern zunächst in der mangelhaften, oft verspäteten Ausbildung zu suchen. Wie viele Eltern versäumen es, ihre Töchter gründlich unterrichten zu lassen. Kommt dann eine Zeit des Kampfes ums Dasein, so verwerten die armen Alleinstehenden ihr lückenhaftes Wissen, indem sie um wenig Geld schlechten Klavier- oder Gesangunterricht erteilen. Daß sie sich dabei der nächstbesten Schule bedienen, die sich vorfindet, ist bei mangelhaften Kenntnissen begreiflich. Gibt es

ja doch genug gedruckte Tonleitersammlungen mit *total falschem* Fingersatz. (Die übrigens nicht von Frauen herausgegeben wurden.) Wie anders stünde es um die Leistungen des weiblichen Geschlechtes, würde beizeiten für eine gründliche Ausbildung gesorgt. Jetzt, in der Zeit der Gärung und des Kampfes, um die Worte des Herrn Verfassers zu gebrauchen, müßten auch die Vorurteile überwunden werden, die es insbesondere den Töchtern gebildeter Stände erschweren, sich der Kunst zu widmen. Denn was ist Kunst ohne allgemeine Bildung? Je tiefer die Frau in das Wesen der wahren Kunst eindringt, je besser wird sie dann auch die Grenzen der eigenen Fähigkeit beurteilen lernen. Man wehre ihr die Erlangung dieser Erkenntnis nicht, sondern gebe ihr Gelegenheit, sich *vielseitig* auszubilden.

Vielseitig auch in der Musik und damit wären wir nun bei der musikalischen Erziehung angelangt, von welcher der Herr Verfasser jenes Artikels behauptet, sie habe sich bei musikpflegenden Frauen ganz andere Ziele zu wählen, als bei Männern. Das erste Erfordernis: »Trennung der Geschlechter in unseren Musikschulen« wäre, wenn ausführbar, gewiß eine sehr vorteilhafte Änderung; allein man beschränke dann den Unterricht der Mädchen nicht, sondern lehre sie dasselbe, was die Knaben gelehrt werden; man gewöhne sie an ein System, an diese Grundbedingung jeglicher Erziehung und sehe dann zu, was sie nach Erlangung nicht nur technischer, sondern auch geistiger Selbständigkeit zu leisten vermögen, statt sich durch Beschränkung der weiblichen Ausbildung gegen weibliche Leistungsfähigkeit zu verschanzen! Daß damit keine Überhebung des weiblichen Geschlechtes ausgesprochen ist, darüber sind wir beruhigt. Das weibliche Taktgefühl muß hierin entscheiden. Eine Dame als Leiterin eines aus Männern gebildeten Orchesters dünkt uns eine moralische Unmöglichkeit, abgesehen davon, daß es auch nur wenige Damen geben wird, welche die entsprechenden Kenntnisse aufzuweisen haben.

Wir wollen nichts Unmögliches, noch auch etwas Unbilliges; nur verlangen wir die Mittel zu gründlichster Ausbildung und freimütige Anerkennung tüchtiger Leistungen. Mit den Schülern meint es der Herr Verfasser gut; den Schülerinnen aber will er den Genuß theoretischer Studien nur im allerersten Stadium gönnen, und beklagt sich doch bei Frauen-Vorträgen über die Unzulänglichkeit, das komplizierte Stimmengewebe zu überschauen. Woher kommt diese Unzulänglichkeit? Einzig und allein von dem Mangel an theoretischer Ausbildung.

Trotz alledem aber wird es gewiß niemand bestreiten, daß auf virtuosem Gebiete von Frauen schon sehr Bedeutendes geleistet wurde und geleistet wird, nicht nur im Gesang, sondern auch im Klavier- und Violinspiel. Ebenso liefern unsere großen Gesangsmeisterinnen den Beweis, daß die Frauen fähig sind, einen guten Unterricht zu erteilen, denn ruht nicht die Pflege der guten Gesangsmethode zum größeren Teil in Händen der Frauen? Warum sollte der Frau das Unterrichten auf anderen musikalischen Gebieten nicht ebenfalls gelingen? Und selbst in ihrem »wahren Berufe« kommt ihr eine gründliche musikalische Bildung zustatten. Welch ein Segen ist es, wenn eine Mutter die musikalischen Studien ihrer Kinder verständnisinnig zu überwachen, wenn sie zu beurteilen vermag, ob dieselben nach guter Art unterrichtet werden (denn auch die Herren Lehrer sind nicht immer über alle Zweifel erhaben) und diesem Unterricht die nötige Nachhilfe leisten kann! Das »unbewußte Verstehen« genügt hier nicht; wenn vielmehr die Mädchen von früh auf angewiesen würden, ihre Gehirnmuskeln anzustrengen und an sich selbst strenge Anforderungen zu stellen, so müßten sie, wenn irgendwie begabt, sicherlich in all ihrem Tun zur Tüchtigkeit heranreifen. Man mutet der Frau mit Recht zu, sich ihr Brot selbst zu verdienen, wenn sie nicht das unsichere Glück hat, in ihren »wahren Beruf« zu gelangen, findet es aber unweiblich, wenn sie nach gründlicher Ausbildung strebt!

Hierin liegt ein Unrecht, welches jedem unparteiischen Beurteiler einleuchten muß und dessen Erörterung Zweck dieser Zeilen ist. Die Verfasserin will damit weder in jemandes Rechte eingreifen, noch Fehde heraufbeschwören, sondern nur der Wahrheit gemäß eine auf Erfahrung begründete, in weiten Kreisen als berechtigt anerkannte Anschauung aussprechen und hofft ebenfalls, hierin weder freiwillig noch unfreiwillig mißverstanden zu werden.

KÜNSTLERINNEN BERICHTEN

ICH BIN KÜNSTLERIN
[1857]

[...]
Mein Glück war nun gemacht, und ich sang dann noch von meinen größten Rollen, die mir durch meinen Lehrer und meine Lehrerin in Dresden einstudiert waren, den Tankred, die Agathe im Freischütz, die Eglantine in der Euryanthe, die Zerline im Fra Diavolo und die Oberpriesterin in der Vestalin. Das waren alle meine Partien, die ich mitgebracht hatte; die weit größeren und schwierigeren, die ich später auf meinen Reisen sang, habe ich mir ohne anderer Einwirkung (obgleich scharfsinnige Rezensenten sich ermüßigt sahen, daran zu zweifeln) in dem von allen Vorbildern so fern gelegenen Budapest hübsch für mich allein eingeübt. Das machte mir auch unbeschreibliche Freude; denn danach hatte ich schon längst Verlangen, selbst einmal etwas zu schaffen.
Der Direktor suchte nun alle Opern hervor, in denen seine beiden Sängerinnen recht glänzend beschäftigt werden konnten, vornehmlich solche, in denen ich einen Mann machen durfte. Daß ihm dadurch sämtliche Damen gesichert waren, weil diese eine förmliche Leidenschaft hatten, mich als zärtlichen Jüngling zu sehen, wußte er. Ich dankte nur meinem Schöpfer, daß ich kein wirklicher Mann war; alle Herrn hätten mit mir Händel angefangen und mich am Ende gar auf Pistolen gefordert. Der Direktor kalkulierte ganz richtig. Wo die Damen hingehen, werden auch die Herrn nicht ausbleiben; wobei er dann in der Tat stets die reichlichsten Einnahmen machte.
Arsace in Semiramis, Malkolm im Fräulein am See und noch viele andere derartige Helden wurden mir zugeteilt. Rossini hatte, so scheint es, mehr Freude daran, sich die Frauen als Männer zu denken, während umgekehrt die alten Griechen ihre Frauen durch Männer darstellen ließen. Wenn man sich freilich die Klytämnestra, Iphigenie und Elektra noch heutzutage von Männern und gar vielleicht auf Rossinischen Passagen gesungen denkt, so würde man doch wohl ein wenig mehr davor erschrekken, als vor einem weiblichen Heldenjüngling.
Rossinische Musik, in der ich mich bisher am meisten einzuüben hatte, putzt nur die Stimme gut aus, aber sie erzeugt weder physische noch psychische Nachwehen. Zudem waren meine

AGNESE SCHEBEST.

Brust und Nerven von jeher so kräftiger Natur, daß mich weder dieser, noch zehn andere Komponisten so leicht hätten umbringen können. Indes hatte ich mich an den süßen Leckerbissen der italienischen Musik doch für einige Zeit hinlänglich gesättigt, und wünschte mir einmal ein recht klassisches Stück Arbeit. Ich fragte deshalb den Direktor Grimm, ob er keine alte, längst nicht mehr gesehene und in Deutschland nicht mehr gegebene Oper wüßte, worin ich ein tüchtiges Stück Leidenschaft und eine gewaltige Musik zu verarbeiten hätte. Das ewige Schmachten, Girren und Seufzen sei mir nun schon zum Sterben langweilig.

Er erwiderte, vorher müsse ich noch den Romeo einstudieren; diese Oper sei einmal Mode, und obgleich bisher alle Bellinischen Opern vor seinem Publikum Fiasko gemacht hätten, so glaube er dennoch, daß wir zwei Sängerinnen etwas daraus machen würden. Ich wollte unter keiner Bedingung daran; dieser holde Liebesheld, sagte ich, komme mir am Schlusse noch viel langweiliger vor, als nur irgend einer des melodienreichen Rossini. Grimm ließ aber nicht nach; er habe die Partitur bereits für schweres Geld gekauft; ich werde ihn doch nicht darum bringen wollen. Er verspreche mir auch gerne, sobald Romeo zur Aufführung gebracht sei, mir die allerklassischste Musik unter seinen ältesten Opern hervorzusuchen. Schließlich erbot er sich, mir zum Trost einstweilen die Cherubinische Medea zu senden, an der ich, wie an dem starken Hefte des Dialogs, der einer starken, gewaltigen Gesangspartie beigefügt sei, meine Gelüste nach großartigen Leidenschaften hinlänglich sättigen könne. Medea war mir gerade recht; von der hatte ich noch nie etwas gehört, und auch später auf meinen Reisen fand ich sie an keinem Orte auf dem Repertoire, außer da, wo man auf meine dringenden Bitten sie mir zu Liebe einstudierte. Letzteres geschah aber nur in Stuttgart und in Breslau. An den übrigen Orten waren sie auf diese klassische Musik nicht sonderlich begierig; und wenn hie und da auch mit einigen längst einstudierten Opern immer und immer groß getan wurde und die Herren Kunstkenner von den Schönheiten klassischer Musik viel Redens machten, so war doch kein erheblicher Ernst dahinter; mich dünkt, es müßte sonst ein klein wenig mehr dabei herausgekommen sein.
Mittlerweile hatte sich ein gewaltiger Auftritt mit einem vornehmen Manne ereignet. Dieser wußte, daß ich allen gefährlichen Herrenbesuchen ein für allemal die Tür verschlossen hatte. Er dachte ohne Zweifel: Kann das Fräulein mit ihren Noten so artig und säuberlich umgehen, so könnte sie's noch viel eher mit einem K. K. Oberstleutnant, der nicht nur ein schöner, sondern sogar ein berühmt schöner Mann ist, und dem darum vielleicht auch noch nie, oder doch selten, unzart begegnet worden ist. Er ließ sich deshalb als ein von Wien, mit angenehmen Aufträgen versehener Freund bei uns melden. Ich meinte nicht anders, als daß vielleicht gar der Kaiser meines verunglückten Vaters wegen irgend ein Zeichen seiner besonderen Gnade uns zugedacht habe, und wir konnten den Besuch dieses hohen Abgesandten kaum erwarten. Er kam, – rühmte alle möglichen Wiener Schönheitsmittel und die verschiedenen Operntheater und Künstler und brachte mir Grüße von einer Dame, deren ich mich ganz und gar

nicht erinnern konnte. Unwahrheiten hatten mich immer tief erbittert, wir ließen daher den Herrn sehr kleinlaut ablaufen. Am folgenden Tag lauerte er mir auf der Treppe auf; da ich ihm aber kein Gehör gab, so ging er mir bis auf die Straße nach und rühmte alles Mögliche an mir, wofür ich doch gar nichts konnte, schilderte auch seine Verehrung in einer Weise, daß ich ihm davon und in ein Haus lief, wo ich mich so lange verbarg, bis ich dachte, daß er fort sein könnte. Zu Hause angekommen, riefen Mutter und Schwester aus: »Was ist denn geschehen, du siehst ja todesbleich aus?« Ich nahm Papier und Feder zur Hand und schrieb ein kleines Zettelchen, das ich unversiegelt durch den Kellner an jenen Herrn absendete. Der Kellner hatte nichts Eifrigeres zu tun als den Zettel zu lesen und ihn sämtlichen jungen Offizieren, welche im Gastzimmer anwesend waren, mitzuteilen. Endlich trat auch jener Herr ein. Die jungen Leute sahen mit verbissenem Lachen dem eitlen Manne ins Gesicht, der sich beim Lesen des Briefchens vor Grimm und Scham entfärbte. Das Erste war, daß er mir drohen ließ, er werde mich einsperren lassen. Ich ging Abends nicht mehr aus, fürchtend, er könne mir ein Leid antun. Die Folge war, daß ich zum Stadthauptmann gefordert wurde; ich schickte aber für mich den Direktor dahin, der meine Sache ausfechten sollte. Danach wurde ich zum kommandierenden General vorgefordert; dorthin ging ich selbst. Es war ein alter Herr mit weißem Haar; der redete mich sehr ernst an und sagte: ob ich wohl wisse, daß ich einen der bedeutendsten Offiziere vor der ganzen Stadt lächerlich gemacht habe? »O ja, Herr General, das weiß ich; aber eben darum, weil er mir ein vornehmer Mann zu sein schien, hätte ich auch erwartet, daß er sich etwas nobler betragen hätte. Was geht's ihn an, ob ich so oder so aussehe? Er war zudringlich und unverschämt, und da ich keinen Vater mehr habe, so mußte ich selbst Vaterstelle bei mir vertreten und mein eigener Beschützer sein. Sie haben auch Töchter, Herr General, und ich möchte wohl wissen, was Sie getan hätten, wenn irgend so ein vornehmer Herr ähnliche Wünsche gegen Sie ausgesprochen hätte. Ich werde mich meiner Satisfaktion halber von keinem Menschen strafen lassen, und wenn ich deshalb Schutz beim Kaiser suchen müßte.« Damit ging ich ohne weiteres nach Hause.
Nun hieß es, der Herr Oberstleutnant werde mich auf der Bühne erschießen lassen. Ich trat deshalb drei Wochen lang nicht auf, und Grimm klagte auf Schadenersatz beim General-Kommando. Endlich wurde dem Herrn von seiten des Generals angedeutet, so lange ich in Budapest sei, die Stadt zu verlassen. Nach Ablauf der drei Wochen trat ich voll Zittern als Eglantine in Webers

Euryanthe auf, denn ich fürchtete mich freilich gar sehr vor dem Erschießen und auch vor dem Auspfeifen. Ich blieb deshalb beim Heraustritt eine Weile voll banger Erwartung im Hintergrund der Bühne stehen. Aber die lieben, einzig lieben Budapester empfingen mich mit einem solchen Sturm von Beifall, daß ich in Tränen ausbrach und lange nicht zu Worten kommen konnte.

[...]

Es ist doch eine eigene Sache um einen bestimmten Beruf. Sobald man sich nur ein wenig in der lieben freien Natur erholen oder unter Menschen zerstreuen will, gleich verfolgt einen der Gedanke an die Arbeit. Es war darum auch unter Vergnügungen und Zerstreuungen meines Bleibens nie sehr lange und die gute Mutter sagte oft: »Du hast eigentlich gar nichts von deinem bisserl Leben, als daß da einer oder der andere dir mit den Händen zuklatscht; wobei du aber immer nicht sicher bist, tut er's aus Verstand oder aus Unverstand.« Darüber nachzugrübeln unterließ ich fein, ist es ja doch genug, wenn sie das von Herzen tun; und damit sich keiner – wenn es auch aus Unverstand, nur aber in wohlwollender Absicht geschehen wäre – seines Beifalls zu schämen braucht, sollte man ja schon deshalb recht fleißig sein. Neben diesen harmlosen Freuden gibt es aber leider auch Erfahrungen, die schon geeignet sein könnten, einem die Kunst ganz und gar zu verleiden. Es gibt Zuhörer, die das Wesen des Künstlers nur äußerlich zu erfassen wissen, sich nur von seinem Aussehen, seiner Stimme und dergleichen bezaubern lassen. Es gibt freilich auch solche, die sich in seine Leistungen tiefer hinein fühlen und in dem geistigen Element, das ihn belebt, erwärmen und begeistert werden. Es gibt andere, die davon ebenfalls ein wenig verspüren, nur sich leider für sehr klug halten und nur bisweilen etwas zu schwerfällig sind, um sich so ohne weiteres fortreißen zu lassen; sie lieben es, nach eigener Elle die Vorzüge des Künstlers auszumessen, um sich damit vor den Leuten wichtig zu machen – wäre es ihnen um die Sache und um ein redliches Urteil zu tun, warum sagen sie es dem jungen Künstler nicht unter vier Augen, damit er verbessere und nachhelfe, wo nachzuhelfen möglich ist? Dann gibt es Kunstprotektoren, die – um Nebenzwecke zu erreichen – mit unbeschreiblicher Zartheit alles Mögliche beschönigen und herausheben und denen besonders an einer Künstlerin alles sehr wichtig zu sein scheint, nur nicht eben das Kunststreben. Und auch an solchen fehlt es gar nicht, die mit all ihrer Begeisterung und Urteilsfähigkeit doch zu keinem anderen Zwecke ins Theater gehen, als sich die Zeit vertreiben zu lassen, und ihren subjektiven Augen und Ohren gütlich zu tun; sie sind es, die hinterher, trotz all ihrer Entzükkungen, ebenso schnell den schmutzigsten Zoten zujauchzen. Dann kommen die Rezensenten, jene redlichen Männer, die sich Mühe geben, und sich zu unterrichten suchen, um durch ein gebildetes Urteil ihr Brot nach bestem Wissen und Gewissen zu erwerben, und jene Schamlosen, die mit Schimpfen und Kritteln nur Geld, Geld und immer nur Geld zu erpressen bemüht sind. Ich habe mich nun weder von jener Klasse von Kunstprotektoren, noch von dieser Art Kritiker tragen oder einschüchtern lassen, wenn sie mir darüber auch bitterböse geworden sind. Es kam nicht selten vor, daß solche Leute sich ohne alle Umstände Geld von mir erbaten; in München drohte mir der Redakteur einer vielgelesenen Zeitschrift sogar, wenn ich ihn nicht augenblicklich mit sechs Louisd'or bedenke, so würde er alle meine Fehler der Welt aufdecken. Ich schrieb ihm zurück, er möge es doch ja tun, um die Menschen von ihrem unvernünftigen Enthusiasmus zu heilen; ich aber, im Bewußtsein all meiner Schwächen und Gebrechlichkeiten, könne ihm schon deshalb die sechs Louisd'or nicht schicken, damit er nicht veranlaßt sei, in Zukunft erst hinter einer goldenen Brille meine kleinen Vorzüge aufsuchen zu müssen. Er sah sich ein wenig vor, und machte nur beiläufig einige scheelsüchtige Bemerkungen über das tolle Herausrufen, Ständchen- und Fackelzügebringen usw. Welche Macht aber haben solche Herren einem armen Geschöpfe gegenüber, das nicht so glücklich ist, von den Zuhörern in so auffallender Weise beschützt zu werden. Können sie dem guten Kinde nicht auf lange Frist das Zutrauen des Publikums, das der Intendanzen und ihren eigenen Mut nehmen? Es gibt ja leider viel mehr Leute, die kein eigenes Urteil haben, herumhorchen, was andere sagen, nachbeten, was in den Zeitungen steht und ihr eigenes Gefühl, das sie meist viel richtiger leiten würde, danach stimmen lassen als solche, die ihre Meinung vor jedermann zu behaupten wissen. Ich habe aber noch keinen Künstler gesehen oder gehört, bei dem man nicht über dies und das ein Auge, und dieses bisweilen sogar sehr gründlich, hätte zudrücken müssen; hab aber auch schon manche scharfsinnige Beurteilungen gelesen, darin die Herren Verfasser bei den Leistungen berühmter Leute, und bei gewissen Verhältnissen, in denen sie unter ihnen gestanden, ein gleiches zu tun nicht für gut befanden. Das allerbeste ist darum wohl, daß der Kunstjünger von alledem noch nicht viel weiß und wenn er derartige Erfahrungen macht, sie abzuschütteln und zu vergessen sucht, um sich für eine idealere, schönere Welt frisch und frei zu erhalten.

[...]
Der dramatische Künstler muß fast noch weit mehr darüber im klaren sein, was er geben will, als der Dichter, der Komponist und Maler, die ihre Entwürfe und Skizzen vor sich haben und daran nach Belieben ändern und bessern können; der Sänger und Schauspieler hat es nicht nur mit dem zu tun, was der Dichter oder der Komponist als feste Begrenzung seinen Gedanken vorschreibt; er hat es auch mit seinen eigenen Empfindungen und obendrein mit einer physischen Natur zu tun, die schwerer zu bewältigen ist, als die geistige Leichtigkeit der Gedanken. Wer nun aber nicht beim A, nämlich bei sich selbst anfängt, um sein Organ, seine physischen Werkzeuge, seine Phantasie, sein Gefühl, sein geistiges Verständnis, bis zum O auszubilden, wie kann der es ohne das tiefste Erröten wagen, an ganzen Erscheinungen sich zu vergreifen. Muß er es nicht mit Bangigkeit sich selbst gestehen, daß er den Gedanken des Dichters oder des Komponisteurs nur als Schlepptau anhängt, ein aber auch nur halbwegs würdiger Repräsentant ihrer Gefühle und Gedanken sein kann? Wer alles den plötzlichen Eingebungen des Talentes überläßt, der hat es freilich leicht. Jedermann weiß aber, und wird es unschwer begreifen, daß ein und derselbe Gedanke durch hundertfältige Veranlassungen eine eben so große Zahl von Gemütsstimmungen hervorzurufen geeignet ist. Z. B. es stünden die Worte vorgeschrieben: O Herr, erhöre meine Bitte! Wie meint man nun, daß diese Worte ausgedrückt werden sollten? Das ist ein Kinderspiel, denkt das Talent; wenn es vorgeschrieben steht, wer der Mann oder die Frau ist, die das zu sagen haben, so findet sich das Übrige von selber. Der ernstere Genius aber, der das Talent bildend begleiten soll, meint denn doch, daß es etwas mehr als Kinderspiel sei. Ein frommer Priester, der Gott um Schutz für seine Gemeinde anfleht, wird diese Worte allerdings in Ton und Gebärde anders ausdrücken als ein Vater, der in bitterer Not das Letzte, was er noch zu geben hat, unter die Seinigen verteilt, ihre Zukunft aber der Hilfe des Erbarmers empfiehlt. Anders eine Mutter, die ihre geliebten Kinder nach langer Entbehrung wieder zu sehen hofft; und wieder anders die junge Braut, die ihrem Herzliebsten entgegen sieht. Allein, ob dieser Priester demütigen und ergebenen Herzens oder durch innere Bedrängnisse mit gesteigertem Ausdruck bitten muß, ob dieser Vater, gebeugt vom Kummer oder voll Mut und Vertrauen zum Ewigen blicken würde, ob diese Mutter mit harmloser Freude oder mit wehmutsvoller Sehnsucht jene Worte sagt, und ob diese Braut sanften oder leidenschaftlichen Herzens bittet:

darüber heißt es sich im Texte genauer umzusehen, und hat das Gefühl uns darüber den Aufschluß gegeben, hat das geistige Auge und Ohr uns den Ausdruck der Stimme, wie den der Gestalt vorgezeichnet, so gelangen wir doch nur dann erst zur vollkommenen Darstellung, wenn wir uns über die Mannigfaltigkeit, die Vollkommenheiten und Schwächen dieser Darstellungsmittel mit kritischer Gründlichkeit unterrichtet haben.
Es ist mir schon vorgekommen, daß irgend ein vortrefflich unterrichteter Fidelio in seiner Arie am Schluß des Adagios sich hinreißen lassen konnte, einen mindestens zehn Sekunden langen Triller zu produzieren. Der Triller kann für den Ausdruck der Freude sich wohl erheben, er kann auch im Schmerz – allein hier nur im pianissimo – gleich dem perlenden Hinzittern der Tränen in gewissen Musiken allenfalls angewendet werden. Wie man es aber dahin bringen kann, die fromme gottvertrauende Seelenstimmung einer Leonore in diesem erhabenen, von allem musikalischen Flitter so rein gehaltenen Musikstück durch einen Triller zu verschnörkeln, das kann wohl kein vernünftiger Mensch begreifen, und doch hätten vielleicht die Meisten nicht applaudiert, wäre dieser Triller nicht gehört worden. Ein Beweis, daß es unter den wohlunterrichteten Künstlern vielleicht auch solche gibt, die nicht etwa aus Unwissenheit fehlgreifen – eher vielleicht aus Ironie, um dem Kunstsinn und Geschmack ihrer Zuhörer auf den Zahn zu fühlen. Das Publikum hat viel dazu beigetragen, daß in den modernen Musiken die Fermaten eine Länge bekommen haben, als hätte der Komponist darin für sich und seine Sänger einen Bettelbrief an das Publikum niederschreiben wollen, aber gewiß einzig und allein nur darum, weil ohne dies Ausstreuen von Weihrauch die linke Hand es gar nicht wissen lassen würde, was die Rechte zu tun willens ist. Wie kann aber, neben solchen Irreleitungen, ein junges Talent sich frei und aufrecht erhalten? Nur allein dadurch, daß ihm die Sache heiliger sei, als der Beifall. Man kommt übrigens ganz glücklich durch, auch wenn man sich keiner so auffallenden Reizmittel bedient.

[...]

Auf der Reise zwischen Königsberg und Elbing wurde mir trotz der geladenen Pistolen, die wir im Wagen hatten, der obere Koffer an meinem Wagen abgeschnitten. Was helfen einem Frauenzimmer aber auch solche Mordwaffen? Ein Mann muß dabei sein, der so viel Mut hat, wehrlose Mädchen vor Schelmenstreichen zu schützen. Aber du lieber Gott, da weiß man oft nicht, ob ein Beschützer oder ein Kofferabschneider mehr Vertrauen verdient, und fährt darum in bitterster Not schutzlos einem Schelmenstück entgegen. Wir hörten es ganz gut, als man den Koffer ablöste; auch den unteren größeren würde man wohl mitgenommen haben, wär' er nicht angeschraubt gewesen. Wir sahen es auch, wie einige vermummte Männer während des langsamen Fahrens zu unsern Wagenfenstern hereinblickten, allein wir schwiegen, aus Furcht und zugleich um sie glauben zu machen, es seien lauter handfeste Burschen darin, mit denen nicht gut anzubinden ist. In Elbing angekommen, ließ ich sofort eine Anzeige an die Polizei ergehen, habe jedoch meine Sachen nicht wieder bekommen. Dagegen fand man den Koffer am nächsten Tag leer an einer Mühle angelehnt. Die Schätze, die sie darin fanden, konnten für sie keinen Wert haben, denn es waren nur Spitzen- und Blondengarnituren und die Leibchen von meinen sämtlichen Kleidern, die zur Schonung, damit sie nicht so verdrückt werden, stets von den Röcken abgetrennt wurden. Ich aber hatte dadurch immer einen bedeutenden Schaden, denn da ich von den meisten Stoffen nichts Ähnliches bekam, mußte ich mir lauter neue Kleider anschaffen.

[...]

Würde man mich fragen, weshalb ich dieses mühevolle Wanderleben einem soliden Engagement an einer Hofbühne vorgezogen habe, so müßte ich antworten: daß es mir bei äußerer Solidität und innerer Unsolidität, bei äußerem Glanz und innerer Armut auf die Dauer nie wohl geworden wäre.

Zu meiner Künstlerexistenz hatte ich zwar enorme Ausgaben nötig, und von den Reiseunkosten per Extrapost, Gasthausrechnungen, Krankheitskosten, den fortwährenden Trinkgeldern und der Erhaltung einer kostspieligen Theater- und Zivilgarderobe, sowie den sonstigen Erfordernissen, kann man sich beim ruhigen Fortgang eines alltäglichen Privatlebens gar keinen Begriff machen. Hier kann man einen ganzen Monat schon recht anständig mit dem leben, was ich dort oft an einem Tage verbrauchte, ohne eben absichtlich verschwendet oder einen sonderlichen Genuß davon gehabt zu haben. Indessen lebte ich abgeschlossen mit den Meinen ganz vergnügt in meinem Wagen, brauchte die Theaterwirtschaften nur im Vorübergehen flüchtig anzublicken, mußte nicht diesem oder jenem den Pantoffel küssen, um vor Intrigen und Schikanen Schutz zu finden, durfte mir vielmehr unter unbestochener Protektion des *allgemeinen* Urteils auf *ehrliche* Weise und *geradem* Wege mein Brot verdienen. Schon früher bemerkte ich einmal, welchen Widerwillen ich vor einer gewissen Klasse Theaterautoritäten hatte. Dieser Widerwille steigerte sich immer mehr. Nun könnte man mir zwar entgegnen, daß vielleicht an kleinen Bühnen, wo die Mittel zur höheren Begründung sozialer und ästhetischer Verhältnisse zu gering sind, der Mensch wie der Künstler leichter zurückgeschreckt werden mag. Darauf müßte ich entgegnen, daß es gerade Hofbühnen waren, wo es bisweilen am *schlimmsten* aussah. An jenen Provinztheatern ist man doch wenigstens bescheiden und sucht sich eben so gut es gehen will durchzubringen. Hier aber machte sich Ignoranz, Dünkel und Grobsinnlichkeit oft weit ungenierter geltend. Finden sich hie und da vielleicht auch ein Intendant, ein Kapellmeister, ein Regisseur oder ein paar andere Künstler, die das Ganze durch energische Tätigkeit und strenge Haltung zu heben und herauszuputzen bemüht sind, wie geht es aber beim Übrigen in- und durcheinander her?

Es ist nicht meine Sache, zu erwägen, ob jene Herren hinter den Lampen oder jene vor den Lampen mehr zur Demoralisierung beitragen; ich will auch darüber meine Beobachtungen unterdrücken, ob es mehr Frauenzimmer auf der Bühne oder außer derselben gibt, die sich aus Not oder Verirrung förmlich danach abmühen, zu *Ehren* oder zu *Falle* zu kommen. Jedenfalls wär' das aber weit mehr eines redlichen Mannes Sache, sie zu Ehren zu bringen, anstatt sie zum Gegenteil herabzuziehen.

Es ist empörend, wenn man weiblichen Mitgliedern den Ehestand kontraktlich zu erschweren sucht, und ihnen droht, denselben umzustoßen oder ihre Gage zu vermindern, wenn sie sich dergleichen einfallen lassen. Solche Zumutungen passen für gemütlose, überspannte oder solche Frauenzimmer, an denen nichts mehr zu verderben ist, nicht aber für körperlich gesunde und gemütreiche Geschöpfe.

Ist das nicht schon traurig genug, wenn vornehme Männer zu stolz sind, ihre Frauen im Dienste der Kunst fortwirken zu lassen, sie ihrer gewohnten Tätigkeit entziehen, und alsdann oft aus Not dennoch zu diesem Rettungsanker wieder zurückdrängen? Es muß auch das schmerzlich sein, wenn eine ihrer sicheren Existenz beraubte Frau bei den Anstrengungen und Mühen ihres Mannes sich sagen muß: All' diese Sorgen und Lasten sind durch dich ihm geworden! Es ist aber bekannt, daß alle unsere größten Sängerinnen, welche verheiratet waren – und das sind: die Catalani, die Milder-Hauptmann, die Pasta, die Malibran, Sonntag, Schröder-Devrient und noch viele andere –, bei diesem naturgemäßen Verhältnis nichts von ihren Kunstfähigkeiten verloren haben; im Gegenteil! Einige davon sind nicht nur nach wie vor die ausgezeichnetsten Sängerinnen geblieben, sondern auch

glückliche Mütter, zärtliche Gattinnen und brave Hausfrauen geworden.
Wenn die Leute zur Hebung ihrer Begeisterung insbesondere einer Jungfrau bedürfen und verlangen können, daß sie, weil sie eine Künstlerin ist, aufhören müsse, ein Weib zu sein, so zeigen sie hinlänglich, auf welcher Stufe ihr Kunstsinn steht. Was nun aber das Weitere, und zwar das Aller*erste*, betrifft, so habe ich in den verschiedenen großen Städten des In- und Auslandes leider zu beobachten Gelegenheit gehabt, daß es allenthalben an der Hauptsache, nämlich an dramatischen Schulen fehlt. Man verläßt sich denn doch gar zu sehr darauf, daß die Talente bemüht sind, ihren eignen Weg sich zu bahnen, weshalb es auch weit mehr interessante Talente als Künstler gibt. Sollte das nun nicht eine weit solidere Aufgabe sein, anstatt nur durch schöne Tempel, Dekorationen, Garderobe und dergleichen Äußerlichkeiten der Kunst zu dienen, insbesondere dafür zu sorgen, daß der Rock den Geist nicht überstrahle? Wie leicht es aber einzelne Hoftheaterintendanten damit halten, die denn doch von ihren Fürsten dafür besoldet werden, um die Hauptsache zu fördern, könnte folgendes Histörchen ein Beispiel geben.
Einem jungen Mädchen, das aus innerem Drang für die Schauspielkunst sich bei einem solchen Herrn Rat erholte, wie sie es denn anfangen, wohin sie sich wenden müsse, um durch pekuniäre Opfer sich als Schauspielerin auszubilden, wurde folgendes erwidert: »Schule haben wir keine, Sie sind ja ein gebildetes Fräulein und werden sich leicht in Ihrer Aufgabe zurecht finden, nehmen Sie nur gleich eine recht große Rolle, worin Sie vom Stoff getragen werden, etwa die Jungfrau von Orleans oder sonst eine imposante Partie, wodurch das Publikum sogleich einen rechten Eindruck bekommt.«
So spricht der Vorsteher einer solchen Anstalt. Ja, ich habe sogar das schon sehr schön finden hören, wenn ein junges hübsches Mädchen dergestalt in den Tag hinein deklamierte:

Die Waff'm ruh'n, des Grieches Stürme schweich'n,
Auf plud'che Schlacht'n folcht Gesang und Danz.
Durch alle Straß'n dönt der mundre Reich'n,
Aldar und Kirche brangt in Festes-Klanz,
Und Pford'n bau'n sich aus grünen Zweich'n,
Und um die Säule windet sich der Geranz.

Auch findet man das bezaubernd, wenn eine vom Stoff getragene Jungfrau die Emphasis oder den Nachdruck des Tones, welcher sich auf die vorherrschende Idee des Sprechenden mehr als Anderer bezieht, in folgender Weise anwendet:

Kümmert mich das Los der Schlachten,
Mich der *Zwist* der Könige?
Schuldlos trieb ich meine *Lämmer*
Auf des *stillen* Berges Höh'.
Doch du *rissest* mich in's Leben,
In den *stolzen* Fürstensaal,
Mich der Schuld dahin zu *geben,*
Ach! Es *war* nicht meine *Wahl.*

Ist nun schon im allgemeinen in der Rezitation und Deklamation keine Spur von den allernotwendigsten Vorstudien merkbar, so fällt die das Wort oft geradezu höhnende Aktion womöglich noch beleidigender auf. Daß Mozart und Schiller auch den Ungeschicktesten glücklich über die See tragen, weiß man; der Zuhörer hält sich dann eben an den Inhalt der Musik oder des Gedichtes und beachtet nicht den ungebildeten Vortrag. Was läßt sich aber machen, wenn nebenher auch noch ein paar Hände und Arme des Sprechenden in monotoner Weise einmal um das andere sich nach dem Publikum hin ausbreiten, alsdann wieder nach ihrer eigenen Brust zurückkehren, sich da kreuzen und winden, inzwischen aber immer wieder ohne alle Bedeutung nach dem Publikum hinausfahren?

Wär' es nicht in der Ordnung, unsre jungen Talente vorerst von der bloß richtigen Artikulation die anderweitigen zwanzig Stufen hinauf bis zum epischen und dramatischen Lesen auszubilden? Wär' es nicht am Platze, Anfänger vor allem über die Stellung des Körpers: der unteren Gliedmaßen, die Haltung des Leibes, des Kopfes, die Bewegung der Arme und Hände, sowie den mimischen Ausdruck zu unterrichten und ihnen vor allem einen Begriff von dem Wesen und der Beschaffenheit der Aktion beizubringen, auf welche die sinnigen Griechen einen so hohen Wert legten; anstatt die armen Geschöpfe mit bunten Lappen zur Augenlust herauszuputzen? Möchten doch unsre Herren Intendanten die hohe Wichtigkeit einer mimisch-deklamatorischen Ausbildung erwägen! Denn in der Mimik und Deklamation kommen alle Kunsterscheinungen zur Darstellung, die des gegliederten Körpers in der mimischen Stellung und Bewegung, der Ausdruck des denkenden und fühlenden Geistes in der deklamatorischen Betonung. Wie schön und ehrenvoll wär' es, wenn sie mit aufrichtigen Gesinnungen dahin zu wirken suchten, daß im Menschen wie im Künstler das Licht der Seele reiner und geläuterter sich entfalten und uns erwärmen dürfte, als es die vergänglichen Reize zu tun vermögen ihrer »vom Stoff getragenen« Jungfrauen.

WILHELMINE SCHRÖDER-DEVRIENT ERZÄHLT*
[1862]

[...]
»Von meinem Schulunterrichte wüßte ich nichts zu sagen. Er war jedenfalls sehr mangelhaft, wie ich denn überhaupt bis zu meinem zwölften Jahre zu keinem anderen Studium ernsthaft angehalten wurde, als zum Tanz. Aber meine Phantasie war schon damals sehr angeregt. Meine Tätigkeit sowohl wie der häufige Besuch des Theaters regte mich zu allerlei phantastischen Spielen an. Ich suchte mir allerhand bunte Lappen und sonstigen glänzenden Theaterschmuck zu verschaffen, schlich damit auf den Boden unseres Hauses, aus dessen Hinterfenstern man die Aussicht auf den Dammtorwall hatte, behängte mich nach Möglichkeit mit meinen bunten Herrlichkeiten und führte dann selbsterfundene Monologe oder auch ganze Stücke auf, die ich mit lauter Stimme vortrug. Häufig wurde dadurch mein Aufenthalt verraten, und ich wurde aufs Unsanfteste aus meiner Begeisterung geweckt, indem man mich in die Kinderstube zurückjagte.
Besonders war es die Jungfrau von Orleans, die mich begeisterte. Da wurde von Papier ein Panzer und ein Helm fabriziert, irgendein Stock, woran ein Tuch befestigt war, diente als Fahne, ein zweiter Stock als Schwert, und so ausgerüstet ging es in die Schlacht. Vermochte ich meinen Gefühlen keinen Ausdruck zu geben, so versank ich in träumerisches Hinbrüten, saß oft stundenlang in einer Ecke des Bodens hingekauert, die Ellenbogen auf die Knie gestützt, den Kopf in die Hände gedrückt – und dichtete.
Wie schon erwähnt, hatte man aus den Hinterfenstern des Hauses den freien Blick auf den Wall. Eines Morgens gingen Vater, Mutter, Geschwister und Mägde auf den Boden, um die Freiwilligen zu sehen, die sich auf dem Dammtorwalle zum Abmarsche versammelt hatten. Der deutsche Freiheitskrieg begann, und wer nur einen Tornister, einen Säbel tragen konnte, zog hin, Blut und Leben für Gott und Vaterland zu lassen.
Unter dieser begeisterten Schar waren Knaben von vierzehn bis

* Der folgende Textauszug bringt abwechselnd Wilhelmine Schröder-Devrients eigene Erzählung und Claire Glümers Bericht.

fünfzehn Jahren. Einer derselben, der Sohn eines Schauspielers, mit dem mein Vater häufig verkehrte, war lange Zeit unser Spielkamerad gewesen. Ich war die Erste, die unseren jungen Freund in seiner kriegerischen Rüstung entdeckte, rief ihn bei seinem Namen und er nickte freundlich zu uns herauf. Erst wußte ich nicht, was vorging, als aber das Kommandowort zum Abmarsch gegeben wurde, der Zug sich in Bewegung setzte, und Väter, Mütter, Schwestern und Brüder laut weinend nebenher gingen, fragte ich meinen Vater: »Wohin geht der Ludwig?« »In die Schlacht«, gab er mir zur Antwort. Da starrte ich ihn an, wie vom Donner gerührt, schrie endlich laut auf: »Ich will mit!« und machte Miene, mein Vorhaben auszuführen. Natürlich wurde ich mit Gewalt zurückgehalten, und da ich keine Möglichkeit sah, fortzukommen, warf ich mich heulend zur Erde, tobte und schrie und war durch nichts zu beruhigen. Tagelang war ich wie vernichtet, schlich immer auf den Boden und stand da, mit dem Kopfe ans Fenster gelehnt und schaute nach der Himmelsgegend, wo mein junger Spielkamerad verschwunden war. Nun spielte ich erst recht Jungfrau von Orleans und mein Papierhelm kam kaum von meinem Kopfe, mein hölzernes Schwert kaum von meiner Seite.«

[...]

Das Intrigenwesen, das sich um jede Bühne, um jede bedeutende Erscheinung der Theaterwelt drängt und in das sie [Wilhelmine Schröder-Devrient] nur zu bald einen Einblick gewann, war ihrer groß angelegten Natur, ihrem durchaus offnen Charakter im tiefsten Innern zuwider. Die Begeisterung für die Kunst erhob sie zwar über diesen Wust, und im Feuer des Lernens und Schaffens konnte sie ihre Umgebung ganz und gar vergessen; aber es kamen Tage der Ermattung, der Mutlosigkeit, und dann drang alles Schlechte, Häßliche, Unwahre mit erdrückender Gewalt auf sie ein. Das ganze Leben erschien ihr in solchen Momenten wie ein Gewebe von Lüge und Niederträchtigkeit. Sie verzweifelte an sich selbst, an ihrer Aufgabe, fühlte sich von unbezwinglichem Ekel am Dasein, von unerträglicher Angst vor der Zukunft erfüllt und wußte nicht, wohin sie sich retten sollte.

Oft, wenn sie aus den Proben kam, trennte sie sich von den plaudernden Kameraden, um sich verstohlen in die nächste Kirche zu schleichen, wo sie sich zitternd im Schatten eines Pfeilers auf die Knie warf, das Gesicht verhüllte und weinte und betete. Schon damals erwachte in ihr jene Sehnsucht nach Ruhe, nach einem engbegrenzten, einfachen Leben, die sie wie ein

WILHELMINE SCHRÖDER-DEVRIENT
(6. Dezember 1804)

verzehrendes Heimweh bis in den Tod verfolgen sollte, während ihrem Schaffensdrange, ihrem rastlosen Vorwärtsstreben die ganze Welt noch zu eng war. »Wenn ich katholisch gewesen wäre«, sagte sie oft, »so hätte ich mich damals in ein Kloster geflüchtet.«
Es war anders über sie beschlossen. Sie lernte den Schauspieler Karl Devrient kennen; er war ein schöner Mann von einschmeichelndem Benehmen, der ihr Herz schnell gefangen nahm. Die Ehe mit dem geliebten Manne, das war das Asyl, die Heimat, nach der sie sich sehnte! Im Sommer 1823 wurde das Bündnis in der Jerusalemerkirche zu Berlin geschlossen und nach einigen Reisen übersiedelte das Künstlerpaar nach Dresden, wo beide engagiert waren.
Es ist noch nicht an der Zeit, auf alle intimeren Lebensverhältnis-

se der Künstlerin einzugehen, obwohl nur durch sie die fernere Entwicklung und die Kontraste ihres Wesens sich erklären lassen. Vielleicht mag es in späteren Tagen geschehen. Auch die Geschichte dieser Ehe werde ich jetzt nicht näher berühren. Aber wenn es wahr ist, was Wilhelmine so oft tiefschmerzlich aussprach, daß der Künstler *unglücklich* sein muß, um die Weihe des Genius zu empfangen, so ist diese Verbindung eine der mächtigsten Stufen gewesen, auf welchen sie zur künstlerischen Vollendung emporschritt.

Schon im Jahre 1828 wurde Wilhelmine von Karl Devrient geschieden.

»Ich mußte mich frei machen«, schreibt sie, »um nicht als Weib, wie als Künstlerin zu Grunde zu gehen.«

Um *frei* zu werden, brachte sie jedes Opfer; sie nahm vor der Welt die ganze Schuld *auf sich allein*; selbst von den Kindern, die sie leidenschaftlich liebte, riß sie sich los – aber von den *Erinnerungen* an jene Zeit hat sie sich nie befreien können; bis zur Todesstunde haben sie einen dunkeln Schatten auf ihr Leben geworfen.

Auch so lange sie ihre Kinder noch hatte – zwei Söhne und zwei Töchter waren ihr geschenkt – durfte sie die Freude an ihnen nicht so rein genießen wie andre Mütter. Ihr ältester Sohn war kaum ein paar Monate alt, als sie ihn fremden Händen anvertrauen mußte, um den Gatten auf einer Kunstreise zu begleiten, und das wiederholte sich auch bei den anderen Kindern. »Wie oft habe ich damals mit mühsam verhaltenen Tränen gesungen«, sagte sie, und nach so langen Jahren noch wurden ihr bei der Erinnerung daran die Augen naß. Das Schrecklichste aber war, daß ihr jüngstes Töchterchen, die kleine Louise, der unachtsamen Wärterin vom Arme fiel, während die Mutter in der Probe war. Sie fand das arme kleine Wesen in Konvulsionen liegend, in denen es nach wenigen Stunden verschied. Dies Unglück hätte jede Mutter treffen können, aber Wilhelmine erschien es wie ein Fluch ihres Standes, und jahrelang verfolgte sie das Bild des sterbenden, wie sie sich ausdrückte, »für ihre Kunst gemordeten« Kindes.

[...]

Obwohl sie niemals Unterricht im Zeichnen gehabt hatte, warf sie während einer Rheinreise die reizendsten landschaftlichen Skizzen aufs Papier, indes das Dampfschiff sie stromaufwärts trug. Nach zweistündigem Unterricht im Modellieren war sie imstande, den Fuß einer Venus nachzubilden. Die Lieder, die sie komponiert hat, atmen die ganze Wärme ihrer Empfindung, und

fremde Sprachen machte sie sich im Fluge im Klang und Geist zu eigen.
Wenn ihre Freunde diese Gaben bewunderten, gab sie immer traurig zur Antwort: »Es ist ja nichts in mir ausgebildet; ich habe niemals Zeit zum Lernen gehabt und so habe ich es in allen diesen Dingen zu nichts gebracht.«
[...]
Mit der Trennung ihrer Ehe trat Wilhelmine Schröder-Devrient in die Sturm- und Drangperiode ihres Lebens. Während sich ihr ganzes Wesen in Kampf und Schmerz rasch entwickelte, wurde sie auch immer selbstbewußter in ihrem künstlerischen Schaffen; mehr und mehr offenbarte sich in ihr jene Glut und Kraft, durch welche sie auf der Bühne, wie im Leben so unwiderstehlich hinriß.
Verschiedene Kunstreisen hatten sie schon in den zwanziger Jahren von Königsberg bis an den Rhein geführt. In Berlin hatte sie verschiedene Male gastiert; in München, in Frankfurt a./M., in vielen kleineren Städten, die auf ihrem Wege lagen, hatte sie gesungen und überall den höchsten Enthusiasmus erregt.
[...]
Wilhelmine Schröder-Devrient verstand sich nicht darauf – und bis ans Ende hat sie das nicht gelernt –, jene einflußreichen Persönlichkeiten für sich zu gewinnen, die sich um jede größere Kunstanstalt drängen, im Dunkeln ihr Wesen treiben, eine Menge Fäden in den Händen haben, durch welche sie auf Direktionen und Journale einwirken, und die nichts begehren, als dann und wann einen Tribut aus der Börse des Künstlers, für den sie sich interessieren, oder einen Platz an seinem Tische, oder auch nur das Recht mit seiner Freundschaft zu prahlen. Sie wies jede erniedrigende Protektion, jede Annäherung der »Herren von der Claque«, alle unwürdigen Anerbietungen, die bald in der feinsten, bald in der unverschämtesten Form gestellt wurden, mit Abscheu zurück.
Wohlunterrichtete Freunde Wilhelmines behaupten freilich, sie hätte diesmal nicht nur die erzürnten »Kleinen«, sondern auch einen mächtigen Feind in »allerhöchsten Kreisen« gegen sich gehabt. Dieser Widersacher war längere Zeit ein glühender Verehrer der Künstlerin; sie aber sah eine Beleidigung in der Art und Weise, wie sich seine Bewunderung aussprach, und gab ihm dies aufs unzweideutigste zu erkennen. Der Fürst wollte jedoch nicht verstehen, und zum Äußersten getrieben nahm Wilhelmine endlich ihre Zuflucht zu – einer Ohrfeige. Als der »hohe Herr« voll Zorn und Bestürzung den Rückzug antrat, entfiel ihm sein

Krachat; die Künstlerin hob es auf und rief dem Forteilenden nach: »Ihre Orden, Hoheit, vergessen Sie nicht – die sind doch das Beste an Ihnen!«

[...]

In ihren musikalischen Studien war Wilhelmine sehr gewissenhaft ... Bis in die geringsten Einzelheiten suchte sie sich ihre dramatische Aufgabe klar zu machen. Sie studierte nicht allein den Charakter der Musik, es genügte ihr nicht, die Handlung des Stückes, die Gestalten der Mitspielenden und vor Allem das Wesen, das sie selber darstellen sollte, bis in die leiseste Nuance jeder Stimmung zu kennen, auch das äußere Beiwerk war ihr wichtig. Sie lernte fechten, um den Romeo geben zu können; sie forschte nach den Sitten des Landes und der Zeit, worin sich die Handlung jedes Stückes bewegte, nach den geselligen Formen der verschiedenen Stände, nach den häuslichen Gebräuchen.

Über den Romeo sagt sie: »Die größte Schwierigkeit für die Darstellung dieser Rolle liegt darin, daß sie für eine Frau geschrieben wurde. Die Künstlerin hat daher die ungeheure Aufgabe, ihr Geschlecht vergessen zu machen und in Haltung, Bewegung, Stellung einen feurigen, von der ersten Liebesglut durchdrungenen Jüngling darzustellen. Nichts darf ihr Geschlecht verraten, soll die ganze Situation nicht lächerlich werden. Sie muß gehen, stehen, hinknien wie ein Mann; sie muß den Degen ziehen und sich zum Kampfe anstellen wie ein geübter Fechter, und vor allen Dingen muß alles Weibische aus ihrem Kostüm verbannt sein. Keine zierlichen Locken, kein eingezwängter Fuß, keine schöne Taille; das Hutaufsetzen und Abnehmen, das Handschuh-Aus- und Anziehen ist nicht minder wichtig.«

[...]

Es soll aber durchaus nicht gesagt sein, daß der Verkehr mit der Künstlerin sich allezeit in glatte, aller Welt angenehme Formen gefügt hätte. Wie alles in ihrer Natur mächtig und stark war und einen ebensolchen Ausdruck gewann, so konnte zuweilen auch ihre Offenherzigkeit und Wahrheitsliebe, besonders in zorniger Aufregung, eine Gestalt annehmen, die nichts weniger als bequem war. Sie ließ dann keine Rücksicht gelten und je drastischer der Ausdruck war, der sich ihr darbot, um ihres Herzens Meinung kundzugeben, um so willkommener war er ihr.

Einmal zum Beispiel wurde in Dresden eine Komposition des Kapellmeisters Morlacchi einstudiert. Morlacchi dirigierte selbst, war sehr übler Laune, hatte tausenderlei auszusetzen und rief endlich, indem er mit dem Taktstock aufschlug: »Noch mal singen! Die Stelle war schlecht; die Choristen haben gesungen wie die Schweine, wie die deutschen Schweine!« Die Beleidigten selbst, sowie die anwesenden Sänger und Sängerinnen blieben stumm, denn Morlacchi, ein intriganter, rachsüchtiger Mensch, war eine sehr einflußreiche Persönlichkeit und so wagte niemand, sich gegen ihn aufzulehnen. Nur Wilhelmine Schröder-Devrient trat mit blitzenden Augen aus dem Hintergrund hervor. »Wenn er doch einmal von Schweinen spricht«, rief sie aus, »so will ich ihm nur sagen, daß er seine italienische Schweinemusik selber singen kann!« Dabei warf sie dem Herrn Hofkapellmeister ihr Notenblatt hin, kehrte ihm den Rücken und ging nach Hause.

[...]

Während nach außen hin Wilhelminens Leben nicht nur ein glänzendes, sondern in mehr als einer Beziehung ein segenspendendes war, während ihr Ruhm sich immer mehr ausbreitete und befestigte und überall, wo sie erschien, der Künstlerin wie der schönen Frau alle Herzen entgegenflogen, fühlte sie sich *einsam* und *tief unglücklich*.

»Wenn ich mit Beifall überschüttet, durchglüht von der Freude an meiner Kunst nach Hause kam, war ich *allein!* Ich hatte keine Seele, die mich verstand, die sich mit mir freute«, sagte sie oft, und aus allen Tagebuchblättern, die aus jener Zeit erhalten sind, spricht dieselbe Klage. Sie schreibt:

»Mir ist bange und unheimlich – hätt' ich nur ein lebendes Wesen um mich, einen treuen Hund, irgendein Geschöpf, das mir ergeben wäre! Wie sehne ich mich nach einem innigen Austausch meiner Gedanken – aber so allein! Und das zu schreiben, was in meiner Brust wogt, ich kann es nicht. Hier fehlt das warme Leben des Wortes von Mund zu Mund, und wo das Wort nicht mehr ausreicht, der Blick in ein Auge, das bis in die Tiefe unserer Seele dringt. Es ist ein hartes Entbehren, so unverstanden durchs Leben zu pilgern.«

»... Heute habe ich beim Tagelöhner Lorenz Gevatter gestanden und habe das menschliche Elend in seiner bejammernswürdigsten Gestalt gesehen. Gott, wie ist es möglich, daß Menschen so leben können? Der schrecklichste Mangel an allem! Wie schwer versündigt man sich, wenn man klagt und sich unzufrieden fühlt – dorthin muß man schauen, um sich glücklich zu preisen. Und doch, wer weiß, ob das arme Weib auf dem Strohlager nicht glücklicher ist, als ich auf meinen seidenen Kissen. Sie hat ihren Mann, der sie stützt und hütet; sie hat ihre Kinder – was ist mir geblieben?«

»... Warum kann ich mich nicht gewöhnen, allein in diesem

Leben zu sein, wie es mir doch vom Geschick bestimmt ist? Grausames Geschick! Du hast mir ein Herz voll Innigkeit gegeben, eine Seele, die eben nur das Bedürfnis fühlt, *verstanden, geliebt* zu werden, und eben das muß ich entbehren. Ich habe niemand auf der weiten Erde und fühle mein Alleinsein immer mehr und schmerzlicher. Fühle, wie mein Herz blutet, wie es in banger Sehnsucht nach dem Unerreichbaren vergeht, und wie meine ganze innere Harmonie dadurch gestört wird. Ich bin zerstreut, gedankenlos, ungeduldig, verdrießlich. Ich möchte fort, hinaus in Wind und Wetter, so weit mich meine Kräfte tragen – sterben am liebsten, denn so vereinzelt in der Welt zu stehen, ist ein traurig, hartes Los.«

Diesem Unglück des Alleinseins zu entgehen, suchte Wilhelmine mit fieberhafter Hast nach einem Wesen, dem sie ihr leidenschaftliches Herz zu eigen geben könnte.

[...]

Sie *wollte* nicht unglücklich sein, suchte sich zu betäuben, zu zerstreuen, war die Fröhlichste unter den Frohen, konnte nächtelang tanzen, singen, lachen, war zu tausend tollen Streichen bereit. Doch die nächste einsame Stunde brachte ihr das alte Weh im verstärkten Maße zurück, und nun erschien ihr das gesellige Treiben ganz unerträglich.

»Dieses Nachaußenkehren nicht gefühlter Gefühle, nicht empfundener Empfindungen, dieses Verleugnen seiner eigensten Kraft, mit einem Worte, dies konventionelle Leben bricht alle moralische und physische Kraft, erzeugt Nervenleiden und preßt die Seele gänzlich zusammen.«

[...]

»Ich war erst dreiundzwanzig Jahr alt«, schreibt sie, »als meine erste Ehe getrennt wurde. Aber ich hatte schon damals allen Schmelz der Jugend verloren, alle Illusionen, die das Leben schmücken. Ich konnte schon damals mit voller Wahrheit singen: ›Ich bin ein Fremdling überall.‹«

Zuweilen aber, wenn die Leidenschaft über sie kam, wenn sie das ersehnte Ideal ihres Herzens gefunden zu haben glaubte, war es ein wirkliches Aufgeben aller Selbstbestimmung, alles Urteils.

Mehr als einmal hat sie am Rande eines Abgrundes erwachen müssen und sie bedurfte dann aller ihrer Kraft, sich wieder zurecht zu finden. Eine solche Zeit des vollständigen sich Aufgebens war ihre Ehe mit Herrn von Döring und die Jahre, welche derselben unmittelbar vorangingen.

Herr von Döring war Offizier in sächsischen Diensten; Wilhelmine lernte ihn zu Anfang der vierziger Jahre kennen und es gelang ihm, der Künstlerin eine Leidenschaft einzuflößen, die sie alles Urteils, aller Willenskraft beraubte.

[...]

Vor der kirchlichen Zeremonie unterschrieb Wilhelmine den von Döring vorbereiteten Ehekontrakt, *ohne ihn gelesen zu haben.* Ihrer Meinung nach mußte sie dem viel verkannten, viel verleumdeten Manne das unbedingteste Vertrauen zeigen. Mit der Linken bedeckte sie die letzten Zeilen, um auch nicht ein Wort zu lesen, und schrieb ihren Namen ohne Ahnung, daß sie mit diesem Federzug *alles was sie besaß und je besitzen würde, sogar die Hälfte der Pension, die sie vom Dresdner Hoftheater beziehen sollte, Herrn von Döring zuschrieb.*

Es war eine entsetzliche Zeit, die nun folgte. Wilhelmine schreibt:

»Ich war in die unwürdigsten Bande geschlagen, an einen Mann gefesselt, der mich um mein sauer erworbenes Vermögen gebracht hatte und der jahrelang ein teuflisches Spiel mit meinen heiligsten Empfindungen trieb, denn während er mir ins Antlitz Liebe heuchelte, war, wenn er von mir ging, Hohn und Spott mein Lohn für alle Opfer, die ich ihm brachte. Und nachdem ich ihm das Letzte gegeben hatte, was ich noch besaß, nachdem ich mich ihm gerichtlich fest mit Leib und Seele verschrieben hatte, warf er die Maske ab und stand vor mir *ein vollkommener Teufel.*«

Wilhelmine war nahe daran, in Verzweiflung und Selbstverachtung zu Grunde zu gehen, während sie der Welt gegenüber den Schein des Glückes zu behaupten strebte und aufs angestrengteste in ihrem künstlerischen Berufe tätig war.

Von Riga ging die Künstlerin nach Dorpat und hier erfolgte im Februar 1848 ein vollständiger Bruch mit Herrn von Döring. Nun erst erfuhr sie die Bedeutung des Ehekontraktes, und während Döring nach Sachsen zurückging, um seine Ansprüche an Wilhelminens Eigentum geltend zu machen – er belegte sogar ihre Möbel mit Beschlag –, blieb die unglückliche, verlassene Frau in der Fremde. »Ich war vernichtet, zertreten, eine Bettlerin!« schreibt sie, »an Leib und Seele todkrank und ohne Hoffnung, mich je wieder aus meinem Elend erheben zu können.«

Nach unsäglichen Quälereien kam endlich der Prozeß gegen Herrn von Döring zum Abschluß, d. h. Wilhelmine *erkaufte* sich ihre Freiheit für eine namhafte Summe, die sie teils durch ein Kapital, das sie noch bei Verwandten ausstehen hatte, teils durch den Beistand treuer Freunde zusammenbrachte. Die Lösung dieser Ehe war eben dem ganzen Verlauf derselben angemessen.

[...]

Im Laufe des Winters 1849 verlobte sich Wilhelmine Schröder-Devrient mit Herrn von Bock aus Livland, den sie seit Jahren kannte und in dem sie das volle Verständnis, die treue Liebe fand, deren sie so sehr bedurfte.

Am 14. März 1850 wurden sie in Gotha getraut. Wilhelmines Künstlerlaufbahn war damit abgeschlossen.

Sie schreibt darüber:

»Obwohl Heinrich frei von Vorurteilen war, lag es doch in den Verhältnissen, daß ich, um ihm zu gehören, meine öffentliche Stellung als Künstlerin aufgeben mußte. Ich tat es mit freudvollem Herzen, obwohl meine damalige Lage es mir eigentlich zur Pflicht machte, meine Künstlerlaufbahn fortzusetzen, anstatt sie in der Fülle meiner Kraft urplötzlich zu verlassen, aber es war damals eine unabweisbare innere Notwendigkeit, dem Manne, der mir das Leben wiedergegeben, der mich aus dem Abgrunde der Verzweiflung emporgezogen, ein Opfer der unendlichsten Dankbarkeit und Liebe zu bringen. So stieg ich denn herab, von der Höhe meines Ruhmes, entblößte mein Haupt von dem wohlerrungenen Kranze und hoffte, daß die Blumen, die fortan meine Stirne zieren sollten, weniger drückend sein würden, als der dunkle Lorbeer.«

Nur zu bald sollte Wilhelmine erfahren, daß auch die innigste Herzensbefriedigung nicht vor Kämpfen und Schmerzen schützt. Sie begleitete ihren Mann nach Livland, wo derselbe Ritterschaftsgüter in Pacht hatte und das Gut Trikaten bewohnte. Sie trat damit in Verhältnisse ein, die ihrem Wesen, ihrer Eigentümlichkeit nach keiner Seite angemessen waren. Die Gleichförmigkeit des Landlebens hätte schon an und für sich genügt, sie unglücklich zu machen. Sie bedurfte eines immerwährenden, wechselvollen Verkehrs mit der Außenwelt, weniger um Anregungen zu empfangen, als um den Reichtum des eigenen Wesens auszuströmen. War ihr das versagt, so wurde ihr das rastlose Treiben und Fluten ihres Geisteslebens zur unerträglichen Pein. Sich selbst hat sie das niemals klargemacht und hat immer nur in äußeren Zufälligkeiten die Ursache des Leidens gesucht, das tief in ihrer Natur begründet war.

KRÄHT JA DOCH KEIN HAHN DANACH . . .
[Briefe 1829–1838]

An *Klingemann,* 22.3.1829 Daß man übrigens seine elende Weibsnatur jeden Tag, auf jedem Schritt seines Lebens von den Herren der Schöpfung vorgerückt bekommt, ist ein Punkt, der einen in Wut und somit um die Weiblichkeit bringen könnte, wenn nicht dadurch das Übel ärger würde.

Beginn eines Klavierstücks von FANNY HENSEL
(Autograph)

An *Klingemann,* 15.7.1836 Ich lege zwei Klavierstücke, die ich seit Düsseldorf geschrieben, für Sie bei, Sie mögen beurteilen, ob sie sich eignen, meiner unbekannten jungen Freundin in die Hände zu kommen; ich überlasse es ganz Ihnen, kann aber nicht unterlassen zu sagen, wie angenehm es mir ist, in London für meine kleinen Sachen ein Publikum zu finden, das mir hier ganz fehlt. Daß sich jemand hier etwas abschriebe oder nur eine Sache zu hören verlangte, das kommt kaum einmal im Jahr vor, namentlich seit der letzten Zeit, und seit Rebecka nicht mehr singen mag, liegen meine Lieder durchaus ungehört und ungekannt da, und man verliert am Ende selbst mit der Lust an solchen Sachen das Urteil darüber, wenn sich nie ein fremdes Urteil, ein fremdes Wohlwollen entgegenstellt. Felix, dem es ein Leichtes wäre, mir ein Publikum zu ersetzen, kann mich auch, da wir nur wenig zusammen sind, nur wenig aufheitern, und so bin ich mit meiner Musik ziemlich allein. Meine eigene und Hensels Freude an der Sache läßt mich indes nicht ganz einschlafen, und daß ich bei so gänzlichem Mangel an Anstoß von außen dabei-

FANNY CAECILIE HENSEL,
geb. Mendelssohn-Bartholdy

bleibe, deute ich mir selbst wieder als ein Zeichen von Talent. Und nun genug von diesem uninteressanten Gegenstande.

An den *Bruder Felix*, 1838 Lieber Felix, komponiert habe ich diesen Winter rein gar nichts, musiziert freilich desto mehr, aber wie einem zu Mut ist, der ein Lied machen will, weiß ich gar nicht mehr. Ob das wohl noch wieder kommt, oder ob Abraham alt war? Was ist übrigens daran gelegen? Kräht ja doch kein Hahn danach, und tanzt niemand nach meiner Pfeife.

JOHANNA KINKEL

ICH SCHMACHTE, SCHMACHTE NACH GEIST
[Briefe 1838–1857]

An *Nanny Müller*, 30.8.1838 Seit ich wieder hier bin, nach der Gosener musikalischen Hungersnot, habe ich viel komponiert, meist Goethesche Lieder. Der Runenstein liegt eben in Korrektur vor mir, auch ist wieder eine Rezension angelangt aus der Allgemeinen Musikalischen Zeitung, wo ich immer als der »Herr Verfasser« traktiert werde.

An *Angela Oppenhoff*, 14.7.1838 Mein zweites Heft Lieder ist nun auch erschienen, und für den Herbst habe ich wieder Bestellungen von meinem Verleger. Nach dem Erscheinen des ersten passierte es, daß eine Konföderation junger Liederkomponisten in Leipzig, die Rellstabs Rezension gelesen, sich hinterher die Miene geben wollten, als hätten sie an meinem Stil gleich gemerkt, daß dies eine Damenkomposition sei. Unter anderen hoben sie die Vorliebe für das »Sanfte, Zarte« ein wenig scherzhaft (in ihrer Rezension) heraus und spöttelten über eins von den Mondscheinliedern. Auf einmal satteln sie um; einer dieser Klubs (nicht der Rezensent) schreibt mir äußerst schmeichelhafte Briefe, ohne mehr als meinen Namen und die Liederchen von mir zu kennen, und bittet mich, als Mitarbeiterin bei einer musikalischen Beilage zu seiner Zeitung irgendeine Komposition zu liefern. Dies war für mich eine kostbare Gelegenheit, das »Sanfte, Zarte« dem Rezensenten einzutränken. Ich schrieb einen ganz feinen zimperlichen Brief und schickte dazu mein wildestes Trinklied für Männerchor, zu welchem ich selbst einen rechten Studententext gemacht habe. Dürfte ich doch nur die Gesichter meiner unbekannten Korrespondenten sehn, wenn sie die Bescherung durchsingen.

An *Emilie von Henning*, 8.12.1839 Du schreibst mir, daß meine Lieder und Duette viel gesungen würden. Ich hatte Trautweins neulich einige neue Kompositionen angeboten; sie schrieben zwar zurück, daß sie sie im nächsten Jahre verlegen wollten, machten aber eine lange Vorrede folgenden Inhalts: Sie hätten noch großen Vorrat von Manuskripten, aber aus besonderer Rücksicht wollten sie dennoch und meine Sachen *gingen nicht*

JOHANNA KINKEL

mehr so gut, wie die ersten Werke usw., usw. Nun will ich lieber nichts mehr bei ihnen herausgeben, denn ich möchte doch meinem Verleger keinen Schaden zufügen. Ich weiß nicht recht, was ich davon halten soll. Entweder Trautweins wollen nur meine Ansprüche herunterstimmen oder meine Freunde schmeicheln mir zu viel, wenn sie mir sagen, daß meine Lieder mit Beifall gesungen würden. Ich gäbe etwas darum, wenn ich nur in diesem Punkt zur Klarheit kommen könnte; es hat der Trautweinsche Brief mehr meinen Mut gelähmt als alle schmeichelhaften Nachrichten hierüber von Euch, Arnims und anderen mich angespornt hatten. Indes schreiben *muß* ich einmal; ich will nur nicht zu viel herausgeben . . .

Ich fühle mich gar nicht vergnügt in Bonn, woran folgender Umstand die Hauptursache ist: Alles, was gesprochen wird, interessiert mich nicht, und da ist doch ein Hauptschmuck des Lebens hin, wenn man die ambrosische Rede vermißt. Wenig Leute, mit denen ich umgehe, »denken sich selbst was aus,« wie Hede sagt. Tiefe Empfindungen sind selten, weil große Schicksale selten sind. Frauenzimmer lesen bloß die Geschichtchen und schlagen die Räsonnements über; deswegen wissen sie auch über das Gelesene wenig zu räsonnieren. In einer kleinen Stadt geschieht nichts, was des Erzählens wert wäre und schwatzen wollen dennoch alle, folglich erzählen sie irgendein unbedeutendes Ereignis fünf oder sechs Mal, immer wieder das nämliche. In einer großen Stadt braucht einer nicht den zehnten Teil Bildung oder Verstand, um im Umgang dennoch leidlich interessant zu sein. Zu Hause bleiben, musizieren, lesen wäre nun mein Trost; aber ich soll doch auch in den Mußestunden mit den Meinen verkehren, und da findet sich nicht ein einziger geistiger Anknüpfungspunkt; das ist ein wirkliches Unglück zu nennen, wenn man sich doch sonst schätzt und liebt. Spräche ich meine Ansichten aus, so langweilte ich die Eltern oder schlüge ihren Meinungen ins Gesicht.

[...]

Ich bin wirklich schon etwas verdummt; es ist Zeit, daß ich wieder nach Berlin komme, wo mich Frau v. Arnim und Metaphysico von Zeit zu Zeit aus der Borniertheit aufrütteln, indem dieser mich vernünftig zu machen strebt und jene mich verzaubert. Im Februar und im April muß ich nochmals nach Köln, und so ungünstig auch die Saison fürs Stundengeben in Berlin sei, so werde ich wohl keinen Tag länger als nötig in Bonn ausdauern. Man machte mir zwar allerseits das Herz schwer durch Bitten und Vorstellungen; aber ich entschuldige mich bei mir selbst über meine Grausamkeit damit, daß es unmöglich bloß das Privilegium des Mannes sein könne, den Beruf, den er sich einmal erwählt, als das wichtigste anzusehen und seiner Kunst oder Wissenschaft die Familienrücksichten unterzuordnen. Ich, wenn schon Frau, habe wenig Freude vom Häuslichen gehabt, nur Druck und Tyrannei. Mein halbes Leben ist verkümmert worden, den Rest will ich der eigenen Neigung preisgeben. Die mich tadeln, haben gut reden, sie sind glücklich, sind im Besitz alles dessen, was mein Herz entbehrt.

An *Laura von Henning*, 2.3.1840 Liebe Laura! ... wahrscheinlich verzögert sich meine Reise nach Berlin noch ein paar Monate. Außer dem Wunsche meiner Eltern, fesseln mich meine Schüler ebenfalls sehr an Bonn. Ich habe die liebenswürdigsten, talentvollsten Schüler, die Du Dir denken magst; Du dürftest mir freilich einwenden, daß die Berliner Schüler auch artige, liebe Wesen waren und darin hättest Du auch recht, aber hier ist der Fall, daß ich seit einiger Zeit nur noch die artigsten behalten habe. Mädchen mit herrlichen Stimmen singen Gluck, Mozart und Händel bei mir; angehende Komponisten studieren Generalbaß und liefern schon recht hübsche Sachen. Emil Naumann hat einen Psalm mit Soli und Chören vor 14 Tagen vollendet, dessen Aufführung allen Zuhörern Tränen entlockte. Der Junge ist voller Talent und Phantasie. Um die strengen Regeln bei diesen Wildfängen aufrecht zu erhalten, veranstalte ich alle Monate eine Preisbewerbung. Zum Beispiel ich gebe einen Baß, darüber müssen sämtliche Schüler einen Choral machen, wer die schönste Melodie und reinste Stimmführung herausbringt, dem schenke ich eine Sonate. Alle Fehler gegen den reinen Satz werden mit 1 Silbergroschen Strafe gebüßt. Für die Summe wird Kuchen gekauft, damit in Kompagnie auf den Kreuzberg gewandert, Kaffee getrunken und auf der dortigen Kirchenorgel die gekrönte Komposition vorgetragen. Dies macht meinen Schülern großen Spaß, seither sind sie noch einmal so fleißig. Heute ist wieder eine Preisaufgabe gelöst worden. Ein sehr schwerer Baß, der sich immer in h-, fis- und dis-Dur herumdrehte, ist von den großen Mädchen und kleinen Knaben bearbeitet worden. Den Preis hat R. Hensler gewonnen (8 Jahre alt), er hatte nur einen Fehler gemacht . . . ich bin so vernarrt in die Kinder, daß ich mir Gewalt antun muß, nicht 6 Seiten voll von ihnen zu schreiben. Nimm es nicht ungeduldig auf, bestes Laurchen, ich habe es mit Euch gerade so gemacht . . . Eure alte Freundin und Gespielin in Garten und Heu.

An *Emilie von Henning*, 12.9.1842 Meine Oper »Otto der Schütz« ist ganz fertig, wird eben broschiert und dann so lange umhergesendet, bis eine Bühne sie aufführt, oder alle sie für unaufführbar erklären. Kinkels neuestes Drama: »Lothar von Lotharingien« ist als Manuskript für die Bühne nun auch gedruckt. Ich glaube, Beyschlag besitzt ein Exemplar. Obschon der Verfasser das Verleihen desselben aus ernsten Gründen wegen zukünftiger Herausgabe verboten hat, so glaube ich doch die Übertretung des Verbots auf mich nehmen zu dürfen für den Fall, daß Du es lesen möchtest. Alle meine poetisierenden Freunde habe ich aufgefordert, mir bis Neujahr einen Operntext zu liefern; außer dem Versprechen, den besten zu komponieren, habe ich die deutsche Literaturgeschichte von Gervinus als Preis dafür ausgestellt. Mit großer Sehnsucht erwarte ich das Resultat, und enthalte mich so lange alles Komponierens, um mich dann mit rechter Glut in die frischen Melodien-Wogen zu stürzen.
Ich kann Dir wahrhaftig versichern, beste Emilie, daß es kein heimlicher Stolz ist, der mich so gleichgültig gegen eine weiter ausgedehnte Anerkennung der eignen Leistungen macht. Ob meine Sachen bekannt und gelobt werden oder nicht, das quält

mich kaum mit der kleinsten Sorge. Nicht daß ich über ihren Wert beruhigt wäre, sondern das Schaffen an sich ist eine so ewige Freude. Immer neue Lebensinteressen, immer Stehen zwischen Hoffnung und Erfüllung.

An *Laura von Henning*, 6.5.1843 Der Frühling hier blüht alle Tage schöner. Auf dem Markte sieht es so zierlich aus, wie zwischen den jungen Gemüsen die großen Körbe voll duftender Maikräuter stehen, von denen das köstliche Nationalgetränk gemacht wird. Ganz kleine Bauernkinder von 6 Jahren kaum, stehen und verkaufen Kränze von Maiblumen und Vergißmeinnicht. So was Lustiges wie allein schon ein rheinischer Marktplatz ist, sieht man im Norden nicht. Auch Maikäfer bringen sie zum Verkauf, welche die Kinder (grausam genug) an Fäden binden und ein bestimmtes Liedchen dazu singen, das einem jetzt aus allen Ecken entgegenhallt. Ich amüsiere mich indes bei meiner Partitur und stecke so drin, daß ich mit den Instrumenten auf dem Papier wie mit lebendigen Wesen Verkehr treibe. Neulich ertappte ich mich, daß ich zu den Klarinetten sagte: »Seid zufrieden, zu diesem Stück taugt Ihr nicht, aber im nächsten sollt Ihr wieder mitspielen. – Ach, es tut mir doch leid – soll ich Euch hineinlassen? – Ach was, Ihr wollt auch überall mit dabei sein!« – Auf einmal wurde ich wach und lachte mich selber aus. Dennoch kann ich mir's nicht abgewöhnen. Die individuellen Klänge des Ganzen, des Orchesters, haben mich in einen magischen Kreis gezogen. Von dem Charakter jedes Instruments könnte ich eine Geschichte erzählen, an die ich eigentlich selber glaube, so verrückt es klingt. Mit diesen phantastischen Wesen lebe ich ein seltsames Märchen durch, wenn ich mit der Partitur allein bin. Dann beherrschen sie mich, dann ich sie wieder. Alles Schaffen ist wohl so eine Wechselwirkung von Inspiration und Willen. Ohne poetische Trunkenheit geht's nicht, aber wie muß man zugleich die Vernunft beisammenhalten!

An *Laura von Henning*, 12.11.1845 Liebste Laura! . . . Ein so heiter blühendes Lebensbild wie das Deine, kann ich Dir diesmal nicht geben. Meine Tage sind seit Monaten mehr und mehr von allem poetischen Anflug entkleidet worden, da ich nicht vom Krankenbette meines kleinen Sohnes gekommen bin. Dieser hatte, als er fast ein Jahr alt war, eine lebensgefährliche Krankheit überstanden. Gleich darauf folgte die Geburt meines Töchterchens. Vierzehn Tage nachher ward der Älteste wieder krank, und nach wiederholten Rückfällen, die die angestrengteste Pflege und Sorge nicht verhüten konnte, ward er gegen Ende September so elend, daß jeder, auch der Arzt, den Glauben aufgab, daß er gerettet werden könne [...] Musik bekomme ich gar keine mehr zu hören. Mein Flügel dient nur noch, um frischgebügelte Windeln darauf zu trocknen. Das darf aber nicht mehr so fortgehen. Nächste Woche will ich ihn wieder aufmachen, denn ich schmachte nach einem Ton Musik. Könnte ich jetzt meiner dümmsten Schülerin Stunde geben und Stückchen von Wanhal zu vier Händen spielen, es würde mir eine Erquickung sein. Doch ich muß mir das Schwimmen in meinem eigenen Element versagen, bis die Kinder über die ersten gefährlichsten Jahre hinaus sind, wo man sie keine Stunde aus den Augen verlieren darf.

An *Willibald Beyschlag*, 20.11.1844 Lieber Balder! Welche goldne Tage waren das, als unser Freundeskreis noch versammelt war, als man in lauter Geist und Poesie lebte, und, nach welcher Seite man hinschaute, immer in ein geliebtes Auge blickte! Sie kennen es gewiß auch schon, daß man in einem neuen Zustande glücklich sein kann, ihn um alles in der Welt um kein Härchen anders möchte, und dennoch mit unbeschreiblicher Sehnsucht nach der Vergangenheit zurückschauen kann. Wenn ich mein Kind auf dem Schoße halte, es mich mit seinen Aurikeln-Augen ansieht, und es sich in allerlei holden unverständlichen Lauten abmüht, meinen Liedchen Antwort zu geben, so fühle ich mich reicher, als ich je geträumt. Schaue ich dann wieder nach den Bergen und dem Strom hin, wo ich in Tagen der Freiheit fröhlich singend mehr flog als wanderte, so wird mir eng und weh in den Mauern, die mich nun schon so lange, lange gefangen halten. Mein Gemüt ist vollbefriedigt, aber ich schmachte, schmachte nach Geist. Neulich habe ich drei angefangene Briefe an Sie nacheinander zerrissen, weil ich mich meiner Heruntergekommenheit bis zu Tränen schämte. Ihnen Mitteilungen machen, die Sie interessieren, kann ich nicht, denn außer meinen Klavierstunden tue ich nur ganz materielle Arbeit. Das Denken ist mir auch abgeschnitten, weil ich die Amme unterhalten muß, um sie über die feindselige Verachtung der Köchin zu trösten ...

An *Auguste H.*, 1857 Vor Beginn der Saison hatte ich Zeit, etwas eifriger als bisher meine Studien in Musikgeschichte wieder aufzunehmen. Ich arbeite zuweilen auf dem British Museum, wo mir die erforderlichen Bücher zu Gebote stehen.
Ich habe ein Engagement, über Musik Vorträge zu halten, und es

scheint, daß mir dies gelingt. Das macht mir Freude, weniger deshalb, weil es ein besseres Geschäft als Stundengeben ist, sondern weil ich in mir die Fähigkeit entdeckt habe, im späteren Alter noch eine ganz neue Lebenstätigkeit zu ergreifen.
Ich bin überhaupt in die mir gemäßere Sphäre meiner früheren Bestrebungen nach und nach zurückgekehrt. Solange die Kinder klein waren, schien es mir eine Pflicht, alle Neigungen meines Geistes zu töten, die mich von den nächsten Sorgen ablenken möchten. Was unter der Schneedecke gelegen, will nun plötzlich hervorkeimen . . .

DIE MUSIK IST DOCH EIN GUTES STÜCK VON MEINEM LEBEN

[Briefe* und Tagebucheintragungen 1835–1880]

An *Robert,* 1.9.1835 (als Sechzehnjährige) Wie es mir ergangen ist, wußten Sie doch nicht, ... die Ursache davon ist mein großer Fleiß. Sie werden lächeln, doch es ist wahr. 1. Habe ich meine Partitur beendigt; 2. die Stimmen alle selbst ausgeschrieben, und das in zwei Tagen; 3. schrieb ich die Variationen in F von mir zum Druck ins Reine, sowie auch meinen »Danse de Fantômes« (Doppelgängerchor) und »Une nuit de Sabbat« (Hexenchor). Das Konzert habe ich angefangen zu instrumentieren, abgeschrieben hab' ich es aber noch nicht. Das Tutti habe ich ein wenig geändert.

3.11.1837 Mein Gemüt ist jetzt sehr bewegt, den Vater zu sehen, wie er unglücklich ist, wenn er daran denkt, mich einmal zu verlieren – ich fühle Pflichten gegen ihn und muß dich doch so unendlich lieben!

12.11.1837 Lieber Robert, dein Brief hat mir eine unaussprechliche Freude gemacht, ich bekam das Zittern im ganzen Körper vor Freude, als mir ihn Nanny einhändigte. Doch nun erlaube mir erst ein wenig zu zanken und dir zu sagen, daß du ein ungenügsamer Mensch bist. Erst wolltest du in acht Wochen einen Brief haben, dann in vier Wochen, und nun schreib ich dir in drei Wochen und du beklagst dich! Ich glaub fast, du willst mich schon ein wenig im voraus die Herrschaft des Mannes fühlen lassen – schon gut, ich denk, wir werden uns vertragen. Aber was schreibst du da von Hoffnungen sinken? Hast du *den* Sinn aus meinen Briefen gezogen? ach Robert, das schmerzt! Leb ich ja doch *nur in einer* Hoffnung, nur *ein* Gedanke begeistert mich in meinem Tun und Treiben, und du kannst so etwas sagen, nein – *schreiben?* – Laß das nicht weiter gehen! Und nun, was das verheiraten betrifft, das ist allerdings bedenklich. Wenn nun so ein *Diamant* käme, der mich so blendete, daß ich Eusebius, Florestan**, und wie sie sonst noch heißen, vergäße und du läsest

* Mit Ausnahme der beiden Briefe aus dem Jahr 1868 sind alle Briefe an Robert Schumann gerichtet.

** Phantasiegestalten Roberts, hinter denen er sich selbst verbarg.

CLARA SCHUMANN

am Ende in Zeitungen »Verlobung des Fräulein Clara Wieck mit dem Herrn von Perlenschnur oder Diamantenkrone«. Im Ernst aber, bin ich ein kleines *Kind,* das sich zu dem Altar führen läßt wie zur Schule? Nein, Robert! Wenn du mich *Kind nennst,* das klingt so lieb, *aber, aber* wenn du mich *Kind denkst,* dann tret ich auf und sage: »du *irrst!*« Vertraue mir vollkommen.

[...]

Nun noch – was wollt ich doch gleich? Ich meine den Ring. Also du wolltest mir ihn wiedergeben? Hm, das wäre halt zu schauen, will mal überlegen! – Du lächelst? ich auch – eben schaut der Mond herein »schönen Gruß« – nun, nicht wahr, lieber Robert, wir lassen es beim Alten, und du nennst mich fortan deine treue Clara, nie anders.

6.12.1837 So groß meine Freude war bei Empfang deines Briefes, so groß mein Schmerz bei Lesung der ersten Seite – konntest du mich so kränken, mir so bittere Tränen entlocken? Ist es Robert, der mich so verkannte, der meinen Worten so einen unschönen Sinn unterlegte – hab ich das verdient? Ja! ich weiß, daß dir noch viele schöne und vielleicht auch so gute Mädchen als ich zu Gebote stehn und bessere Hausfrauen, als man von einer Künstlerin es glaubt – ja ich weiß es, aber schön ist es nicht, daß du mir, die nur für dich und in dir lebt, so einen Gedanken mitteilst, daß in dir, wenn du mich wahrhaft liebst, so ein Gedanke aufkommt . . . Könnt ich das unedle Verlangen in mir tragen, du solltest deinen Geist zu einem Handwerk machen, damit ich könnte meinem Vergnügen nachgehen? Nein, so unedel denk ich nicht; vielleicht lernst du mich später noch mehr kennen. Meine Phantasie kann mir kein schöneres Glück vorstellen, als der Kunst fortzuleben, aber im stillen, um dir und mir manche angenehme Stunde dadurch zu verschaffen.

12.12.1837 Nun aber noch eine Frage, sei mir aber nicht bös, lieber Robert. Ich kenne dich doch ganz genau, aber das Eine – warum vermeidest du jede Gelegenheit, meiner in deiner Zeitschrift zu erwähnen? . . . Vater ist jetzt sehr unglücklich durch den Gedanken, daß ich dich liebe. Er kann nicht so recht zärtlich mit mir sein, gleich wird er wieder kalt bei dem Gedanken, daß mein Herz noch für einen anderen Menschen schlägt; er kann sich nicht denken, daß ich glücklich mit dir werden könnte, denn er sagt »tut Schumann nicht einmal jetzt in diesen Verhältnissen etwas für die Clara – sollte er es etwa tun, wenn er verheiratet ist?« Ich könnt noch mehr schreiben, doch weiß ich, es verwundet dich und darum nichts mehr. Du bleibst Robert und ich Clara – Alles übrige muß schweigen.

21.12.1837 Heute war mein zweites Konzert* und abermals ein Triumph. Unter Vielem fand mein Konzert die beste Aufnahme. Du fragst, ob ich es aus eigenem Antriebe spiele – allerdings! ich spiele es, weil es überall so sehr gefallen und Kenner wie Nichtkenner befriedigt hat. Jedoch ob es mich befriedigt, das ist noch sehr die Frage. Meinst du, ich bin so schwach, daß ich nicht genau

* ihr selbst komponiertes Klavierkonzert op. 7.

wüßte, was die Fehler des Konzertes? Genau weiß ich es, doch die Leute wissen es nicht und brauchen es auch nicht zu wissen. Glaubst du, ich würde es spielen, wenn es überall so wenig anspräche als in Leipzig? Überhaupt wenn man hier gewesen, möchte man nie mehr nach dem Norden gehen, wo die Menschen Herzen von Stein haben (Du bist natürlich ausgenommen). Hier solltest du einmal einen Beifallssturm mit anhören. Die Fuge von Bach und das Finale der Henseltschen Variationen mußte ich wiederholen. Kein schöneres Gefühl, als ein ganzes Publikum befriedigt zu haben.

[...]

Was ist wohl schöner, als seine Gefühle in Töne kleiden, welcher Trost in trüben Stunden, welcher Genuß, welch schönes Gefühl, so manchem eine heitere Stunde dadurch zu verschaffen! Und welch erhabenes Gefühl, die Kunst so treiben, daß man sein Leben dafür läßt! – Das Letzte und alles Übrige habe ich heute getan und lege mich zufrieden und beglückt nieder. Ja glücklich bin ich – und werd es aber erst vollkommen sein, wenn ich dir an das Herz fallen kann und sagen »nun bin ich dein auf ewig – mit mir, meine Kunst«.

21.1.1838 Das war ein schwerer Tag für mich, aber auch ein schöner. Es war heut Mittag mein viertes Konzert, wo ich von Liszt und Thalberg* spielte, um auch die verstummen zu machen, welche immer noch glaubten, ich könne Thalberg nicht spielen. Dreizehnmal ward ich gerufen, was selbst dem Thalberg nicht widerfahren. Dazu kam wohl auch, daß das Publikum allgemein indigniert war über einen Aufsatz, der, von dem ehemaligen Stiefelputzer Beethovens, Herrn Holz, ausgehend, behauptete, ich verstände nicht Beethoven zu spielen. Nun kannst du dir den Lärm denken... Du wirst diesen Enthusiasmus nicht begreifen können, da du gar nicht weißt, was ich eigentlich leiste und was nicht; da du mich als Künstlerin überhaupt viel zu wenig kennst. Doch glaube ja nicht, daß ich dir deswegen gram, im Gegenteil macht mich das glücklich, daß ich weiß, du liebst mich nicht um meiner Kunst willen, sondern wie du mir einmal auf ein kleines Zettelchen schriebst, »ich liebe dich nicht, weil du eine große Künstlerin bist, nein, ich liebe dich, weil du so gut bist«. Das hat mich unendlich gefreut und das hab ich auch *nie* vergessen.

* Sigismund Thalberg (1812–1871), gefeierter Pianist und Komponist virtuoser Salonmusik.

2.3.1838 So fröhlich du jetzt, so betrübt bin ich. Es macht mich ganz traurig, daß ich heute erst, wo ein langer Brief an dich schon auf der Post sein sollte, anfangen kann – es ist zum Weinen! ... Nirgends gehe ich hin, auf keinen Ball, wenig ins Theater, und doch keine freie Minute mehr! Fast den ganzen Abend ist der Vater zu Haus, und ist er nicht da, so kommt der Fürst (mein ehemaliger Nachbar), der einen vermaledeiten Bedienten hat, welcher den ganzen Tag am Fenster sitzt und Achtung gibt, wenn ich allein zu Hause bin. Ihr Männer seid doch glückliche Leut, ihr braucht euch nichts von den Mädchen gefallen zu lassen! Bis jetzt glaubt ich, er achte mich, doch gestern setzte er seiner Unzartheit die Krone auf – mit ihm hab ich abgeschlossen.

4.3.1838 Das Reisen ist mir sehr langweilig jetzt, ich sehne mich doch sehr nach Ruhe; wie gern möcht ich komponieren, doch hier kann ich durchaus nicht. Früh muß ich üben und spät bis Abends haben wir Besuche; dann ist mein Geist völlig erschöpft, was Du auch aus meinen Briefen sehen mußt; denn die zeigen oft Spuren von gänzlicher Leerheit des Kopfes – doch das Herz möchtest Du immer erkennen; denn das bleibt unangetastet von den Begebenheiten des Tages ... ich tröste mich immer damit, daß ich ja ein Frauenzimmer bin, und die sind nicht zum komponieren geboren.

8.3.1838 Ich mache nun bald, daß ich hier fortkomme, denn die Besuche von all den Schmachtenden, das ist zu arg. Daß du mich liebst, begreif ich, weil ich dich so sehr liebe, aber warum mich die anderen lieben, das weiß ich nicht; ich bin kalt, nicht hübsch (das weiß ich auch) und nun die Kunst? Die ist es auch nicht, denn unter meinen Verehrern sind die meisten keine Kunstkenner.

21.10.1838 Reuter* seh ich gar nicht mehr ... Neulich, als er einmal bei uns gewesen war, setzte mich der Vater nachher gleich zur Rede, was Reuter gewollt hätte, und der Mutter mußte ich jedes Blättchen zeigen, was ich in meinen Taschen hatte; das empörte mich ganz fürchterlich, doch ich überwand mich und ließ mir nichts davon merken.

* Verbindungsmann zwischen Clara und Robert.

2.1.1839 Meine Reise liegt schwer vor mir – wie wird es mir gehen? Der, der mich so oft beschützt, wird mich doch jetzt nicht verlassen* – Ich reise allein mit der Französin. Vater kann wegen seiner Geschäfte nicht fort und hat auch gesagt, er käme *nicht* nach Paris und warum? Weil er es für seine Pflicht hält, nichts zu tun, was mich meinem Ziele näher bringen könnte, und das würde er doch, reiste er mit, denn da würde ich mehr verdienen. Obgleich ich gewiß glaube, daß er nachkommt, so muß ich sagen, daß mich die Gesinnung des Vaters (seiner Meinung nach handelt er ganz recht), geschmerzt hat und das *tief*.

11.1.1839 Wie sonderbar ist es mir, mich so ganz allein, ohne männliche Begleitung in einer fremden Stadt zu befinden ... Bewunderst du nicht meinen Mut, daß ich so ganz allein mit einer mir ganz fremden Person** ging? Die erste Nacht, daß ich mit ihr schlief, zitterte ich wohl ein wenig.

14.1.1839 Jeden Tag, jede Stunde denke ich, daß mich der Vater plötzlich überrascht. Das Orchester hat abgesagt zu spielen, und so muß ich die Caprice von Thalberg noch schnell studieren, die ich gar nicht mehr in den Fingern hab. Alle Briefchen (was so zum Konzert gehört) muß ich selbst schreiben, Freibillette herumschicken, Stimmer, Instrumententräger besorgen und dabei studieren? Das ist ein wenig viel; ich weiß nicht, wo eher anfangen und nun die vielen uninteressanten Besuche!

21.1.1839 Was ich vom Vater denken soll, weiß ich nicht! ... Läßt er mich so in der Fremde, ohne Nachricht, ohne alles, ich weiß nicht, was ich machen soll, ob ich allein nach Paris soll, gar nichts weiß ich! Meine Lage ist wirklich schrecklich! Kommt kein Brief von ihm, so reise ich bald ab und bin Ende Januar in Paris noch. Gott, was soll ich da allein? Nur Mut, nicht wahr, mein Robert? ... Ich glaube, er schreibt aus Trotz nicht, weil ich Mut hatte, allein fortzureisen.

30.1.1839 Nebenbei gesagt, bekam ich endlich einen Brief vom Vater, der mich nur weinen machte; denk dir, zwei Bogen und nichts als Vorwürfe, daß ich nichts recht mache, mir bei jeder

* gemeint ist der Vater, der sich weigerte, Clara zu begleiten in der Hoffnung, ihre Ehepläne zerstören zu können.
** eine sie begleitende Frau.

Gelegenheit Feinde mache, und ich sollte nun einmal sehen, wie ich allein fortkäme, er käme *nicht* nach Paris, zu was auch das, ich hätte ihm ja doch immer Unrecht gegeben, und ich müßte doch längst eingesehen haben, daß wir nicht mehr füreinander passen etc. etc.; ich kann dir gar nicht sagen, wie sehr mich das alles geschmerzt hat, daß der Vater nicht einmal nach 14 Tagen, die er mich nicht gesehen hatte, ein freundliches Wort für mich hatte ... Ich bekam den Brief, als ich gerade angezogen, um zu Hof zu gehen, und kannst du dir denken, mit welch zerrissenem Herzen ich ging.

2.2.1839 Vom Vater hab ich noch keinen Brief weiter erhalten. Ich schrieb ihm, ich ginge mit Gott nach Paris; das, was er in Leipzig versäume, könne ich ihm freilich nicht ersetzen, und darum dränge ich auch nicht in ihn, ich hätte Mut – zu allem ... Ich sehe jetzt, daß ich ohne meinen Vater auch in der Welt dastehen kann.

14.2.1839 Du siehst also, daß ich wirklich allein in Paris bin. Bangst du für mich? Mein Vater will *durchaus* nicht kommen ... Ich hab an Frau v. Berg geschrieben, ob sie nicht kommen will, denn ohne eine sehr anständige Dame kann ich in keine Gesellschaft gehen ... Der Vater gäbe darum, wenn er mich nur wieder zurück hätte, doch ich gehe nicht.

28.2.1839 Recht viel Sorgen drücken mich jetzt und das wegen meines Aufenthaltes hier ... Die Leute schlagen die Hände über den Kopf zusammen, daß ich, wenn auch nicht den Vater, so doch wenigstens Mutter oder Tante bei mir hab, und alle Welt sagt mir, daß man mir nicht den mir gebührenden Respekt zeigen würde, hätte ich nicht eine alte Dame bei mir, die mich in alle Gesellschaften begleitete, Besuche empfinge usw. ... Das ist nun eine schreckliche Verlegenheit, wo soll ich das gleich finden und wo eine Dame, der ich mich ganz anvertrauen kann und mit der ich nach London, in diese ungeheure Stadt gehen kann!

1.3.1839 Nochmals las ich deinen Brief und muß dir noch einiges beantworten ... Ich weiß gar nicht, lieber Robert, warum du mir immer sagst, ich spiele nicht gern von deinen Kompositionen, das ist recht Unrecht und schmerzt mich; eben weil ich deine Kompositionen so sehr verehre und liebe, darum spiele ich sie nur Auserwählten. Ich sehe übrigens wohl ein, daß man mit dem Gefühl nicht immer durchkommt, und ich werde sie so viel als möglich spielen. Sieh, das ist mir so schrecklich, jemand dabei zu sehen, der nichts versteht – das bringt mich außer mir. Ich werde mich dir so wohlgefällig als möglich zu machen suchen. Von Moscheles, Bennett und (wie heißt der Dritte?) Potter soll ich spielen? Vom Ersten ungern (denn er ist trocken; ich meine nämlich die neuen Kompositionen), vom Zweiten *sehr* ungern (ich kann es dir durchaus nicht verhehlen, ich kann seine Kompositionen nicht lieben) und vom Dritten? den kenne ich noch vollends gar nicht, klingt mir auch nicht sehr hoffnungsvoll. Doch auch hierin will ich dir so viel gefallen als möglich. Was soll ich denn von Moscheles, Bennett und Potter spielen? schreib es mir.

23.4.1839 Du fragst mich, ob ich nichts komponiere: ich hab ein ganz kleines Stückchen geschrieben, weiß aber nicht, wie ich es nennen soll. Ich hab eine sonderbare Furcht, dir etwas von meiner Komposition zu zeigen, ich schäme mich immer.

27.5.1839 Den Marsch aus deiner Fantasie habe ich bereits gelernt und schwärme darin! Könnte ich ihn doch von einem großen Orchester hören! Es wird mir immer ganz warm und wieder kalt dabei. Sag mir nur, was für einen Geist du hast; bin ich erst einmal bei dir, dann denke ich nicht mehr an das Komponieren – ich wäre ein Tor!

Juni 1839 Die Idylle* hab ich bekommen und danke dir, mein Liebster, dafür; doch verzeihst du mir gewiß, wenn ich dir sage, daß mir einiges daran nicht gefällt. Den Schluß, mir stets das Liebste, hast du ganz und gar geändert, und der machte auf jeden Effekt, dem ich sie vorspielte; das Thema scheint mir gleich im Anfang zu gelehrt, etwas zu wenig einfach und klar, freilich kunstreicher gesetzt. Viel Schönes hast du wohl hineingebracht, doch meine ich für den Franzosen zu gelehrt, und ich wollte dich fragen, ob du nicht meinst, ich lasse es hier im Verein mit noch einigen anderen kleinen Sachen so drucken, wie ich es erst hatte, und du nimmst es in die Zeitung ganz so, wie du es geändert hast, und nennst es Notturno, obgleich mir der Name etwas fremd vorkommt; ich kann mir nicht nehmen, daß es mir idyllenmäßig vorkommt. Du bist mir doch nicht bös?

* Von Robert für die Drucklegung korrigierte Version ihrer Komposition.

15.7.1839 Es ist doch eine Sünde, wie lange ich nichts komponiert habe. Der Vater ist ganz außer sich darüber, ich bin aber auch oft unglücklich darüber, überhaupt so unzufrieden mit mir selbst, daß ich es gar nicht sagen kann.

Tagebuch, August 1839 Jetzt trachte ich auch danach, so viel als möglich mit der Künstlerin die Hausfrau zu vereinigen. Das ist eine schwere Aufgabe! Meine Kunst lasse ich nicht liegen, ich müßte mir ewige Vorwürfe machen ... Jetzt will er (der Vater) mir nun auch das entziehen, was ich mir durch vier Jahre langes Reisen verdient habe – es war wenig, wäre aber doch ein kleiner Zuschuß gewesen, und nicht einmal eine Ausstattung soll ich nun von meinem Gelde haben – das macht mir Kummer! Es schmerzt mich zu sehr, Robert auch gar nichts mitzubringen, so ganz von ihm abzuhängen – das drückt mich schrecklich, und stimmt mich wohl oft düster. Umsonst will ich aber nicht meine Kunst gelernt haben, ich will noch Robert vergelten, schenkt mir nur der Himmel Gesundheit. Mein größter Wunsch ist der, es noch dahin zu bringen, daß Robert ganz der Musik leben kann zu seinem Vergnügen, daß keine Sorge mehr sein schönes Künstlerleben trübt.

26.9.1839 Als ich dem Vater sagte, ich müsse doch Geld zu einer Einrichtung haben, sagte er, »wenn dein Bräutigam dich liebt, so wird er dir 1000 Taler auf so feine Weise in die Hände spielen, daß du es kaum merkst«. Das empörte mich bis in das Innerste hinein! Das ist also der Lohn für mein jahrelanges Herumreisen, daß ich nun nicht einmal so viel haben soll, mich ausstatten zu können? Ich soll mich lassen von meinem Bräutigam ausstatten? Nein, dazu bin ich zu stolz ... Was soll ich nun aber anfangen, kein Geld in den Händen, ach Himmel, das ist doch hart. Ich will noch herumreisen und Konzerte geben, um mir meine Ausstattung zu verdienen ... Mich drücken doch jetzt gar viele Sorgen! Auch für die Zukunft bangt mir!

November 1839 Ich denke, mich mit der Zeit darein zu ergeben, wie ja überhaupt jeder Künstler der Vergessenheit anheimfällt, der nicht schaffender Künstler ist. Ich glaubte einmal das Talent des Schaffens zu besitzen, doch von dieser Idee bin ich zurückgekommen, ein Frauenzimmer muß nicht komponieren wollen – es konnte es noch keine, sollte ich dazu bestimmt sein? Das wäre eine Arroganz, zu der mich bloß der Vater einmal in früherer Zeit verleitete.

An *Robert*, 7.2.1840 Das Konzert ist glücklich vorüber gegangen, und ich habe das Publikum denn doch wenigstens in einen norddeutschen Enthusiasmus gebracht . . . Aber eines hat mich furchtbar verdrossen, daß mir die Tränen in die Augen kamen – Cranz und Avé* sagten mir *nicht eine* Silbe über's Spiel, und Cranz lobte am Schluß des Konzerts meine Ohrringel – ich hätte ihn mögen prügeln!

14.3.1840 Komponieren aber kann ich nicht, es macht mich selbst zuweilen ganz unglücklich, aber es geht wahrhaftig nicht, ich habe kein Talent dazu. Und nun vollends ein Lied, das kann ich *gar nicht*; ein Lied zu komponieren, einen Text ganz zu erfassen, dazu gehört Geist . . .

20.3.1840 Eine Frage: was meinst du wohl, wäre es nicht gut, wenn ich bei Rungenhagen** ein wenig die Fuge studierte? Ich hätte große Lust, nur weiß ich nicht, ob mein Verstand, auf den ich nicht viel gebe, reif zu solch einem Studium ist!

Nach der Eheschließung

Tagebuch, 1840 Mein Klavierspiel kommt wieder ganz hintenan, was immer der Fall ist, wenn Robert komponiert. Nicht ein Stündchen vom ganzen Tag findet sich hier für mich! Wenn ich nur nicht gar so sehr zurückkomme! . . . Ich habe mich schon einige Male an die mir von Robert aufgezeichneten Gedichte von Rückert gemacht, doch will es gar nicht gehen – ich habe gar kein Talent zur Komposition.***

Oktober 1840 Könnte ich doch nur Robert bewegen, mit mir nach Holland und Belgien zu reisen, damit ich doch nächsten Winter benutze – es ist mir schrecklich, ihm gar nichts mit meinem Talente nützen zu können, jetzt wo ich die besten Kräfte dazu habe . . . ich bin es ja auch meinem Rufe schuldig, daß ich mich jetzt noch nicht ganz zurückziehe. . . . . Petersburg schlage ich mir nun für nächsten Winter aus dem Sinn, – Kampf kostet es mich . . . jeder fragt, ob ich nicht reise – ich komme ganz in Vergessenheit . . .

* Musiklehrer und Redakteur.
** Komponist; Zelters Nachfolger als Dirigent der Berliner Singakademie.
*** Die von ihr vertonten Rückert-Lieder wurden gemeinsam mit Roberts Vertonungen veröffentlicht und erhielten weite Anerkennung.

Clara nach Roberts Erkrankung

2.10.1846 Es geht doch nichts über das Vergnügen, etwas selbst komponiert zu haben und dann zu hören. Es sind einige hübsche Stellen in dem Trio, und wie ich glaube, ist es auch in der Form ziemlich gelungen. ... natürlich bleibt es immer Frauenzimmerarbeit, bei denen es immer an der Kraft und hie und da an der Erfindung fehlt.*

September 1847 Mein Trio erhielt ich heute auch fertig gedruckt; das wollte mir aber nicht sonderlich auf das Roberts (d-moll) munden, es klang gar weibisch sentimental.

* Ihr Trio op. 17 zählt zu ihren besten Werken.

Mai 1848 Ich spiele jetzt leider wenig, da mir die Zeit mangelt! Zum Komponieren komme ich vollends gar nicht.

Frühjahr 1849 Frauen als Komponisten können sich doch nicht verleugnen, dies laß ich von mir wie von anderen gelten.

März/April 1849 Wie war mir das in Berlin so wohltuend, daß ich die Mutter hatte, die an allem teilnahm, sich mit mir freute und dabei den Robert so lieb hat, daß sie meine Liebe für ihn recht gut begreift. Nicht als ob ich nicht meinen Robert und die Kinder über alles liebte – mit einer Freundin spricht man aber doch manches, was man mit dem Mann und Kindern nicht sprechen kann, auch sind ja meine Kinder noch so klein!

9.1.1853 Heute fing ich auch endlich wieder an zu studieren. Wenn ich so recht regelmäßig studieren kann, fühle ich mich doch eigentlich recht wieder so ganz in meinem Elemente; es ist, als ob eine ganze andre Stimmung über mich käme, viel leichter und freier, und alles erscheint mir heiterer und erfreulicher. Die Musik ist doch ein gutes Stück von meinem Leben, fehlt sie mir, so ist es, als wäre alle körperliche und geistige Elastizität von mir gewichen.

29.5.1853 Heute fing ich seit Jahren zum ersten Male wieder an, etwas zu komponieren; das heißt, ich will dem Robert zum Geburtstag ein Thema aus den bunten Blättern von ihm mit Variationen bearbeiten; es wird mir aber sehr schwer, – ich habe zu lange pausiert.

10.6.1853 Zwei Lieder von Hermann Rollett aus »Jucunde« komponiert. Es macht mir großes Vergnügen, das Komponieren. Mein letztes Lied hab ich 1846 gemacht, also vor sieben Jahren!*

22.6.1853 Ich habe heute das sechste Lied von Rollett komponiert und somit ein Heft Lieder beisammen, die mir Freude machen und schöne Stunden verschafft haben . . . Es geht doch nichts über das *Selbstproduzieren,* und wäre es nur, daß man es täte, um diese Stunden des Selbstvergessens, wie man nur noch in Tönen atmet.

* op. 23 war das letzte, was sie komponierte (43 Jahre vor ihrem Tode).

September 1853 [Die für den Winter in Aussicht genommene Konzertreise muß wegen einer erneuten Schwangerschaft ausfallen] Meine letzten guten Jahre gehen hin, meine Kräfte auch – gewiß Grund genug, mich zu betrüben . . . Ich bin so entmutigt, daß ich es gar nicht sagen kann.

11.5.1854 Ach hätte ich nur erst das Wochenbett hinter mir, dann muß ich etwas unternehmen – dies Leben halte ich nicht aus! Ich muß auch sehen, etwas zu verdienen, das Leben kostet doch gar zu viel, und Roberts Kasse schmilzt dabei immer mehr . . . Könnte ich doch nur jetzt schon etwas tun! Es ist recht traurig, wie nichtstuend ich die Zeit verbringen muß . . .

5.2.1860 Die Leute sagen mir so oft, ich hätte ja meine Kinder! Das ist wahr, und ich fühle gewiß so stark als irgendeine Mutter das Band, das mich für jetzt noch an die Erde fesselt, aber nur so lange, bis sie erzogen, ohne mich in der Welt bestehen können, denn alsdann geht jedes seinen Weg, und ich stehe im späteren Alter allein! Das ertrage ich aber nicht, ich bedarf zu sehr der Liebe, die man im täglichen Verkehr so wohltuend empfindet – mit ihr schwände auch meine Lebenskraft!

An *Johannes Brahms,* 19.3.1868 Du scheinst eigentlich auch der Einbildung zu leben, ich hätte wohl eigentlich genug und reiste nur noch zu meinem Vergnügen. Solche Anstrengungen mutet man sich aber denn doch nicht zum Vergnügen zu. Abgesehen aber davon, so wäre doch wohl jetzt, inmitten meiner größten und erfolgreichsten Tätigkeit, kaum der Zeitpunkt, mich, wie du mir rätst, von der Öffentlichkeit zurückzuziehen . . . Ich werde mir aber die Sache bedenken, kann jedoch erst prüfen, wenn ich überhaupt erst weiß, welche Gründe dich bewogen, mir dies alles zu sagen, und warum du es zu einer Zeit tatest, wo es möglicherweise einen Eindruck auf mich machen konnte, der meine Tatkraft gänzlich lähmte . . . das war unüberlegt von dir – mehr will ich nicht sagen.

An *Johannes Brahms,* 15.10.1868 Eigentümlich erscheint mir aber deine Anschauung des Konzertreisens! Du betrachtest es *nur* als Verdienst, ich nicht; ich fühle mich berufen zur Reproduktion schöner Werke, vor allem auch der Roberts, solange ich die Kraft habe, und würde auch, ohne daß ich es unbedingt nötig hätte, reisen, nur nicht in so anstrengender Weise, wie ich es oft muß. Die Ausübung der Kunst ist ja ein großer Teil meines Ichs, es ist mir die Luft, in der ich atme! Hingegen wollte ich lieber hungern, als mit *halber* Kraft öffentlich wirken . . .

Tagebuch, Oktober/November 1880 Museumskonzert, ich spielte sehr glücklich . . . Das Konzert von Beethoven habe ich nie so gespielt, und dieser Fortschritt in der geistigen Beherrschung, das Gefühl der vollkommenen Herrschaft über das Ganze beglückte mich wieder einmal diesen ganzen Abend. Es liegt so etwas Erhebendes in dem Bewußtsein trotz Alters noch immer vorwärts zu gehen innerlich. Ich glaube mein Inneres manchmal kälter geworden, aber heute fühlte ich recht das Gegenteil. Ach wüchsen mit der Seelenkraft und -reife doch auch Körperkräfte!

COSIMA WAGNER

DIE FRAU SOLL ALLES AUFOPFERN
[Tagebücher 1869–1881]

1.1.1869 Das Jahr bezeichnet den äußeren Wendepunkt meines Lebens*, in diesem Jahr wurde es mir gegönnt, das zu betätigen, was seit fünf Jahren mich beseelte . . . Als die Sterne es fügten, daß Ereignisse, die ihr anderweitig erfahren werdet, den einzigen Freund, den Schutzgeist und Erretter meiner Seele, den Offenbarer alles Edlen und Wahren, einsam, verlassen, freudlos freundlos, in die Einsamkeit trieben, rief ich ihm zu: Ich komme zu dir und will mein höchstes heiligstes Glück darin finden, dir das Leben tragen zu helfen.

16.1.1869 Heute vor zwei Monaten nahm ich Abschied von euch, Kinder – mein Herz ist schwer, denke ich daran, und ich bin ohne Nachrichten! Um ein wenig zu schlafen, hatte ich gestern spät noch einen warmen Trunk zu mir genommen; auch schlief ich gleich ein, doch wachte ich wieder auf und gedachte euer. Nichts auf der Welt will ich und wünschte ich, als dem Geliebten zu helfen, ihm einige ruhige Lebensjahre geben und euch erziehen zu dürfen. Alles, alles will ich freudig entbehren, jeden Zusammenhang mit der Welt, alle Musik; ertragen jeden Hohn, nur dies sei mir vergönnt.

24.1.1869 Wir armen Weiber, die nur lieben können, wohl sind wir zu beklagen, wenn wir des Genius' Geheimnis ahnen! Und doch, was sind wir ohne diese Teilnehmung an dem Genius.

1.2.1869 Ich weiß es ganz genau, daß die Entbehrung, die Selbstaufopferung das einzige ist, was unsrem Leben einen Wert und einen Sinn gibt, und gerne will ich jedes Glück und jede Freude fliehen . . . Ich bin von dem Glauben durchdrungen, daß der Friede nur in der Selbstaufopferung liegt . . .

4.3.1869 (Richard sagt), er habe in mir das Weib gefunden, das ihm auch als Künstler vollständig folgen könne . . . vieles sagt mir noch R. über das Wesen des Weibes – ich werde traurig, tief

* Cosima verläßt ihren Ehemann Hans v. Bülow endgültig und zieht zu Richard Wagner, den sie 1870 heiratet.

COSIMA WAGNER

wehmütig; wir Frauen können diese Probleme nicht betrachten, nur empfinden können wir, lieben, uns hingeben. Aber wie unwert fühle ich mich Richards!

10.3.1869 Tiefes Innewerden, daß ich nur eine Aufgabe habe, ihm das Leben zu erleichtern.

22.3.1869 Des Nachts kamen mir wehmütige Gedanken über die Liebe; wenn der geschlechtliche Affekt nicht hineinspielt, ist sie wohl höherer Art. Doch kann ich mir nicht denken, daß eine Liebe tiefer, treuer, reiner sein kann als die meinige zu Richard.

29.3.1869 Darauf frug ich ihn, ob er, um mich zu heiraten, katholisch geworden wäre, falls es notwendig gewesen wäre? Er erwiderte, dies sei eine »verteufelte« Frage, er könne sich's gar nicht vorstellen. Zuerst war ich verdutzt, da ich augenblicklich es empfand, daß ich doch alles aufgebe, Religion und das übrige noch, um mich ihm zu vereinigen, dann aber verstand ich ihn. Die Frau darf und soll alles dem Geliebten aufopfern, der Mann aber kann und soll einen Punkt haben, wo er nicht weicht noch wankt.

14.5.1869 R. ist verstimmt gegen meine Stickerei, er glaubt, sie greife mich an – am Ende muß ich sie beiseite tun!

27.–28.5.1869 R. wirft mir vor, daß ich in der Kindererziehung förmlich untergehe, ich sei nur noch Mutter, er verliere mich ganz. Er habe sich gefreut, daß ich die Stube neben der seinigen beziehen werde, nun ging ich bei den Kindern schlafen. Vorwürfe könne er mir darüber nicht machen, nur empfinde er es schmerzlich. Tief erschüttert von den Worten weiß ich nicht, was ich sagen soll; wenn er sich nicht wohl bei mir fühlt, so verdiene ich die Vorwürfe, und mir ist doch, als könnte ich nicht anders handeln; doch müßte ich suchen, daß alles ineinander ging und niemand etwas vermisse . . . Mein Augenmerk darauf gerichtet, die doppelte Aufgabe freundlich zu lösen.

22.6.1869 Die Kinder alle fünf bei mir, »Cinque Canti« nennt sie R. scherzend. In bezug auf die beiden ältesten, die keinen Zug von mir haben, sagt er, da sähe man, wie das Weib sich verhalte, wie die Erde zur Sonne, sie sei ganz passiv, und nur, was der Mann hineinlegt, kommt heraus; außer wenn die Erde nun selbst in Affekt, in Enthusiasmus gerate, wenn Tellus in Sol sich verliebt, dann wirkt sie auch mit. Die Orientalen betrachten mit Recht das Weib wie den Acker, in welchen sie den Samen streuen.

29.6.1869 Gebrochen ist der Eigenwille, gebrochen die Selbstacht, ich erkenne es, daß wir an unserm Schicksal nicht rühren noch rücken dürfen und nur immer tragen und tragen, wie es kommt.

7.7.1869 Arbeit überall, ich die kindliche, R. seine großartige.

27.7.1869 Da ich überrascht bin, keine Antwort von M. M. zu haben, frage ich R., ob er einen Brief unterschlagen habe; da erfahre ich, daß ein förmlicher Briefwechsel stattgefunden hat ... leider kränkt mich dies tief; wie schwer ist doch der Eigenwille gebrochen; wann ist der Mensch gänzlich seiner entäußert?

18.2.1870 Heute, Kinder, habe ich ein großes Unrecht begangen; ich habe den Freund gekränkt, und da ich das nimmer mehr will und als schwärzeste Sünde ansehe, erkenne ich an diesem Fall die Erbärmlichkeit unsrer Natur. Von Beethoven's C-moll-Symphonie sprachen wir, und ich bestand eigensinnig auf einem von mir gut befundenen Tempo. Das wunderte und kränkte R., und nun leiden wir, ich, daß ich dies getan, er, daß er von mir Eigenwilligkeit erfahren.

8.3.1870 Es gibt kein Glück auf Erden als das Opfer. Nichts für sich selbst wollen, nichts suchen, sich hingeben und dem Kleinsten, Geringsten dienen, wohltun, das, meine Kinder, ist unsre Befreiung, o glaubt mir!

31.3.1870 Wie glücklich fühle ich mich doch, gar nichts mehr persönlich zu sein und einzig meine Freuden aus R.'s Gedeihen und der Kinder Wohl zu schöpfen.

11.5.1870 R. ruft mich, während er arbeitet; er will mich umarmen.

4.6.1870 Abends verlasse ich plötzlich die Kinder und wandre ans Klavier, was ich sonst nie mehr tue, R., der von dem Spaziergang heimgekommen, ist ganz betroffen, weil er selbst an das Klavier wollte oder vielmehr mußte; ... lachend über unsren Zusammenhang verließ ich die Stube, er zeichnete auf, ich brachte die Kinderchen zu Bett.

16.6.1870 Nach und nach werden wir ganz heiter, ein großes Gewitter entsteht, R. freut sich dessen, weil er nicht ausgehen kann, »nur lieben und schaffen, und schaffen, weil ich liebe, du bist die Zentralsonne, um die sich alles dreht.«

6.7.1870 R. hat einiges in meinem Tagebuch gelesen und mißverstanden, was mich tief schmerzt.

24.8.1870 »Es ist sehr schade«, sagt R., »daß die Deutschen ihre Frauen nicht mehr prügeln, wenn das wieder der Fall würde, erlebten wir am Ende eine Revolution in unsrer jetzigen Literatur.«*

15.9.1870 Wie R. mir gute Nacht bietet, sagt er, »von deiner Liebe lebe ich«, ich legte mich, und mir war es, als ob das einzige Wahrhaftige im Leben meine Vereinigung mit ihm wäre; alles übrige, was ich getan, was ich erlitten, was ich erlebt, wie einen schweren Traum schleppe ich es nach, oder wie Ketten der Gefangenschaft, nachdem ich befreit bin; ein ewiges Mahnen, ein Erinnern, was das Leben furchtbar und der Mensch erbärmlich ist, in Paradieses Seligkeit. Diese Betrachtungen endigen mit einem Gebet, Gebet des Dankes, Gebet um Verzeihung, tiefstes Erkennen meines Unwertes.

11.11.1870 Von mir ist jede Leidenschaftlichkeit der Liebe gewichen, bei R. waltet sie noch; er sagt mir, wie ich mit Beklemmung immer dieses gewahre, daß gerade das ihm die große Sicherheit und Ruhe gegeben, daß die Natur unsren Bund gesegnet . . .

23.11.1870 Nachmittags Sonate von Beethoven mit Richter; R. sagt, daß ich beim Klavierspiel ein zu ernstes Gesicht mache, daß meine Augen braun werden und ich so von der Sache erfüllt bin, daß er sich vor mir fürchtet! Ich bedaure beinahe, gespielt zu haben, besorgt, daß es ihm nicht ganz recht sein dürfte, trotzdem er es gewünscht hat.

10.6.1871 R. schenkt mir einen sehr hübschen Sommerhut; er hat ihn bestellt nach seinem Geschmack, eine große schöne Rose schmückt ihn.

26.7.1871 Diese Nacht war mir bang zu Mute, traurig bis in den Tod, bang um R., bang um die Kinder (ihre Zukunft), bang um Hans selbst, Hilfe nur in der unbedingten Ergebenheit in allem und dem festen Willen, zu jeder Stunde meine Pflicht zu erfüllen.

3.10.1871 Gestern hatte mir R. sehr Rührendes von den Frauen des 17ten, 18ten Jahrhunderts gesagt, unter andrem der Frau

* Cosima wurde von ihrem ersten Ehemann, Hans v. Bülow, noch geprügelt (s. C. Wagner, *Tagebücher*, hrsg. v. M. Gregor-Dellin und D. Mack, München/Zürich 1976, Bd. I, S. 126).

Cosima – die Gralshüterin
Karikatur von G. Brandt (1905)

Geßner's; sie haben durch ihre Treue und ihren geweckten Sinn die großen Männer hervorgebracht.

7.3.1872 Abends in Schopenhauer das Kapitel des Genies gelesen. Tiefes Bewußtsein unserer Liebe; Bitte meinerseits an R., überzeugt zu sein, daß ich gar keinen eignen Willen habe und daß mein einziges Glück in dem Bestreben liege, ihn in der kleinsten Kleinigkeit zu verstehen und ihm zur Seite zu stehen.

21.3.1872 R. sagt mir abends: »Ich sage dir gar nicht mehr, daß ich dich lieb habe, weil wir eins und dasselbe sind, da ist es denn töricht, sich das noch zu sagen.«

23.4.1873 Seltsamste Nacht. R. schickte gestern zu Frau v. Schl. und mir hinauf, sagen lassen, daß wir ihn nicht genieren würden, wenn wir hinunter kämen. Da der Diener diesen Auftrag ungeschickt ausführte, sagte ich R., als ich hinunterkam, er möchte künftig keine ähnlichen Aufträge ihm geben; R. brachte dies, daß ich ihm nach einer Trennung nichts anderes zu sagen wußte, außer sich; nun war es spät in der Nacht, heute früh stand Probe bevor, still und bekümmert schlich ich mich davon; in kaum je gekannter Reue bat ich zu Gott, ihm eine gute Nacht, trotz meiner Unbesonnenheit, dennoch zu gewähren; in bitteren Tränen der Sorge um seine Gesundheit fühlte ich mich der Gottheit nahe, sie ist die Liebe, sie wird mir helfen, sie erkennt meine Not. Als ich vernahm, daß R. schlief, löste sich mein Schmerz, und dankend und betend verbrachte ich den übrigen Teil der Nacht. Seit ein Uhr zu Mittag hatte ich nichts zu mir genommen, worunter etwas leidend ich das Gelübde tat, nicht zu frühstücken und nur nach der Probe, wenn R. sich nicht so elend fühlte, mich zu stärken. Welches Bedürfnis ist doch die Buße dem reuigen Herzen!

4.7.1873 »Du hättest einen Gott zum Mann haben müssen«, sagt mir R.; »nun, den hätte ich ja«, meine ich!

24.9.1873 Lange Besprechung mit R.; Vornahme, meinerseits keine Strenge gegen die Kinder zu üben und selbst in dieser Frage das eigene Gutdünken zu ertöten.

23.11.1874 Wehmütiger Morgen, ich suche R. zu überreden, unsere Hauseinrichtung nicht durch Aufnahme von Geldern zu beschleunigen. – Er nimmt dies nicht gut auf, findet mich ängstlich. Ich muß weinen, da mir gar kein Wunsch mehr eigen ist und ich nur Sorge um Katastrophen, die ich von überall hereinbrechen sehe, hege. Ich suche mich schnell zu fassen, und hoffe, keiner Wehmut mehr den Ausdruck zu geben.

16.4.1876 Wie ich im Zimmer allein bin, drängt es mich zum Klavier, und leicht ergießt sich meine Stimmung in Tönen.

25.12.1876 Meine 39 Jahre! R. bringt meine Gesundheit in ergreifender Weise aus! Ich empfinde es, wie vieles mir erstorben ist und wie wenig ich mich um mich zu kümmern habe.

26.12.1876 Arbeit, mit Lusch musiziert, zum ersten Mal seit langen Jahren das Klavier wieder berührt ...

29.11.1877 Mir schwebt das Glück, das wir genießen dürfen, als selige Vergangenheit schon vor, wie sie unseren Kindern einst erscheinen wird. Das Gefühl meines Unwertes steigert sich täglich; o Gott, habe Dank für deine Gnade, mache mich ihrer würdig!

14.12.1877 Alles scheinbar Harte in meinem Leben hat zum Segen sich verwandelt, selbst wo ich widerstrebte, hat das Schicksal mich gnädig gewaltig geführt, so stehe ich bar jedes Wertes, jedes Verdienstes entbehrend, von Gott beschützt und geliebt, staunend dankbar, unerschütterlich vertrauensvoll, vergehend vor Rührung vor diesem Geschicke, das mir gewährte, Gutes dem Höchsten tun zu dürfen – ich Unwerte!

18.7.1879 R. hat gut geschlafen; am Morgen, wie er mich verläßt, geht er in seine Stube und spielt ein Rondo-Thema, das er mir dargibt und dann im Verlauf des Morgens noch bereichert. Schöner Tag; die Kinder nach Eremitage. Mich befällt eine übermäßige Schwermut, welche sich in Tränenströmen ausgießt. Ist es, daß jeder Verkehr mit außen mich jetzt überanstrengt; ist es, daß heute die Stunden mich sehr angegriffen und die Revision der Haus-Bücher; ist es, daß die Berichte über Claire mich in eine Art Heimat versetzten, in meine Jugend, die mir so ganz entschwunden; ist es die zuweilen sehr empfundene Rauheit der äußeren Umgebung, ich weiß es nicht, doch war ich kraftlos, und meine Hand ergriff die »Nachahmung Christi«; mehrere Kapitel las ich daraus, und das Kloster-Leben, wie es meinem, wie wohl jedem jugendlichen Gemüte lockend einst vorgeschwebt, erschien mir jetzt als das Ersehnenswerte! Ich half mir aus der Verwirrung, und abends konnte ich mit den Meinigen über meine »geschwollenen Augen« lachen!

27.9.1880 Daß er an meinen Namenstag gar nicht denkt und meint, es sei der seinige, gibt uns am Schluß des Tages, wo die Sache sich aufklärt, vielen Scherz.

2.2.1881 R. meint, der Graf müsse unglücklich sein, seine Freundin, die Gräfin La Tour, scheint ihm nicht genügend ausgestattet, um einen Mann zu beglücken, denn: »Eine Frau, die malt«, ruft er aus.

1.4.1881 Wie alles fort ist, tanzt R., bestellt ein halb Fläschchen Champagner, und wir plaudern gut, während mir zwar Tränen unaufhaltsam aus den Augen fließen. Müdigkeit der Augen oder des Herzens? Ich weiß es nicht.

DEM GENIE DIE STEINE AUS DEM WEG RÄUMEN
[1902–1905]

Ich lernte bei dem blinden Organisten Josef Labor Kontrapunkt, raste durch die Musikliteratur und schrie alle Wagner-Partien herunter, bis mein schöner Mezzosopran zum Teufel war. Ich lebte in einem Musikwunder, das ich mir selber erfand.

[...]

Mit fünfzehn Jahren begann ich, mir eine Bibliothek anzuschaffen. Ich ging jetzt allein aus, denn meine Mutter hatte Gott sei Dank wenig Zeit für mich; oft hatte ich unter einem weiten Cape Kinderbücher, die ich in ein Antiquariat schleppte, wo ich mir dafür Dehmel, Bierbaum, Rilke, Liliencron erwarb. Bald besaß ich eine schöne kleine Bibliothek, von der niemand etwas ahnen durfte. Max Burckhard sandte mir zu Weihnacht zwei Dienstmänner, die große Waschkörbe voll Bücher brachten. Es waren alle Klassiker in den schönsten Ausgaben. Und als ich Mahler heiratete, war meine Bibliothek größer als die seine.

Meine erste Begegnung mit einem wirklichen Verwandten meiner Lebensanschauung, meiner Lebensbejahung und allem, was in dieses ungeheure Kapitel des Lebens hineingehört ... das war Max Burckhard. Diese Beziehung war ohne die geringste erotische Färbung auf meiner Seite. Ich war siebzehn Jahre alt und völlig unerwacht, schön, las viel und komponierte. Meine Ichwerdung war unorganisch ... vieles war zuviel, vieles zuwenig entwickelt. Meine nächste Umgebung war geistlos, und so mußte ich mir alles selbst entdecken. Max Burckhard war der erste, der sich meines irrlichternden Geistes annahm. Wir waren beide wilde Nietzscheaner – er ein revolutionärer Modernist. Aber er gefiel mir als Mann nicht, und seine große Verliebtheit löste Widerwillen in mir aus. Wir waren immer einer Meinung, und das langweilte mich auf die Dauer. Die merkwürdigen Szenen, bei welchen seine starke Männlichkeit mich anfangs reizte und die ich immer wieder mit einem kraß-herzlosen Scherz abbog, machten ihn rasend. Er nannte mich kokett und verschwand dann immer einer Weile aus meinem Gesichtskreis, bis er eben doch wieder kam, und das Ganze von neuem begann.

[...]

Mit zwanzig Jahren lernte ich dann Gustav Mahler kennen,

meinen ersten Mann [...] Meine Lehrjahre nahmen ein abruptes Ende, um einer anderen, schweren und bestimmenden Aufgabe zu weichen.

Gustav Mahler wurde im Jahre 1897 als Direktor an die Wiener Hofoper berufen. Ich lernte ihn im Herbst 1901 kennen. Während unserer sogenannten Verlobungszeit war Gustav Mahler öfter längere Zeit in Berlin und Dresden auf Gastspielen, und ich arbeitete in Wien mit Zemlinsky an meinen Kompositionsübungen. So schickte ich Mahler einmal einen kürzeren Brief als sonst mit der Bemerkung, daß ich keine Zeit zu einem längeren hätte, da ich arbeiten müsse. Dies war die Ursache und der Anfang einer harten Leidenszeit für mich. Gustav Mahler forderte brieflich sofortiges Aufgeben meiner Musik, ich müsse nur der seinen leben. Er meinte, die Ehe zwischen Robert und Klara Schumann zum Beispiel sei eine »Lächerlichkeit« gewesen, ich müsse mich entscheiden. Ich rannte die ganze Nacht in meinem Zimmer auf und ab. Meine Mutter hörte mich, kam in mein Zimmer und forderte mich allen Ernstes auf, Gustav Mahler zu verlassen. Sie kannte ja mein Dasein und wußte, daß ich von meinem achtzehnten Lebensjahr an nur der Musik gelebt hatte. Die Askese, die man sich selber diktiert, ist richtig; aber die, zu der man befohlen wird, wie das in meiner Ehe mit Gustav Mahler geschah, reizte mich bis an die Grenze des mir Ertragbaren. Übrigens: ich hatte Gustav Mahler niemals eine Note meiner Musik gezeigt.

Wir heirateten am 9. März 1902 in der Karlskirche in Wien.

Wirre Gedanken erschütterten oft mein Hirn. Diese meine arbeitslosen Jahre – dieses gehetzte Leben, angefüllt mit fremden Gedanken ... das Aufgeben des Insichhineinschauens ... endlich der Verlust aller meiner alten Freunde durch Gustav Mahlers Eifersucht ... all das war fast untragbar für mich.

Vorgestern mittag gab es eine herbe Aussprache. Alles sagte ich ihm. Und er, unendlich lieb, dachte nach, wie er mir helfen konnte. Ich wüßte schon, wie ... Aber ich begreife auch ... Er hat ja nur die paar armen Ferienmonate von der Oper, um zu komponieren.

Gestern war Gustav Mahler glücklich durch die Seelenruhe, die ich ihm gegeben habe. Er hat mir fortwährend gedankt und gesagt, daß ich es nicht bereuen werde ... Und ich habe nun ein Ziel: mein Glück für das eines anderen zu opfern und vielleicht dadurch selber glücklich zu werden. Auf einem Spaziergang, die Donau entlang, erzählte mir Mahler den Sinn der 4. Symphonie. Wir waren damals verlobt, und ich war durchaus nicht gewillt, alles, was er mir sagte, gläubig in mich aufzunehmen.

ALMA MAHLER-WERFEL

Von dem Moment des Verlobtseins nämlich hatte er sehr den Ton gewechselt, der – vorher der eines verehrungsvoll Liebenden – nun plötzlich der eines Mentors geworden war. Im gleichen Maß aber verlor ich meine anfänglich bedingungslose Gläubigkeit. Er erzählte mir, daß die 4. Symphonie wie ein altes Bild auf Goldgrund zu denken sei. Ebenso wie er mir später vom Lied »Ich bin der Welt abhanden gekommen« sagte, er habe dabei immer an die Kardinalsdenkmäler in Italien gedacht – wo auf flachen Steinen die Körper der Geistlichen mit gefalteten Händen und geschlossenen Augen in den Kirchen liegen. Mich hatte damals dieses Antikisieren gestört, das unserer Zeit fernlag. Er aber wußte, warum er es gerade so wollte, denn er war so naiv, und das konnte ich anfangs nicht glauben. Er war kindhaft. Das konnte man nicht gleich verstehen, wenn man ihn zuerst sprechen hörte.

Später - Maiernigg

Ich war den ganzen Vormittag allein, bis Gustav aus seinem Arbeitshaus heruntergekommen ist, noch so voll und glücklich von seiner Arbeit. Da konnte ich mich nicht halten, und wieder kamen die Tränen, vor Neid. Er wurde furchtbar ernst. Er zweifelte nun an meiner Liebe ... Und wie oft habe ich selbst daran gezweifelt ... Jetzt vergehe ich vor Liebe – und im nächsten Moment empfinde ich nichts! Bin ich liebend, so ertrage ich alles mit der größten Leichtigkeit ... Bin ich's nicht, ist's Unmöglichkeit. Dabei weiß ich immer, daß mir bisher nie ein Mensch so nahegestanden hat wie er. Wenn ich nur mein inneres Gleichgewicht wiederfände! Er hat mir gestern gesagt, daß er noch nie so leicht und anhaltend gearbeitet habe wie jetzt, und das hat mich beglückt. Wenn ich weiß, daß ich ihm durch mein Leiden Impulse gebe, wie kann ich da nur einen Moment verzagen! Er soll nichts merken von meinen Kämpfen. Ich kopiere Tag für Tag die Partitur seiner 5. Symphonie, und wir haben einen Wettlauf, wer schneller fertig ist – er mit dem Instrumentieren oder ich mit dem Kopieren, was er mir dadurch erschwert, daß er immer nur eine Stimme ausschreibt und ich selbst die anderen Stimmen in den verschiedenen Schlüsseln auszufüllen habe. Ich bin etwas behindert durch meine schwere Schwangerschaft, aber ich überwinde jede Schwäche.
Den Boden, auf dem er geht, will ich mit meiner schwer errungenen Ruhe festigen. Dafür aber habe ich einen weisen Führer und

ein nie endenwollendes Gespräch. Ich bin tief erfüllt von meiner Mission, diesem Genie die Steine aus dem Weg zu räumen!
[...]

November 1902

Ich bin seit acht Tagen aus dem Bett. Am dritten November ist meine Tochter Maria zur Welt gekommen. Ich habe noch nicht die rechte Liebe für mein Kind. Alles in mir gehört Gustav. Alles ist tot neben ihm. Und ich kann es ihm nicht sagen! Mir ist oft, als ob man mir die Flügel beschnitten hätte. Gustav, warum hast du mich flugfrohen, farbfrohen Vogel an dich gekettet, wo dir doch mit einem grauen, schweren besser geholfen wäre!
Ich war nun lange krank. Vielleicht eine Ursache oder Folge meines inneren Unfriedens. Aber seit Tagen und Nächten webe ich wieder Musik in meinem Inneren. So laut, so eindringlich, daß ich es beim Sprechen unter den Worten fühle und in der Nacht nicht einschlafen kann.
Gestern sagte ich Gustav, daß es mich schmerze, daß er so gar kein Interesse bezeige für das, was in mir vorgeht, und daß ihm mein Musikwissen nur so lang passe, als ich es für ihn verwende. Er sagte: »Weil deine Blütenträume sich nicht erfüllt haben ... es liegt nur an dir ...«
Gott, wenn einem so unbarmherzig alles genommen wird! Gustav lebt sein Leben, und ich habe auch das seine zu leben. Ich kann mich auch nicht nur mit meinem Kind beschäftigen. Ich lerne Griechisch ... übersetze Kirchenväter und fülle leere Stunden auf diese Art.
Kein Mensch versteht's. Jeder glaubt mich glücklich.
Ich sagte ihm heute, daß ich jemanden zum Reden brauche. Gustav steht so einsam, so entfernt, er hat alles zu tief innen, als daß es im Leben ans Licht könnte. Auch seine Liebe – alles, alles verkümmert. Früher, als ich scheinbar allein war, hatte ich so viele Menschen um mich, die meine Blitzableiter waren. Lernen? Ja wozu denn, ohne Ziel, ohne Grenze. Ach, wenn er doch jünger wäre! Im Genießen, im Erleben jünger!

1903 – Wien

Eben komme ich aus der Oper. Es war Arrangierprobe der »Euryanthe«.
Mir graut so vor Mahler, daß ich mich fürchte, wenn er nach

Titelzeichnung von Oskar Kokoschka

Hause kommt. Neckisch, lieblich girrend umhüpfte er die Sängerin Y, die Z, und zu Hause ist er der Abgeklärte, der ermüdete Mann, für den ich unentwegt zu sorgen habe. Wenn er doch nie mehr nach Hause käme . . .
Wir sprachen nichts miteinander. Am folgenden Tage gab es eine herbe Aussprache. Er sagte, er fühle deutlich, daß ich ihn nicht liebe, und jetzt hat er wirklich recht . . . seit der letzten Szene war alles kalt in mir.
Ich weiß, daß der Mann in der Welt draußen das Pfauenrad zu schlagen hat, während er sich zu Haus »ausruhen« will.

Das ist das Los der Frau.
Aber nicht das meine!
Bei mir allerdings hat es sich später zum Besseren, ja zum Besten gewendet. Plötzlich war das warme Gefühl wieder da. Nun weiß ich wieder, wie sehr er mir nah ist.
[...]
Ich bin ruhiger. Habe mir vorgenommen zu schweigen, wenn mich etwas schmerzt. Ich spiele Klavier. Wozu und für wen? Ich kann's ja auch gar nicht mehr. Ich habe alle Lust am Leben verloren. Ich habe niemanden, dem ich meinen Reichtum mitteilen kann. Ach, hätte ich doch nur das eine noch, meine Musik! Könnte ich doch weiterlernen, hätte ich einen Menschen, der mich belehrt, der mir gibt! Aber das ist nun unabänderlich, ich vegetiere so für mich hin.
Meine Träume im Fieber: Ich warte auf Gustav. Ich sehe eine endlos lange Flucht von Zimmern. Da – auf einmal geht die letzte Tür hinten auf, er kommt mit seinem weißen Gesicht, mit den schwarzen fliegenden Haaren, seinen schwarzen Augen, seinem langen schwarzen Schlafrock. Ich sehe ihn alle Türen öffnen und – durch sie hindurch – durch die langen Zimmer gehen und immer, wenn er die Tür aufmacht, sehe ich ihn noch bei der vorhergehenden – dieselbe Drehung machen.
– Wie sein Doppelgänger ... Er kommt näher ... Angst! Aufwachen!
Man bringt mir Zeichnungen zum Aussuchen. Von allen unbemerkt sticht Gustav mit seiner Feder hinein. Voll Entsetzen über das Unheil befrage ich ihn – aber er hört mich nicht – sinnt pfeifend einer Melodie nach – und auf einmal zieht er das eine Bein bis zum Magen hoch – und dann das andere – und steigt so im Zimmer herum. Es öffnet sich die Tür, und eine Unzahl von kleinen Männerchen, alle wie er, steigen herein, das ganze Zimmer wogt. Ich will in mein eigenes Zimmer, ich öffne die Tür, aber auch daraus steigen sie heraus – ich will schreien ... wache auf ...
Eine grüne große Schlange schwingt sich in mich hinein, ich reiße an ihrem Schwanze – sie will nicht heraus – ich läute der Dienerin – sie reißt gewaltig an – auf einmal hat sie das Tier – es sinkt heraus – im Maul meine ganzen inneren Organe – ich bin nun hohl und leer, wie ein Schiffswrack.
Ich habe die Erkenntnis gewonnen, daß ich nicht glücklich, nicht unglücklich bin. Es ist mir auf einmal zum Bewußtsein gekommen, daß ich nur ein Scheinleben führe. Meine innere Unterdrücktheit ist zu groß: Mein Schiff ist im Hafen. Aber leck.

Sommer 1903

Ich habe meine Kompositionen wieder gespielt, meine Klaviersonate, meine vielen Lieder. Ich fühle es wieder – Das! Das! Das! Ich sehne mich, wieder zu produzieren. Was ich mir jetzt vormache, ist Täuschung. Ich brauche meine Kunst! Alles, was ich heute spielte, ist mir so tief vertraut.
Wenn ich nur Zemlinsky zum Arbeiten hätte, aber da ist ja Gustav Mahlers vollkommen unbegründete Eifersucht. Und so habe ich eben niemanden. Im Innern fühle ich mich jetzt nicht unglücklich. Gar nicht. Nur etwas mehr von Gustav Mahlers sicht- oder fühlbarer Liebe könnte ich wohl ertragen.
[...]

1904 – Wien

Ich muß meine Klavierstunden wieder aufnehmen! Komponieren darf ich ja nicht. Ich will wieder ein geistiges Innenleben führen, wie ehedem. Es ist ein Unglück für mich, daß ich keine Freunde mehr habe. Aber Gustav Mahler will niemanden sehen und erlaubt nicht, daß jemand während seiner Abwesenheit zu mir kommt.
Ich habe wieder in meinen Tagebüchern gelesen. Wieviel erlebte ich früher! Wie schleicht mein Leben jetzt dahin! Wenn Hans Pfitzner doch in Wien lebte! Wenn ich mit Zemlinsky verkehren dürfte! Auch Schönberg als Musiker interessiert mich ...
Bruno Walter ist da. Gustav Mahler spielt ihm seine 5. Symphonie vor. Er läßt Bruno Walter in seine Seele schauen. Bis jetzt hatte mir das Werk allein gehört! Ich hatte es ja kopiert, und wir hatten oft für uns die Themen gesungen ... und jetzt gehört es den anderen Menschen! Bruno Walter ist der einzige, dem ich die Mitwisserschaft gönne. Und doch – ich ging aus dem Zimmer ...

Später

Meine Kinder sind krank. Maria geht's besser, der kleinen Anna schlimm. So traurig das ist – es gibt mir meine Kraft wieder. Je mehr man sich verbraucht, desto mehr Kräfte hat man ...
Ich bin heiter und aufgeräumt wie selten. Auf einmal wußte ich wieder, warum ich auf der Welt bin: meine Kinder brauchen mich! Und Gustav Mahler braucht mich! Aber ich kann ihm meine ganze Wärme nicht geben. Warum eigentlich nicht? Er

war mir anfangs fremd, ja – und in vielem ist er es mir noch immer. Darum auch kann ich manches an ihm nicht ganz verstehen – und wenn ich es kann, treibt es mich von ihm fort. Doch da ist so viel Positives! Ich weiß, daß ich ihn wirklich liebe und – jetzt – ohne ihn gar nicht leben könnte. Denn er hat mir so viel genommen, daß seine Gegenwart jetzt meine einzige Stütze ist. Jetzt muß ich aus dem Rest meiner Existenz herausholen, was mir das kurze Leben bietet. Unter diesem Herausholen verstehe ich, so gut ... so nützlich ... so ruhig ... so in mich abgeschlossen zu werden, daß ich dadurch glücklich werde. Aber ich bin etwas über zwanzig Jahre alt. Ganz still ist mein Leben. Kinder – Gustav. Gustav – Kinder ...!
[...]
Generalprobe von Gustavs Liederabend. Große Ergriffenheit im Publikum. Ich fühle, seit ich von meinem Wege abgewichen bin, nicht mehr viel bei Musik ... und sei sie die beste, wozu ich Gustav Mahlers Musik zähle.
[...]

Juni 1905 – Maiernigg

Es ist jetzt nicht mehr meine Gewohnheit, mit mir selbst zu reden, darum schreibe ich wenig. Im musikalischen Empfinden war ich Gustav ein ganz klein wenig untreu, und er weiß es. Doch alles ist verweht. Keine unschöne Erinnerung belastet mich. Ja überhaupt keine, bis auf seine Musik.
Eines bleibt für mich wahr, und das ist: Gustav Mahler.

Später

Ich habe den ganzen Tag gearbeitet. Für Gustav Mahler kopiert, Kinder gehütet, Klavier gespielt ... am Abend bin ich endlich etwas zur Ruhe gekommen. Ich ging im Finstern am See entlang und hatte Sehnsucht nach Gustav. Aus dem See, aus dem Wald ... überall tauchte sein Bild mir auf. Er ist nicht hier, er ist in Wien. Trennung macht sehend. Ich lebe ja nur in ihm. Ich kopiere für ihn, ich spiele Klavier, um ihm zu imponieren, ich lerne Griechisch, ich lese die Bücher, die er liebt ... alles aus demselben Grunde. Aber immer wieder bäumt es sich in mir auf, Stolz, Ehrgeiz, Ruhmsucht, statt daß ich trachte, nur ihm das Leben schön zu machen, wozu ich einzig auf der Welt bin und was allein meine Existenz rechtfertigt.
Ich geriet in große Zweifel ... konnte selber nicht mehr schrei-

ben und stürzte mich in Gustav Mahlers schwere, fremde Musikflut . . . bis ich darin versank.
Ich sehnte mich nach Musik! Ja, nach Musik . . . das ist nun merkwürdig. Unser Haus war meist still, wenn Gustav Mahler müde aus der Oper kam. Ich sehnte mich nach meiner eigenen, da mir Gustav Mahlers Musik im Anfang fremd war und nur durch äußerste Willensanstrengung mir ganz nahe kam. Meine Mutter spielte die Frau des »Operndirektors« . . . ich war die Frau des verkannten, verschuldeten, kranken Musikus Gustav Mahler. Abend für Abend saßen meine Mutter und die Schwester Mahlers, Justine Rosé, in der Direktionsloge und genossen den Applaus . . . ich mühte mich unterdessen abwechselnd und ohne Abwechslung im Kinder- und Studierzimmer. Ich kam auf die gute Idee, sie glauben zu machen, ich sei schwanger, dann durfte ich wenigstens auf dem Fauteuil sitzen!
[. . .]
Gustav Mahler war im letzten Jahr seines Lebens, in seiner Not und Angst, mich zu verlieren, nach Leiden zu Sigmund Freud gefahren, der ihm sagte: »Sie suchen in jeder Frau Ihre Mutter, die doch eine arme, leidende, gepeinigte Frau war . . .« Und weiter sagte er Mahler, »daß ich meinen Vater als geistiges Prinzip suche . . .«, was gewiß gestimmt hatte. Aber mein Vater war dem Leben sehr zugewandt gewesen, und Gustav Mahler war, als ich ihn kennenlernte, von ein paar Verführungen abgesehen, die ihm von wissenden Frauen geschahen, jungfräulich geblieben . . . und er war vierzig Jahre alt. Das ist kein Zufall. Er war ein Zölibatär und fürchtete das Weib. Seine Angst, »heruntergezogen« zu werden, war grenzenlos, und so mied er das Leben . . . also das Weibliche. Seine Werke, in denen, berliozhaft, schöne Gesangsmelodien sich zuweilen in teuflische Fratzen verändern konnten, suchte er dann wieder zur größten Reinheit hinaufzuheben – was ihm im Adagio der 3. und 4. Symphonie, am Schluß des »Liedes von der Erde« und in der 8. Symphonie wissend und überschauend gelungen ist. [. . .]
Im Jahre 1910 kam ich einmal mit meiner kleinen Tochter von einem Spaziergang in Toblach nach Hause. Ich hörte von weitem meine Lieder spielen und singen. Gustav Mahler stürzte mir entgegen: »Was habe ich getan! Deine Sachen sind ja gut! Jetzt mußt du sofort weiterarbeiten. Ein Heft suchen wir gleich aus. Es muß sofort gedruckt werden!« Er war hingerissen von der Situation – ich nicht, denn zehn Jahre verlorene Entwicklung sind nicht mehr nachzuholen. Es war ein galvanisierter Leichnam, den er neu beleben wollte.

ICH FAND HÄUFIG SCHWINDEL UND WENIG GEIST [1910]

Wenn ich jetzt, im Alter von 59 Jahren, es versuche, meine Erlebnisse so objektiv wie möglich zu schildern, so geschieht dies nicht aus Eitelkeit oder Einbildung, sondern aus verschiedenen anderen Beweggründen. Zunächst war es schon ein Wunsch meines teueren seligen Vaters, daß ich auf die vielen Schwierigkeiten, welche einer Dame auf dem Gebiet der musikalischen Komposition entgegenstehen, auf den Neid und die Mißgunst der Kollegen sowie auf die Vorurteile und den Unverstand gerade derjenigen Kreise hinweise, welche am meisten berufen und in der Lage wären, ein Talent zu fördern, und daß ich dabei die lautere Wahrheit ohne Scheu oder Rücksicht auf bekannte Namen sage.

[...]

Klavierunterricht gab mir mein Vater, so oft es seine Zeit erlaubte. Ich übte täglich zwei Stunden unter Aufsicht der Mutter, und es kam oft vor, daß ich mich anstatt der Übungen in freien Phantasien erging ... Es galt damals für etwas Unerhörtes in Karlsruhe, daß ein Mädchen Violine spielte! Die Jungen der Nachbarschaft stellten sich oft vor unsere Wohnung und ahmten mit den Armen die Geigenbewegung nach! Trotz alledem wurde das Violinspiel weiter gepflegt bis zum Jahre 1866, wo die künstlerische Ausbildung im Klavier all meine Kraft beanspruchte.

[...]

Wurde ich nun einerseits von meinen Lehrern gelobt und meiner Musik wegen von Vielen über Gebühr bewundert, so fehlte es anderseits auch nicht an Neid und Ärger über meine Leistungen. Namentlich war es die Familie und der ganze Kreis meiner damaligen nächsten Freundin, die immer an meinem Tun herumnörgelten und mir ins Gesicht sagten, es sei ein Unsinn von meinen Eltern, mich so viel lernen zu lassen. »Ein junges Mädchen soll nicht immer hinter den Büchern hocken«, meinte der Professor, der Vater meiner Freundin. Ich war innerlich empört! Was wußte der Herr Professor denn, wo ich »hockte«! Er redete nur der Spur nach und hätte besser daran getan, sich um seine eigenen Töchter zu bekümmern. Diese überanstrengten sich

VII. Jahrg. Nr. 5. Köln, 1886.

Neue Musik-Zeitung.

Verlag von P. J. Tonger in Köln a/Rh. — Auflage 48,000. — Verantwortl. Redakteur: Aug. Reiser in Köln.

Vierteljährlich sechs Nummern nebst mehreren Klavierstücken, Liedern, Duetten, Compositionen für Violine oder Cello mit Klavierbegleit., Conversationslexikon der Tonkunst, Portraits hervorragender Tondichter und deren Biographien, illustrierte Geschichte der Instrumente, Kaulbachs Opernzyklus, Köhlers Harmonielehre ꝛc.

Preis pro Quartal bei allen Postämtern in Deutschland, Oesterreich-Ungarn und Luxemburg, sowie in sämtlichen Buch- u. Musikalienhandlungen **80** Pfg.; direkt von Köln per Kreuzband und bei den Postämtern des Weltpostvereins 1 Mk. 50 Pfg. Einzelne Nummern 25 Pfg. Inserate 50 Pfg. die Nonpar.-Zeile.

Luise Adolpha Le Beau.

Biographische Skizze.

Diese Blätter haben uns wiederholt von Künstlerinnen erzählt, von Sängerinnen, Violinistinnen, auch von einer Komponistin des Auslands, die zugleich als Gesangskünstlerin berühmt ist; — heute lenken wir die Aufmerksamkeit unserer Leser auf eine Komponistin Deutschlands, die verdient, mit unter die ersten gezählt zu werden.

In unserem liederreichen Vaterlande haben sich bis jetzt nur wenige Frauen mit Erfolg auf das Gebiet der musikalischen Komposition gewagt, und wenn sie es thaten, beschränkten sie sich meist auf das ein- oder mehrstimmige Lied. Wir erinnern hier beispielsweise an Luise Reichard, Johanna Kinkel, Fanny Hensel und Josephine Lang. Die Künstlerin, von der wir heute reden wollen, Luise Adolpha Le Beau, hat sich mit energischem Geiste das Gesamtgebiet der musikalischen Komposition (bis jetzt noch mit alleiniger Ausnahme der Sinfonie und der Oper) zu eigen gemacht; in dem kurzen Zeitraum von 10 Jahren hat sie uns mit einer Reihe von trefflichen Kompositionen, die bereits die Opuszahl 33 erreicht haben, für ein- und mehrstimmigen Gesang, für Klavier, für Streichinstrumente und für Orchester, besonders auch mit einem gehaltvollen kleinen Oratorium erfreut.

Luise Adolpha LeBeau.

Da die Künstlerin in den Jahren des kräftigsten Schaffens steht, halten wir es nicht für eine Unmöglichkeit, daß sie selbst die Sinfonie und die Oper, jene umfassendsten Erzeugnisse des tonschaffenden Menschengeistes, in den Kreis ihrer Thätigkeit hereinziehen werde; wo [illegible], so berechtigen doch ihre bedeutenden Leistungen auf den bereits betretenen Gebieten zu den schönsten weiteren Erwartungen.

Den 25. April 1850 in Rastatt als Tochter eines badischen Offiziers geboren, zeigte L. A. Le Beau sehr früh ein ungewöhnliches Interesse für gute Musik, die sie von ihren Eltern hörte und bald trat auch das Talent des sinnigen kleinen Mädchens hervor. Mit sechs Jahren sang sie ganze Partien aus „Lohengrin" nach, die sie von ihrer Mutter singen gehört und mit acht Jahren komponierte sie ihr erstes Klavierstück und phantasierte auf dem Pianoforte. Auch eine Fuge schrieb die Kleine; freilich gelang dies noch nicht nach den Regeln der Kunst; immerhin war der Vater, ihr erster Klavierlehrer, über dieses Unternehmen nicht wenig erstaunt; das Thema dieser Fuge war auch musikalisch so tüchtig, daß die Künstlerin es später in ihr Trio aufnehmen konnte.

In Karlsruhe, wohin die Familie im Jahre 1859 übergesiedelt war, erhielt L. A. Le Beau während [illegible] Jahren Unterricht auf der Violine bei Hofmusikus Mittermayr und später 3 Jahre lang Gesangsstunde bei Kammersänger Haizinger

Abonnements (80 Pfg. pro Quartal) bitte bei der nächsten Postanstalt, Buch- oder Musikalien-Handlung aufzugeben.

allerdings nicht; dessen konnte er gewiß sein! Wann soll man denn aber lernen, wenn nicht im Alter von 13–16 Jahren? Und diese Leute führten immer das Wort »Bildung« im Mund; sie waren gleich bereit, von Anderen zu behaupten, sie seien »jar nich jebildet«.

[...]

Professor Rheinberger* sah öfters Kompositionen von mir durch; er fand meine Violin-Sonate op. 10 »männlich, nicht wie

* Joseph Rheinberger (1839–1901), Komponist und Musikpädagoge, Kompositionslehrer an der Königlichen Musikschule München, war als Lehrer weltberühmt.

von einer Dame komponiert« und erklärte sich nun bereit, mich als Schülerin anzunehmen, was eine große Ausnahme war, da er keinen Unterricht an Damen gab.
[...]

(1883) Vor einiger Zeit war eine internationale Konkurrenz für Cellokompositionen ausgeschrieben gewesen. Ich sandte meine Sonate für Violoncello und Klavier op. 17, sowie die Cellostücke op. 24 ein; diese mit dem Motto »Wenn Ihrs nicht fühlt, Ihr werdets nicht erjagen« (Goethe), und erhielt für die letzteren einen Preis, während die Sonate als »eine verlagswürdige Bereicherung der Literatur« von den Preisrichtern Niels W. Gade, Carl Reinecke und Bernuth an einen Verleger empfohlen und von diesem herausgegeben wurde. Unsere Freude war natürlich groß; ebenso die Überraschung in München, denn ich hatte nichts davon verlauten lassen, daß ich Werke einsandte – während ein anderer, jetzt sehr berühmter Komponist damals überall erzählte, er komponiere eine Sonate für die Konkurrenz, aber keinen Preis erhielt – obgleich sie es auch wert gewesen wäre! Recht komisch nahm es sich aus, daß in den mitfolgenden Zetteln überall »Herrn« vorgedruckt war, welches nun durchstrichen und durch »Fräulein« ersetzt wurde. Die Preisrichter selbst waren wohl nicht wenig erstaunt, als aus dem verschlossenen Kuvert der Name einer Dame zum Vorschein kam!
[...]

(1887) Zuweilen besuchte mich ein in W. lebender tüchtiger Komponist, der, zwar bedeutend älter als ich, es dennoch nicht verschmähte, meinen Rat für seine Kompositionen zu erbitten. Sowohl für Chöre wie für Kammermusik folgte er getreulich meinen Korrekturen. Ich schrieb darüber in mein Tagebuch: »Merkwürdig – der ältere Mann kommt zu mir zum Korrigieren und kann doch selbst recht viel! Ich würde mich denn doch noch vollends anstrengen und alles allein machen! Zu Gefälligkeiten können sie mich alle gebrauchen«. – Als im Verlauf des Winters jener Komponist mich wieder besuchte und um Rat fragte, schrieb ich in mein Tagebuch: »Er spielte mir die hübschen Chöre vor und sang dazu wie ein Reibeisen; es freute mich aber herzlich, so im Ansehen zu stehen, um Rat erteilen zu dürfen! In der Weise widerfahren mir viele Ehren; aber sonst geht es schwer voran heutzutage. Oft sinkt der Mut und ich denke: wozu noch Anstrengungen machen? Man hat mein Können schon so oft mißbraucht.« [...]

(1890, *Übersiedlung nach Berlin)* Ich fand häufig Schwindel und wenig Geist; viel Einbildung und Ruhmrederei – sogar bei einem Gesangs-Professor an der Königlichen Hochschule. Aber die Berliner verlangen auch von jedem, daß er sein eigenes Aushängeschild sei und fallen auf solches Renommieren immer wieder herein, obgleich sie doch von sich selbst wissen müßten, daß nichts dahinter steckt! Mir war dies ewige Hersagen der eigenen Heldentaten unausstehlich [...] Herrn Professor Blumner (Dirigent der Sing-Akademie) zeigte ich meine »Ruth«*. Er fand sie recht dankbar, konnte sie aber nicht aufführen, denn (wie er mit einer Miene hinzufügte, als ob er sich dadurch einen Extraplatz auf dem Parnaß gesichert hätte): »Wir singen nur Fugen!« Herrn Professor Holländer, Dirigent des Cäcilien-Vereins, gefiel das Werkchen ebenfalls; er erklärte sich zu einer Aufführung der »Ruth« sofort bereit, wenn ich die Garantie übernehmen wolle, das Defizit von zweitausend bis dreitausend Mark zu decken, welches er bei neuen Werken immer habe! [...] Zu solchen Opfern konnte ich mich natürlich nicht verstehen.
[...]

Einen großen Teil der Schuld an den unerfreulichen Zuständen** trug schon damals die Konzertdirektion Wolff. Im Jahr 1882 hatte diese noch ein bescheidenes Lokal zu ebener Erde im Karlsbad. Acht Jahre später arbeitete sie in der Beletage desselben Hauses mit etwa zwölf Angestellten. Das Geschäft kann demnach nicht schlecht gewesen sein. Die Telegrammadresse »Musikwolf« legte ja schon den Gedanken an ein »Raubtier« nahe! Die Kommis grüßten nicht, wenn jemand kam, ließen sich aber (wie mir versichert wurde) von Künstlerinnen den Hof machen. Ich hörte manche Klage von Künstlern über Parteilichkeiten der Konzert-Agentur betreffs Engagements. Einfluß nahm die Konzertdirektion ebenfalls zugunsten ihrer bevorzugten Komponisten und brachte sich dadurch bei den Unparteiischen in Mißkredit. Ein tüchtiger Geiger versicherte mir in voller Entrüstung, daß er noch nie in der »Wolfsschlucht« gewesen sei. Fügt man noch hinzu, daß Wolff die besten Konzertsäle fast ausschließlich mit Beschlag belegt hatte, so ersieht jeder, daß man in Berlin überhaupt ohne diese Direktion kein Konzert geben konnte und somit jeder Künstler gezwungen war, sich diesen unwürdigen Verhältnissen zu fügen, wenn er in der Reichshauptstadt konzertieren wollte.

* Biblische Szenen, op. 27.
** Gemeint ist das Berliner Konzertwesen.

Auch auf die Kritik übte Wolff bedeutenden Einfluß, besonders auf diejenigen Musikreferenten, welche Unterricht erteilten. Leßmann, Ehrlich, Eichberg waren ihm zu Gefallen, – er verschaffte dem letzteren »die Mehlwürmer für seine Nachtigallen« (Schülerinnen), wie sich ein geistreicher Musiker ausdrückte. Andere lobten auch manchmal über Gebühr, um Wolff zu ärgern, wenn er nicht Agent des betreffenden Künstlers war. Es mag übrigens, nach allem, was mir erzählt wurde, ein recht bescheidenes Vergnügen gewesen sein, in Berlin zu kritisieren! Die Referenten mußten abends nach Theater und Konzerten noch sofort auf der Redaktion ihre Kritik schreiben, stets gedrängt vom Redakteur, der z. B. ungeduldig frug: »Sind Sie schon bei der Musik des Mittelalters angelangt? Es ist nur noch Raum für zwanzig Zeilen!« Der Setzerjunge stand dabei und nahm jedes beschriebene Blatt naß fort, so daß der Rezensent nicht einmal mehr durchlesen konnte, was er geschrieben hatte. Und davon hing dann zum großen Teil der Erfolg und die öffentliche Meinung ab! Müde, abgehetzt, nichts weniger als empfänglich, jagten die Herren der Feder von einem Konzert ins andere; oft hörten sie nur ein oder zwei Nummern und gaben dann ihre Meinung mit einer Unfehlbarkeit ab, die auf ebensoviel Oberflächlichkeit wie Unverfrorenheit schließen ließ.

[...]

Ich wurde auch mit Frau Schepeler-Lette* bekannt, welche im selben Hause wohnte. Diese, für die Frauenfrage so tätige Dame war mir wohlgesinnt. Wir sprachen manchmal von den Schwierigkeiten, welche sich den Frauen im Beruf entgegenstellten und damals in Berlin noch ganz besonders. Frau Schepeler-Lette erzählte, sie habe einmal dem damaligen Kultusminister deshalb Vorwürfe gemacht und hinzugefügt, daß der Staat die Frauen doch brauche und deshalb auch für sie sorgen müsse. »Jawohl«, erwiderte ihr Seine Exzellenz, »die Damen sind für den Staat!« Welche Schlüsse darf man aus dieser Antwort über die weibliche Umgebung dieses Herrn ziehen, wenn er die Frau zu nichts Besserem fähig hielt?!

[...]

Mein Streichquartett Opus 34 lag fast ein Jahr lang bei Professor Joachim**. Ich holte es schließlich unter irgendeinem Vorwand ab und dankte zugleich für die Einladung zu Joachims Quartett-

* Anna Schepeler-Lette war eine der Begründerinnen der deutschen Frauenbewegung.

** Joseph Joachim (1831–1907), Violinist, Dirigent u. Komponist, Direktor der Berliner Musikhochschule.

proben. Er sagte mir wiederholt, daß er alles schätze, was ich schreibe, nannte mich seine »tüchtige Kollegin« und war die Liebenswürdigkeit selbst. Mein Tagebuch sagt darüber: »Wenn man den Leuten nicht zudringlich ist und zu stolz, um zu quälen, seine Werke wiederholt, dann wird man sehr artig behandelt! Was man tun muß, um von Joachim gespielt zu werden, das weiß der Himmel! Sicher ist, daß er schon oft Minderwertigeres als mein Quartett gespielt hat! Aber diese Wege kenne ich nicht. Als Künstler stelle ich ihn über alle und höflich ist er auch.« Ich muß noch bemerken, daß ich es begreiflich gefunden hätte, wenn Joachim in seine Programme nur berühmte, hochbedeutende Werke aufgenommen haben würde; denn er wurde jedenfalls mit Quartetten überschüttet, die er nicht alle spielen konnte. Allein seine Auswahl entsprach durchaus nicht diesen Voraussetzungen. Es handelte sich vielmehr bei ihm ebenfalls um Protektion. Was aus der Hochschule kam, das wurde vorgezogen, auch wenn es recht unbedeutend war.

Über die Schwierigkeiten, neue Kompositionen zu verbreiten, sprach ich auch einmal mit meinem Verleger, Herrn Raabe. Ich erfuhr von ihm, daß sowohl Sänger wie Sängerinnen ihm ganze Stöße neuer Lieder zurückschickten und sich beklagten, es sei nichts Brauchbares dabei. Wenn dann aber Frau Joachim oder eine andere Berühmtheit ein neues Lied sang, kamen sie mit Vorwürfen, daß ihnen dies nicht zugeschickt worden sei. »Sie haben es ja bekommen, aber es gefiel Ihnen nicht«, erwiderte Herr Raabe. Den meisten Sangesbeflissenen und auch vielen Instrumentalisten fehlt leider die Fähigkeit, neue Kompositionen zu beurteilen; sie haben keine eigene Auffassung. Erst wenn sie ein Stück oder ein Lied vortragen hören, gefällt es ihnen. Dann kommen aber auch andere Rücksichten hinzu: hat ein Komponist zum Beispiel eine Stellung als Intendant, Kapellmeister oder Vereinsdirigent, so werden seine Lieder schleunigst von vielen in Konzerten gesungen, weil sie dadurch Engagements zu erlangen hoffen. Auf meine Bemerkung, man könne froh sein, wenn unter zwanzig Sängerinnen *eine* ein neues Lied singe, erwiderte Herr Raabe: »Legen Sie einen Hundertmarkschein hinein, dann singen sie's!« Dies läßt sich wohl auf manchen Dirigenten und auf andere Künstler leider ebenfalls anwenden.

In Berlin errang ich mit »Hadumoth«* doch noch eine große Anerkennung, indem Professor Georg Vierling sich dafür interessierte. Ich spielte es ihm vor; er las die Partitur nach und lobte

* Szenen für Soli, Chor und Orchester, op. 40.

Erfindung wie Instrumentation. Schließlich sagte er: »Man kann es ja gar nicht schöner machen! So etwas hat noch keine Dame geleistet.« [...] Der freundliche alte Herr, der ja Mitglied des Senats war und mit zu entscheiden hatte über die Verleihung des Titels »Professor« oder »Königl. Musikdirektor«, hätte mir gerne eine solche Auszeichnung zugewendet. Die Bedingungen betreffs einzureichender Kompositionen könne ich mehr wie erfüllen; sie hätten in Jahr und Tag kein Werk eingereicht erhalten wie »Hadumoth«! Ich könne ja auch Lieder und die preisgekrönten Cellostücke beilegen. Es handelte sich nur darum, ob diese Titel an Damen überhaupt verliehen würden, und daran war in Berlin, wo man sich um fünfzig Jahre zurück befand, gar nicht zu denken.

SABINE LEPSIUS

EIN KÖNIGREICH FÜR EIN PAAR HOSEN!
[1874–1880]

[...]
Ich wurde zehn Jahre alt und veränderte mich innerlich ganz und gar. Angeregt durch den neuen Flügel, gab ich mich mit größerer Leidenschaft der Musik hin und schrieb von nun an meine kleinen Kompositionen auf.
[...]
Als ich vierzehn war, ließ meine Mutter meine musikalischen Fähigkeiten von Joseph Joachim, dem damaligen Direktor der Königlichen Hochschule für Musik, prüfen. Den Verlauf dieses Besuches trug ich ausführlich in mein Tagebuch ein. Schlecht und recht spielte ich meine Geigen- und Klavierstücke vor. Schließlich prüfte Joachim auch mein Gehör; er ließ mich vom Blatt spielen, und zwar ein Stück von Bach. Hierbei zeigte der Meister große Freude und rief: »Damit wollen wir bei der Hochschulprüfung Staat machen. Eigentlich nehmen wir die Schüler ja erst mit sechzehn Jahren auf, bei besonderen Begabungen machen wir jedoch Ausnahmen. Aber«, so fuhr er mit einem besorgten Blick auf meine dürftige kleine Person fort, »bist du denn auch gesund und stark genug?« »Jawohl, gewiß!« war meine Antwort.
So unbefangen ich mich bei der Privatprüfung verhalten hatte, so verschüchtert war ich vor der Corona der würdevollen bärtigen Lehrmeister. Ihre Reihe wurde nur von zwei Gesanglehrerinnen unterbrochen, auf denen meine Blicke ruhten, als käme von ihnen die Gnade. Nachdem ich das unvermeidliche A-Moll-Konzert von Rode heruntergekratzt und Joachim vergebens versucht hatte, mit mir Staat zu machen, schickte er mich an das Ende des Saales, während er am anderen Ende Intervalle und Akkorde anschlug, die ich bezeichnen sollte, was mir immer richtig gelang. Darauf wurde ich noch in einem entfernten Raum in Einzelhaft genommen und von einem mir unbekannten Herrn lange Zeit hindurch – wie ich nachträglich glaube, ausschließlich zu seinem Privatvergnügen – auf mein Gehör geprüft. Nach einer Wartezeit von etlichen Tagen begab ich mich zur »Urteilsverkündung« abermals in die Hochschule. Joachim teilte den Prüflingen die Entscheidung selber mit. Zu mir sagte er: »Ich bedauere sehr, Ihnen mitteilen zu müssen, daß wir Sie nicht aufnehmen

SABINE LEPSIUS
beim Malen
Zeichnung von ihrer Tochter
Sibylle Lepsius

können.« Worauf ich sofort beistimmend sagte: »Ja, das finde ich auch ganz richtig, ich habe furchtbar schlecht gespielt.« Ein amüsiertes Lachen war die Antwort: »Haben Sie das wirklich geglaubt?« (Er blieb auch jetzt beim »Sie«.) »Natürlich nehmen wir Sie gern auf und hoffen, daß Sie eine gute Schülerin sein werden.«

So wurde ich denn mit knapp fünfzehn Jahren Hochschülerin. Unausgeschlafen und häufig von Migräne geplagt, wanderte ich mit meinem altmodischen hölzernen Geigenkasten, der viel schwerer war als die heute üblichen, jeden Morgen vom Lützowplatz durch das ruhige Tiergartenviertel zum Königsplatz – ein Weg von drei Viertelstunden.

[...]

Der Lehrplan der Musikhochschule umfaßte außer den Geigenstunden Kontrapunkt, Musikgeschichte, obligatorischen Klavierunterricht und Orchesterstunden. Ich wurde nun zum ersten Mal in meinem Leben fleißig und war Feuer und Flamme für das Studium. Daneben hatte ich »Schulunterricht« bei meinen Brüdern.

[...]

Am eifrigsten arbeitete ich für die Theoriestunden des Herrn Suckow, eines ältlichen, trockenen Organisten von großer Pedanterie, dessen Unterricht mich aber sehr interessierte. Ich hoffte, daß diese Lieblingsstunden schließlich zur Kompositionslehre hinüberleiten würden, die mein eigentliches Ziel war. Am schönsten aber waren die Orchesterübungen unter der Leitung von Joseph Joachim, den ich sehr verehrte und in einer solchen Gloriole sah, daß ich erstaunte, als er zwischen dem Dirigieren das Taschentuch benutzte – für mein Empfinden war er ein übergeordnetes Wesen. So gleichgültig mir meine Ausbildung als Violinspielerin im Grunde war, so ernst bemühte ich mich, im Orchester meinen Platz auszufüllen. Wir vier Violinistinnen spielten erste Geige, und die Proben zum Brahmsschen Requiem, zur C-Dur-Symphonie von Schubert gaben mir ganz das, was ich an musikalischer Führung brauchte. Ich kaufte mir die Partituren und Klavierauszüge von allem, was wir studierten, um auf diese Weise den Klang der Bläser unterscheiden zu lernen. Doch blieb mir der Umfang der einzelnen Bläser, das Hin- und Herrücken der Schlüssel ein vollkommenes Rätsel, so daß ich nach wie vor außerstande war, für Orchester zu komponieren, und mich mit Kammermusik-Versuchen, mit Liedern und vor allem A-cappella-Quartetten begnügen mußte.

[...]

Der Theorieunterricht ging mit einer solchen Langsamkeit und Pedanterie vor sich, daß ich, wie einstmals bei den Perserkriegen, so jetzt am drei- und vierstimmigen Satz hängenblieb und, wenn es so weitergegangen wäre, erst zu meinem 50jährigen Dienstjubiläum zur Fuge hätte gelangen können. Ich fühlte mich betrogen. Ich wollte ja komponieren und nicht Virtuosin werden. Meine Enttäuschung war unbeschreiblich, als ich erfuhr, daß es zwar eine Kompositionsklasse gab, weibliche Schüler jedoch keine Aufnahme fanden. Eine Welt brach in mir zusammen, und eine tiefe Opposition gegen die von Männern aufgestellte Ordnung stieg in mir auf. Allmählich reifte der Entschluß in mir, die Hochschule zu verlassen und mir den Kompositionsunterricht, so gut ich konnte, selbst zu geben. Wenn nur die schwierigen Schlüssel der Bläser und der Pauken und Becken nicht gewesen wären! Noch heute ist mir unbegreiflich, daß niemand auf den Gedanken kam, mir privaten Kompositionsunterricht zu erteilen. Meine Eltern, die ich freilich den Grad meiner Enttäuschung nicht merken ließ, waren nicht imstande, mich hier zu führen.

Ich war siebzehn Jahre alt, als ich die Hochschule verließ. Nun arbeitete ich für mich, zunächst an der Analyse eines Mozart-Trios, die ich mir mit großer Mühe herstellte. Meine Versuche, eine wirkliche Kenntnis des Orchesters nur durch Hören und Vergleichen zu erhalten, waren vergebens, und so beschränkte

SABINE LEPSIUS
Skizze von ihrer Tochter
Sibylle Lepsius

ich mich unter Verzicht auf Blasinstrumente weiter auf das Komponieren von Kammermusik und Gesangstücken. Von einem Quartett für gemischten A-cappella-Chor, das ich im Kösener Walde komponierte, darf ich sagen, daß es recht gelungen war. Nur selten bedurfte ich des Klaviers, um mir einen Klang zu versinnlichen, den ich mir mit dem inneren Ohr nicht vorstellen konnte; hingegen war mir das sogenannte absolute Tonvermögen versagt – ein Mangel, der immer mit besonderer Gewandtheit im Transponieren verbunden ist.
[...]

Um 1880: Wieder in Berlin, hatte ich noch öfter Gelegenheit, Theater zu spielen. In einem französischen Proverbe wurde mir die Rolle des ersten Liebhabers, eines Malers, zuteil. Im Einsegnungsanzug eines sechzehnjährigen Knaben aus befreundeter Familie, mit angeklebtem Bärtchen und ausgestopften Schultern, trat ich abends den Weg zu dem Haus an, in dem die Aufführung stattfand. Unser junges, hübsches Hausmädchen mußte mich begleiten; galant reichte ich ihr meinen rechten Arm und mimte ihren Beschützer. Wir gingen am Kanalufer entlang, mit männlichem Schritt stolzierte ich durch die abendlichen Straßen; niemand erkannte in mir ein verkleidetes Mädchen. O wenn ich doch ein Junge wäre! Man hätte nicht gewagt, mich von der

Kompositionsklasse auszuschließen, denn nicht Talent, sondern Hosen sind das Ausschlaggebende. Ein Königreich für ein Paar Hosen!

[...]

Mein Vater erlaubte mir oft, ihm beim Malen zuzusehen. Er hatte damals den Auftrag, den berühmten Leipziger Juristen Bernhard Windscheid und dessen kluge, sympathische Frau zu malen.

[...]

Bei den Sitzungen im Atelier gab es oft interessante Gespräche. Unter anderem sprach man von der Rechtlosigkeit der Frau. Ich erfuhr zum ersten Mal, daß der Mann das Züchtigungsrecht über die Ehefrau habe. Ich traute meinen Ohren nicht, als der weise, kultivierte Windscheid uns humorvoll auseinandersetzte, daß es zwar zur Scheidung führe, wenn der Frau ein Auge ausgeschlagen werde, daß ausgeschlagene Zähne hingegen kein Grund seien. Immerhin sei jetzt eine verbesserte Variante eingeführt: Der Ehemann dürfe seine Frau nur »seinem Bildungsgrad gemäß« züchtigen. Die Ohrfeige sei das Vorrecht des gebildeten Mannes, doch seien dem Rohling auch gröbere Züchtigungen gestattet.

Diese unerhörten Gesetze waren dem weiblichen Geschlecht unbekannt. Man denke sich, welch einen furchtbaren Eindruck ich davon hatte – war es doch derselbe Geist, der mich am Kompositionsstudium hinderte und anderen Frauen den Besuch der Universität versagte! In Deutschland gab es für die Frauen nur eine Bildungsmöglichkeit, das Lehrerinnenseminar. Auch Schauspielerinnen und Sängerinnen durften die Frauen werden, weil kein Mann sie hier ersetzen konnte – immerhin ein Fortschritt! Die eigentliche Frauenbewegung bildete sich bei uns erst später als in anderen Ländern.

ELISABETH KUYPER

MEIN LEBENSWEG
[1929]

[...]
Eigentlich war mein Leben immer und zu jeder Zeit Kampf – Kampf allerdings um ideelle Güter, denn in jeder anderen Weise gehe ich dem Kampfe gerne aus dem Wege, und ich wäre gewiß ein schlechter Soldat geworden!
»Stehen wir am Abschluß oder am Anfang der Frauenbewegung?« fragte neulich jemand. Leider muß ich sagen, wir stehen am *Anfang!*
Pionier zu sein auf dem Gebiete, das mir durch meine Begabung angewiesen war – nämlich zum Komponieren und Dirigieren vorbestimmt – heißt für eine Frau, heute vielleicht noch mehr wie früher, kämpfen, ringen um jeden Schritt, der vorwärts führt. Und heute ist der Kampf schwerer als früher, weil die Frau sich nur in einer lebendig sich vollendenden Kulturperiode durchringen kann; und stehen wir nicht wieder vor einem Neuaufbau, trotz aller bereiten Kräfte, nachdem der Weltkrieg die Kultur bedroht hatte! In Zeiten, in denen die Waffen für die Völker notwendig sind, um sich Recht zu schaffen, in denen die Gewalt herrscht, bleibt der Frau nichts übrig, als zu weichen, zu warten auf die neue Kultur, die ihr von selbst den Platz einräumen wird, der ihr gebührt. Und ehe es soweit sein wird, stehen uns noch große Änderungen bevor. Aber das Licht, auf das wir alle in Sehnsucht hoffen, wird erst dann kommen, wenn das »freie Bahn dem Tüchtigen« auch für die Frau in jeder Beziehung Wirklichkeit geworden, wenn nicht nur alle Bildungsmöglichkeiten, sondern auch deren praktische Auswertungen den Frauen zugute gekommen sind, wenn die Frau überall in allen leitenden Stellungen zugelassen ist. Bei der Verrohung der Sitten, die die Nachkriegszeit mit sich gebracht hat, sind Frauen notwendig, die die Macht haben, Schwache, Kranke, Alte und – wollen wir dies nicht vergessen – Tiere zu schützen, denn auch in dieser Beziehung wird viel gesündigt. Wir brauchen in unserer Zeit die Frauenbildung, um eine neue Generation zu erziehen!
Bei einem Aufbau der Kultur müssen die geistigen Kräfte der Nationen, die so vernachlässigt und unversorgt sind, gesammelt und gehoben werden, wo man sie findet, bei Mann oder Frau.
Doch nicht über allgemeine Fragen, sondern über mich selbst

soll ich schreiben. So will ich vor allem feststellen, was ich erreicht habe und was noch an Verschlossenem zu erkämpfen ist.
Selbstverständlich ist es, daß mich schon in meiner ersten Kindheit eine glühende, heiße Liebe zur Musik im besonderen, zur Kunst und zur Schönheit im allgemeinen erfüllte. Doch nicht nur dies, denn auch für das Wissen, für alles Geistgerichtete hatte ich eine tiefe Verehrung. Ein Dichter, Schriftsteller, Maler und Komponist, das waren für mich gottbegnadete Wesen, das waren meine Helden. Alles, was echt, wahr und groß war, nahm mich sofort gefangen, belebte mich. Ob es eine schöne Melodie, ein Gedicht, ein Gemälde oder ein großartiges Stück Natur gewesen, die Schönheit war mir von Anfang an Lebensnahrung, die Liebe zum Schönen Naturtrieb. Doch hätte ich zehn Leben haben mögen, um mich in jeder Phase des geistigen Wirkens vollenden zu können. Da aber die Liebe zur Kunst besonders stark war, stellte ich mich schon in meinem sechsten Jahr ganz und gar auf die Musik ein. Als ich sieben Jahre alt war, erklärte mein erster Lehrer meinen Eltern, daß ich jetzt gerade das von der Musik wisse, was er selbst davon könne.
Bald lud man mich zum Öffentlichspielen ein, und jedermann meinte, ich wäre besonders begabt. Das Klavier war zuerst Ausdrucksmittel, aber der Trieb, selbst zu erfinden, kam bald und damit der schöpferische Rausch, das Aufgehen und Sichversenken in Ideen. So nahm mein Leben ganz von selbst die ihm eigene Richtung. Wie der Priester zur Religion, so war ich zur Dienerin der Kunst bestimmt. Ich war ihr geweiht, für sie zu leben, für sie alles zu opfern – Freundschaft, Liebe, Stellung und äußeres Ansehen. Über allem stand die Kunst.
[...]
Da man Geist eigentlich bei einer Frau für unweiblich hielt, so verschloß man ihr überall die Tür. Solange es sich nur darum handelte, das Klavier zu bemeistern und die üblichen Examina zu bestehen, ging alles leicht; denn als Klavierspielerin ließ man die Frau vollkommen gelten. So erhielt ich schon mit siebzehn Jahren die beiden Diplome ersten Grades mit Auszeichnung als Pianistin und Lehrerin der »Maatschappiy ter Bevordering der Toonkunst« in Holland und spielte bei der Prüfung eine eigene Sonate und ein Präludium nebst Fuge vor. Eine einaktige komische Oper, die in derselben Zeit komponiert wurde und eine lustige Episode aus dem niederländischen Volksleben darstellte, wurde unter freudigem Beifall des Volkes in Amsterdam zur Aufführung gebracht.

ELISABETH KUYPER

Bald darauf konnte ich meine erste Violinsonate selbst auf dem Musikfest in Nijmwegen spielen.
Inzwischen hatte mich mein Weg zur ehemaligen königlichen Hochschule in Berlin geführt, um dort, woselbst ich später

einmal lehren sollte, meine letzte Ausbildung zu erhalten. Der geniale Geiger Joachim stand an der Spitze der Anstalt, so daß die Violinabteilung hervorragte

Bald aber kam die Enttäuschung! Wo ich das Höchste wünschte und instinktiv das Geniale suchte, fand ich Talent, Fleiß und oft Philistertum. Wo ich elementare, künstlerische Kraft, ein Klaviergenie wie einen Eugen d'Albert, einen Busoni oder Paderewski erwartete, fand ich den tüchtigen Professor Barth. Dem Lehrer, bei dem ich Komposition studieren sollte, mangelte – dies fühlte ich instinktiv – die Urkraft des Temperaments. Mein Künstlerblut floß schneller; ärgerlich über die Enttäuschung besuchte ich seine Stunden nicht mehr.

Wo aber den richtigen Meister finden? Es war in jeder Beziehung nicht leicht, denn abgesehen von den ideellen Schwierigkeiten kostete das Lernen bei solchen von Gott Begnadeten sehr viel Geld.

Da hörte ich, daß der berühmte Komponist Max Bruch* an der Meisterschule für Komposition der Akademie der Künste wirkte. Der Unterricht war für die vom Meister Erwählten frei. Er nahm nur jeweils sechs Schüler auf, aber man hielt nur männliche Schüler für begabt zur musikalischen Komposition; Frauen konnten doch nicht komponieren!

Eines Tages ging ich mit meinen Kompositionen zu Max Bruch. Er war ein liebenswürdiger und feinsinniger Mensch, zu dem man gleich Zutrauen faßte. Er stellte Talent und schöpferische Begabung fest, und schon nach wenigen Tagen kam die Nachricht, daß ich Meisterschülerin bei Max Bruch geworden war. Damit aber hatte die Akademie der Künste auf diesem Gebiete ihre Pforten der Frau eröffnet.

Jetzt fand ich Verständnis für meine Ziele, für mein heißes Künstlertemperament. Wie gütig der Meister stets war! Wir flogen zusammen in die Unendlichkeit der Phantasie, schwärmten für das Schöne und Große. Für ihn, den Meister, war ich sein geistiges Kind, und er sorgte für mich mit rührender Väterlichkeit. Er war nicht nur der Meister, sondern der treue Freund, der immer zu meiner Verfügung war – und er ist dies geblieben bis zu seinem Tode. Er kämpfte für das Talent, wo immer er es erkannte, und so kämpfte er für mich wie ein Löwe gegen die Vorurteile, welche der schöpferischen Frau von der Welt entgegengebracht wurden. Er, der nur selten noch zum Taktstock griff, war es,

* Max Bruch (1838–1920); sein 1. Violinkonzert g-moll, op. 26, gehört noch heute zum Konzertrepertoire.

welcher später mein Violinkonzert an der Spitze des Philharmonischen Orchesters mit Witek als Solist einführte, der meine Orchesterserenade bei der Uraufführung dirigierte. Und mit welcher Achtung wurde die Frau, die höhere Ziele hatte, von ihm behandelt! Er, der feinbesaitete Kulturmensch, war seiner Zeit, in der die Frau dem Manne nicht ebenbürtig war, weit voraus. Er besaß eben wirkliche Kultur, welche nie vernichtet, sondern stets aufbaut.

Eine große Freude war die Nachricht, daß die Akademie der Künste mit Joachim als Vorsitzenden mir das Mendelssohn-Staatsstipendium für Komposition für meine eingereichten Werke verliehen hatte. Es war das erstemal, und ist es seither auch geblieben, daß man den Kompositionsstaatspreis einer Frau gewährt hat.

Über Mangel an öffentlicher Anerkennung kann ich mich übrigens nicht beklagen. Meine Kompositionen kamen erfolgreich zur Aufführung. Die Presse würdigte mich durchaus als ernste Künstlerin – sogar beim Taktstock. Und ohne mein Dazutun wurde mir die Stellung einer Lehrkraft für Theorie und Komposition an der Staatlichen Hochschule für Musik angeboten.

Zu gleicher Zeit wurde ich auswärtige Referentin für Kunst der »Nieuwe Rotterdamsche Courant«, eine interessante Tätigkeit, da ich über alle wichtigen Neuerscheinungen auf symphonischem und dramatischem Gebiete zu berichten hatte.

Viel Freude bereitete mir auch meine Sängerinnenvereinigung, die – von mir gegründet – dem Lyzeumklub angegliedert war. Die kunstfreudigen Damen, alles Solistinnen mit schönen Stimmen, unterstützten mich aufs hingebendste bei meinen öffentlichen Aufführungen. Meine Konzerte mit internationalen Volksliedern, die ich für den Chor bearbeitete, fanden viel Beifall. In diese Zeit gehört auch der Name Hedwig Heyl, die gütig und verständnisvoll mein Werk zu fördern versuchte.

Es kamen jetzt Jahre ruhiger, erfolgreicher Arbeit. Meine Ballade für Violoncello und Orchester wurde von bekannten Solisten mit dem Philharmonischen Orchester in Berlin, Scheveningen und auf dem Amsterdamer Tonkünstlerfest unter Leitung von Mengelberg gespielt; mein Trio für Klavier, Violine und Violincell kam mit Telmanyi als Geiger zur Erstaufführung, wobei ich selbst die Klavierpartie spielte, und wurde glänzend aufgenommen. Das Stück ist Herrn Professor Dr. Wilhelm Altmann, dem Direktor der Musikabteilung der Preußischen Staatsbibliothek, gewidmet, als Dank für seine treue fördernde Freundschaft und sein stetes Interesse für mein Schaffen.

Zur Eröffnung der so glänzend gelungenen Ausstellung »Die Frau im Haus und Beruf« führte ich in Gegenwart der Kaiserin Augusta Viktoria und des Hofes ein eigenes Werk für Chor und Orchester auf und leitete auch dort die täglichen Konzerte des von mir gegründeten Frauenorchesters. Auch in Amsterdam dirigierte ich zur Ausstellung »Die Frau 1813–1913« die Aufführung desselben Werkes. In Köln, Münster, Stettin, Scheveningen und auch in den Konzerten des Amsterdamer Konzertgebouworchesters kam unter Mengelbergs Leitung meine Orchesterserenade zum Vortrag. Ebenso wurde das Violinkonzert wiederholt in verschiedenen Städten mit den städtischen Orchestern gespielt. Es ging alles in großem Crescendo aufwärts – bis der Weltkrieg ausbrach und die Nationalitätsfrage wichtiger wie die des Talentes wurde. Auch ich, die ich in Holland geboren war, wurde von der giftigen Welle nationaler Vorurteile berührt, die mit dem Krieg über die Welt losbrach. Zuerst in Deutschland, später auch in England hinderte sie mich an der Durchführung meiner Pläne. Man traf sie überall, am stärksten in den Kriegsländern, obwohl die Amerikaner weitherziger waren.
Obgleich mich meine ganze Begabung zum Orchester drängte, war der Lehrberuf die einzige staatliche Stellung, in der man eine Frau zuließ. Und auch hier war es das erstemal, daß man eine Frau als Lehrkraft für Theorie und Komposition berief. Als Hilfslehrerin fing ich an, wurde dann außerordentliche Lehrkraft und erhielt bald die achtzehn Pflichtstunden der ordentlich angestellten Lehrer. Die Klavier- und Gesangslehrer, auch die männlichen Kollegen in derselben Stellung wie ich (Hauptfach Theorie und Komposition), erhielten damals die pensionsberechtigte staatliche Anstellung. Obgleich ich dieselbe vollgültige Arbeit leistete, blieb von der Seite des Direktoriums für mich, die Kompositionslehrer*in*, der die Pensionsberechtigung enthaltende Vertrag aus. Es wurde in den Wirren der Kriegs- und der Nachkriegszeit versäumt. Was bedeutete in dieser Zeit das Schicksal einer Frau!
Nachdem ich zwölfeinhalb Jahre im Staatsdienste gewesen war, brachen nach schwerer Erkrankung und unter dem Drucke der schwierigen Verhältnisse der damaligen Zeit meine Nerven zusammen. Obwohl mir von den Referenten für Kunst im Preußischen Kultusministerium eine zum Leben ausreichende Pension versprochen wurde und ich während der ganzen harten Zeit des Krieges treu meines Amtes gewaltet hatte, und zwar im Hinblick auf die spätere Pensionierung und durch die Geldentwertung für eine zu geringe Entschädigung (wie damals alle Staatsbeamten),

doch, wie mein Chef Humperdinck* erklärte, zur vollsten Zufriedenheit meiner Vorgesetzten und meiner vielen Schüler, fertigte man mich ab mit einem monatlichen Almosen von fünfzig Mark. Die versprochene Pension ist mir bis zum heutigen Tage vorenthalten worden, obgleich die einst von mir eingenommene Stellung jetzt in der Sondergruppe III B steht (einige Kollegen sind sogar in IV B), einer Gruppe, in welcher die höchsten Staatsbeamten eingegliedert sind.
Wäre ich ein Mann gewesen, so hätte ich selbstverständlich den Vertrag längst gehabt; als Frau aber habe ich weder ideell durch Aufführungen meiner Kompositionen innerhalb der Hochschule noch materiell für meine langjährige Arbeit irgendwelche offizielle Anerkennung gefunden.
Anderes erfuhr ich von meinen beiden Vorgesetzten. Zuerst Max Bruch, später Humperdinck, der Komponist von »Hänsel und Gretel«, haben mir die glänzendsten offiziellen Zeugnisse über meine Leistungen gegeben und standen vollständig auf meiner Seite. Sie waren empört über das spätere Verhalten des Direktoriums der akademischen Hochschule für Musik (hauptsächlich über Professor Fr. E. Koch, der mir Schwierigkeiten machte, nur weil er meine Stellung gerne von einem Freunde besetzt gesehen hätte, besonders als sich die finanziellen Verhältnisse besserten). Auch Humperdinck wurde sehr von ihm gequält. Der große deutsche Meister erhielt die unbegabtesten Schüler von Koch, der die Geschäfte führte, zugeteilt. Er war ja wie ein Kind, das sich nicht zu wehren wußte!
Humperdinck schrieb damals an Max Bruch: »Ich habe alle Schritte getan, um Fräulein Kuyper zu rehabilitieren. Sie können sich aber denken, daß ich unter diesen Umständen froh sein werde, wenn ich aus diesem Intrigantennest heraus bin.« (Ich möchte hierbei bemerken, daß dies sich abspielte, bevor der heutige Direktor Franz Schreker** an der Spitze der Anstalt stand.)
Die Stellung eines Professors an einem staatlichen Institut war während des Krieges in Deutschland für einen schaffenden Künstler fast ein Martyrium. Durch die anstrengende Lehrtätigkeit wurden die schöpferischen, die schaffenden Kräfte lahmgelegt, und ich erkannte deutlich, daß der Komponist der Lehrtätigkeit bei diesen schwierigen Verhältnissen restlos zum Opfer fallen müßte!

* Engelbert Humperdinck (1854–1921), Komponist, dessen Hauptwerk, die Oper »Hänsel und Gretel«, weltberühmt wurde.
** Franz Schreker (1878–1934); österr. Komponist.

Mein Herz und mein Sinn waren bei der lebendigen Kunst, beim Orchester vor allem. Meine ganze Begabung hatte mich für die Dirigententätigkeit vorbereitet. Das Orchester war die größte Leidenschaft meines Lebens. Ohne Geigen- und Bläserklang konnte ich mir ein Leben gar nicht denken. Die meisten meiner Kollegen an der Meisterschule wurden später Leiter eines städtischen Orchesters oder übernahmen die musikalische Leitung einer Oper.

Jetzt galt es, sich die Dirigentenlaufbahn zu erobern. Mein früheres von mir gegründetes Frauen-Symphonieorchester, dem die Presse stets wohlwollend gegenüber gestanden hatte, konnte nicht ohne weitgehende Finanzierung fortbestehen. Die Künstlerinnen mußten für ihre Leistungen entschädigt werden. Das war ja mein Ziel, den Orchesterberuf für die Frauen zu eröffnen, ihnen künstlerische Arbeit zu geben, weil die Frau mit vollendet künstlerischer Ausbildung fast nur im Restaurant und Kino zugelassen wird, von den wenigen Solisten abgesehen. Ich habe entsetzliches Elend unter den Künstlerinnen in den verschiedensten Ländern kennengelernt. Öffentliche Subventionen gab es aber nur für Männer-Symphonieorchester. Die Finanzwelt war zu wenig mit den sozialen Verhältnissen der Künstlerinnen bekannt, um ihre helfende Hand zu reichen. Es hat ja *überall* und immer an kunstbegeisterten Frauen und Männern gefehlt, die bereit waren, eine künstlerische und zumal eine so neue Idee wie diese praktisch zu unterstützen. So kam der Augenblick, der mich zwang, mit blutendem Herzen mein Orchester aufzulösen, weil ich – die Künstlerin – allein vor der Aufgabe der Finanzierung stand.

Bekanntlich sind alle Symphonieorchester stets gemeinnützige kulturelle Unternehmungen, die nie einen finanziellen Gewinn bringen und niemals – ebenso wie die Oper – ohne Subvention dauernd bestehen können.

Nach meiner Hochschultätigkeit gründete ich trotzdem wieder von neuem in drei verschiedenen Ländern Frauen-Symphonieorchester, weil ich dies als eine meiner künstlerischen Aufgaben erkannte. Im Mai 1923 führte ich im Haag mit einem selbstgebildeten holländischen Orchester und einem herrlichen Chor meine Festkantate auf, welche die Frauenideale besingt und verherrlicht, und begrüßte damit den internationalen Frauenrat, welcher in Holland tagte. Im Oktober 1923 bildete ich in London ein aus englischen Künstlerinnen bestehendes Symphonieorchester, wobei auch die Holz- und Blechbläser von Damen besetzt waren, und rief zu gleicher Zeit ein illustres Komitee mit

Frauenorchester
(19. Jahrhundert)

Lady Aberdeen an der Spitze und allen möglichen Größen aus der Londoner Künstlerwelt zusammen. In einem dieser Londoner Orchesterkonzerte fand die Uraufführung meines Werkes: »Das Lied der Seele« für Orchester, sechs Solostimmen (und Psyches Tanz) statt, und Tilly Koenen sang in dieser Zeit in einem Konzert bei Jk. Mr. De Marees van Swinderen und seiner liebenswürdigen Gattin in Gegenwart der englischen Hofgesellschaft und der auswärtigen Gesandten meine damals gerade erschienenen Lieder. Auch Lady und Lord Aberdeen interessierten sich beide sehr für mein Werk und führten mich durch öffentliche Ansprachen nach dem ersten Konzert in liebenswürdigster Weise beim englischen Publikum ein.
Ich lernte in London eine große Anzahl von Frauen aus den englischen sozial interessierten Kreisen kennen, von allen politischen Richtungen. Bei einem meiner Konzerte saßen Lady Aberdeen, die Präsidentin des Internationalen Frauenrats, Mrs. Ogilvie Gordon, die Vizepräsidentin, und Sylvia Pankhurst, die Herausgeberin des »Workers Dreadnought«, die drei Frauen, welche für mein Frauenorchester eintraten, einträchtig nebeneinander. Aber auch in London fehlte das Geld, und ich stand auch dort *allein* vor der ungeheuren finanziellen Aufgabe.
Lob gab es genug, aber niemand, der die materielle Seite übernahm.
So ging es zu neuem Wirken nach New York. Mit größtem Bedauern verließ ich mein in der Tat wunderbares Orchester in London, das eine ausgezeichnete Aufnahme in der Presse gefun-

den hatte. Sogar die »Times« war voll des Lobes, und auch meine eigenen Kompositionen wurden in den Zeitungen rühmlichst anerkannt.
In New York spielte sich nun wieder dasselbe ab: ich lernte alle tüchtigen Künstlerinnen kennen, prüfte sie und bildete ein Orchester. Die »Federation of New York Womens Clubs« hörte und bejubelte sowohl mein Orchester als auch eine den amerikanischen Frauen gewidmete eigene Komposition. Bei Mrs. Coolidge, der Frau des Präsidenten von Amerika, wurde ich eingeführt und versuchte sie für die Idee zu gewinnen. Aber obgleich »The Womens-Symphony-Orchestra of America« durch eine wohlwollende Presse bald allgemein bekannt geworden war, scheiterte die Weiterarbeit zum vierten Male an der Finanzierung. Die musikalischen Leistungen wurden wie immer bewundert, aber für die Tatsache, daß die Kunst auch bei den Frauen beruflich sein kann und daß Orchestermusikerinnen ein jährliches Gehalt haben müssen, um leben zu können, war in keinem Lande das rechte Verständnis vorhanden. Und so mußte ich nach vieler, in mancher Weise sehr erfolgreicher Arbeit stets wieder aufhören und von vorn anfangen.
Zum zweiten Male wurden die fortwährenden Hemmungen die Ursache eines Nervenzusammenbruches. Wenn ich nicht das Schicksal so vieler sensitiven Künstler teilen wollte (wie Eleonore Duse, Enrico Bossi u. a., die den Kampf in Amerika mit dem Tode gebüßt haben), so hieß es: Zurück nach Europa und zuerst wieder Kräfte sammeln! Ein Jahr in den herrlichen Schweizer Bergen des Tessins und Engadins gab neuen Mut und den alten Schwung wieder. Inzwischen war ein Chorwerk »Hymne an die Arbeit«, eine zweite Violinsonate und eine Orchestersymphonie entstanden. In Konzerten mit eigenen Kompositionen im Haag (Diligentia) und Amsterdam (Konzertgebouw) ist die Violinsonate von der vortrefflichen Geigerin Wietrowelz und mir bereits öffentlich gespielt worden. Leider liegen noch viele Werke im Manuskript vor, denn durch die veränderten ökonomischen Zustände fehlt es den Verlegern an Betriebskapital, zumal die Arbeitskosten für Stich und Druck höher sind wie früher. So ist auch meine Symphonie für Orchester, meiner Ansicht nach mein bestes Werk, bisher weder gedruckt noch aufgeführt.
Wir sind in der heutigen Zeit noch nicht soweit, daß städtische Orchestervereinigungen eine Frau als Gastdirigent engagieren, geschweige denn zum Dirigieren einer eigenen Komposition, so wie man die komponierenden Männer-Dirigenten wieder und wieder auffordert. Auch die Stellung als staatlicher oder städti-

scher Operndirigent, welche Tätigkeit meiner Begabung am meisten entsprechen würde, gibt man heute einer Frau noch nicht.

So bin ich augenblicklich ausschließlich auf kompositorische und andere künstlerische Aufgaben angewiesen und werde meine Begabung gerne in den Dienst der Allgemeinheit stellen überall da, wo man die Stimme der Frau ertönen läßt. Ich bin bereit, für große Organisationen musikalische Kunstwerke zu schaffen oder ihre Aufführungen zu leiten. Auch werde ich gerne zum Dirigieren oder Spielen kommen. In unserer Zeit mit ihren wirtschaftlichen Nöten ist unwillkürlich der Sinn besonders auf das Materielle gerichtet, so daß wohl ausschließlich eine verfeinerte Finanzwelt sich den Luxus erlauben könnte, musikalische Aufträge zu erteilen. Aber hat sie für eine Frau derartige Aufgaben? Sogar die Frauenorganisationen haben noch so viele Vorurteile!

Hier liegt das Problem! Solange die männlichen Organisationen, die aus zahlenden Mitgliedern beider Geschlechter bestehen, die Frau als Leiterin in künstlerischen Dingen, sei es als Dirigentin, Komponistin oder Theaterintendantin, kurz in allen Zweigen der Kunst, in denen es auf Höchstleistung des Talents und der Intelligenz ankommt, boykottieren, nimmt man ihr die Existenzberechtigung und schneidet ihr den Lebensfaden ab.

Hier ist das Tor, das verschlossen ist und das nur von einem delikaten Verständnis geöffnet werden kann. Wer aber hat das Verständnis?

In ästhetischer Vollendung schaffen, das Selbstgeschaffene oder andere Werke zu lebendigem Klang erwecken, erglühend die Gipfel der Tonwelt ersteigen und die Funken der Begeisterung am Schönen in die Welt hineinschleudern und dadurch beleben und erheben, das ist der Lebensatem, das Lebenselement!

Wo sind sie, die mithelfen können und wollen und stark genug sind, das verschlossene Tor zu öffnen?

STANDORT UND AUSBLICK – KRITIK UND REFLEXION

S. JESSEL

WARUM GIBT ES SO WENIGE KOMPONISTINNEN? [1898]

Ich möchte den Versuch wagen, einen Nachweis zu liefern, warum die Zahl der komponierenden Frauen eine so geringe ist, im Gegensatz zu der großen Anzahl männlicher Tondichter. Ist doch die Frage so natürlich: worin liegt die geringe Beteiligung nach dieser Seite hin bei den Frauen, welche doch sonst in der Musik eine so hervorragende Stellung einnehmen und ihre hohe Begabung für diese Kunst so vielfältig betätigen? Warum also, so lautet mein Thema, gibt es so wenige Komponistinnen? Und warum haben diese Wenigen auf dem Gebiete der musikalischen Komposition bisher nicht annähernd geleistet, was von Männern in dieser Kunst durch Jahrhunderte geleistet worden ist?

[...]

Ja, das kommt vielleicht daher, weil man bisher keine gewollt hat und, ich kanns bezeugen, auch heute im Grunde noch keine haben will. Das Leben des Weibes beginnt aber heute, wie es scheint, eine ganz andere Gestalt anzunehmen, infolge des Überschusses an Frauen, welche nicht heiraten können oder wollen, also an brachliegenden Kräften. Seit 20, 30 Jahren haben sich der Frau Berufsfelder erschlossen, von denen man in der sogenannten guten alten Zeit noch keine Ahnung hatte.

Wir finden, was freilich auch vereinzelt in der Vergangenheit der Fall war, ausgezeichnete Malerinnen, neuerdings auch Bildhauerinnen, Architektinnen. Wir haben Ärztinnen und Juristinnen, Naturforscherinnen, Mathematikerinnen und in Amerika selbst Predigerinnen. Wir besitzen und haben immer besessen bedeutende Dichterinnen, Schriftstellerinnen, heute auch Journalistinnen, Beamtinnen und solche, welche Handelswissenschaften betreiben – nur nicht – immer noch nicht – viele Komponistinnen und besonders keine von geradezu hervorragender Bedeutung.

Warum nicht? Sollte es für das Gehirn des Weibes unmöglich sein, das Technisch-Wissenschaftliche der Musik zu erlernen? Ich möchte mit Bestimmtheit behaupten: das Technische kann erlernt werden.

Um unserem Thema näher zu treten, möchte ich mich diesbezüglich eines Bildes bedienen. Der Japaner züchtet das Chrys-

Warum giebt es so wenige Componistinnen!

Warum giebt es so wenige Componistinnen? Und warum haben diese Wenigen, auf dem Gebiete der musikalischen Composition bisher nicht annähernd geleistet, was von Männern in dieser Kunst durch Jahrhunderte geleistet worden ist.

Vortrag

verfasst und gehalten von S. Jessel

in der Ortsgrube des Allgemeinen Deutschen Frauenvereins

zu FRANKFURT a. M.

am 25. April 1898.

G. Horstmann's Druckerei. Frankfurt a. M.

anthemum mit besonderer Virtuosität. Will er eine ungewöhnlich schöne Blüte erzielen, so schneidet er vom Stamme alle anderen Blüten ab und pflegt nur eine Einzige. Diese Eine aber erlangt dann auch eine herrliche Bildung, Form und Riesengröße.

Das Mädchen, wenn ihm auch von kompetenter Seite Begabung für musikalische Komposition zugestanden worden ist, wird doch in den seltensten Fällen für dieselbe künstlerisch erzogen werden, das heißt dafür, die Kunst der Komposition als Beruf auszuüben. Dagegen, ganz jung schon, werden dem Mädchen, soll es Gymnastikerin oder Seiltänzerin werden, die Glieder ausgerenkt, soll es musikalische Virtuosin werden (das leuchtet ja den meisten Leuten viel mehr ein), so verfährt man in ähnlicher Weise.

Das Mädchen soll sechs Stunden in der Schule sitzen und alle mögliche Weisheit in sich aufnehmen, dann noch häusliche Arbeiten und Handarbeiten machen, soll kleine Geschwister wiegen, kochen, turnen, schwimmen, tanzen, Wege besorgen usw., kurzum das Mädchen wird in der Regel nicht erzogen, eine schöne Blüte anzusetzen, sondern vielerlei Schwache. Zersplittert und klein wird seine Weltanschauung. Ermüdet wie nun ein derartig beschäftigtes Kind wohl sein mag, zeigt sich da vielleicht noch keine besondere Begabung für musikalische Komposition. Vielleicht fährt man ein solches Kind, wenn es einmal ruhig da sitzt auch noch mit dem beliebten: Träume doch nicht immer! an. – Ja, ohne Träumen gibts auch kein Komponieren.

Die Musikstücke, welche ein solches, wenn auch begabtes Mädchen spielt oder hört, werden ihm dem künstlerischen Gehalt nach selten klar. Es versteht in der Regel nicht auch nur das kleinste Stück zu analysieren, geschweige denn wird es im Stande sein, selbständig einen kleinen musikalischen Satz zu bilden, also für musikalische Komposition logisch zu denken. Um logisch denken zu lernen, bedarf es der richtigen Unterweisung eines Lehrers, welcher der Eigenart des Kindes gerecht wird. Um das Wissenschaftliche dieser Kunst zu erlernen bedarf es vieler, sehr vieler Zeit, denn selbst der Mann muß sich mit seiner ganzen Willenskraft auf dieses Studium konzentrieren, sonst wird er eine Halbnatur bleiben.

Wer gibt diese Zeit dem Mädchen? Und in vielen Fällen, wer kann sie ihm geben?

Überhaupt, solche Kinder, welche komponieren sollen und wollen, müßte man dazu anregen, auf ihrem Instrument zu phantasieren. Nicht, daß dieses überhand nähme, aber als Belohnung nach strengen einförmigen Studien. Man führe diese Kinder

häufig in die Kunstgalerien, um sie vertraut zu machen mit den Meisterwerken anderer Künste. – Man lasse diese Kinder hin und wieder ein gutes Konzert hören und führe sie ins Theater, wenn etwas gegeben wird, das sich dem noch kindlichen Auffassungsvermögen anzupassen imstande ist. Vor allem aber pflege man den Sinn und die Liebe für die lebendige Natur.
Was Knaben vor Mädchen auch noch voraus haben, ist die musikalische Erziehung in den katholischen Kirchen. Da lernen sie beste Musik, rein und mit richtiger Phrasierung singen. Auf das Gemüt wirkt dabei jenes stimmungsvolle träumerische Kolorit, welches erzeugt wird, wenn ein Lichtstrahl sich ergießt, durch die farbenreichen, mit Bildern aus heiligen Legenden bedeckten Glasfenster eines Domes.
Dann kommt dazu die spätere Tätigkeit der Knaben und Männer in den Orchestern. Unsere großen Tonheroen, Haydn, Mozart, Beethoven, Schubert standen von Jugend auf in innigster Beziehung zum Orchester. Sie übten und schrieben Kammermusik und spielten sicher dieses oder jenes Saiten- oder Blasinstrument. Brahms sah man in Jugendjahren auch wohl einmal mitten im Orchester sitzen und mitwirken. Dvořák war langjähriges Orchestermitglied, desgleichen Berlioz und viele andere. Wagner, Liszt und Mendelssohn waren ausgezeichnete Orchester-Dirigenten. Alles dies steht dem Mädchen nicht, oder nur in sehr beschränktem Maß zur Verfügung.
Wenn man mir nun sagt: heutzutage können Mädchen ja auch in den Konservatorien im Orchester mitspielen, so sage ich dagegen: für Komponistinnen sind Konservatorien überhaupt nichts. Es herrscht dort ja nur ein Treibhausleben. Und überdies arten Konservatorien nur zu häufig zu reinen Brutstätten aus, welche ein übergroßes Musikproletariat auf den Markt des Lebens werfen und auch Intrigen und Eifersüchteleien zu Tage fördern, welche jedenfalls auf den Charakter des Kindes nachteilig wirken müssen. Einzelne sehr ausgezeichnete Ausnahmen lasse ich natürlich gelten.
Tägliche Beschäftigung in einem guten Theaterorchester, welch' eine neidenswerte Förderung für Instrumentationskunde, Gesang und Bühnentechnik! Wieder ist dem Mädchen das alles überhaupt nicht oder doch nur in sehr unzulänglicher Weise geboten. Auch die Benutzung der musikalischen Bibliotheken ist nicht gestattet oder stößt meist auf Schwierigkeiten.
Ich fand in Damenkapellen zuweilen vortreffliche Künstlerinnen. Aber möchten Sie eine Frau, welche sich jahrelang Studiums halber einer Damenkapelle anschloß, oder eine solche, welche

Damenkapelle (um 1895)
von Fritz Schnitzler

sich Studiums und Beobachtens halber in die Kaffeehäuser verfügt und dort in freiem kollegialen Verkehr Umgang mit Musikern, Künstlern oder Gelehrten sucht, möchten Sie eine solche Frau wieder in Ihre Familie aufnehmen? Ich glaube schwerlich! Und doch erscheint es mir durchaus notwendig, soll man die Welt erfassen, daß man sich in und auf ihr möglichst gründlich umschaut.

Wenn man nun immer wiederholt, weibliche Komponistinnen seien nicht originell, so mache ich darauf aufmerksam, daß ja das Mädchen aus dem Volke sich nur in den seltensten Fällen der musikalischen Komposition widmen kann. Das Volkstümliche, Urwüchsige können Sie aber doch nicht von Mädchen aus solchen Kreisen verlangen, deren Lebensgang bis zum Überdruß jeden Tag dasselbe Aussehen hat.

Was die Eltern eines Mädchens, welches meinetwegen dem Arbeiter- oder Handwerkerstande angehört, von der musikalischen Komposition überhaupt für Begriffe haben, das beweist die Frage, welche von derartigen Leuten oft an mich gerichtet worden ist: »Mache Sie die ville Note selbst?«

Ich habe Ihnen nun, hochverehrte Frauen, die verschiedensten

Gründe anzuführen versucht, weshalb es so schwerfällt, daß weibliche Kompositionstalente vom Durchbruch zur Entwicklung gelangen können, weshalb also es so wenige Komponistinnen gibt. Aber das waren immerhin nur mehr Gründe technischer Art. Es bleibt mir nur noch, die seelischen Momente hervorzuheben und damit auch darzulegen, warum von den wenigen Komponistinnen es noch keiner gelang zu schaffen, was große Meister geschaffen haben. Bevor ich das aber tue, muß ich noch einiges Geschäftliche aus dem Leben der Komponistin beleuchten. Es wird der Frau gar zu schwer gemacht, das muß ich vorausschicken, in der Öffentlichkeit zu zeigen, was sie gelernt hat. Wendet sie sich an irgendeine Kammermusik- oder Orchesterinstitution mit der Bitte, ihre Arbeiten zu prüfen, das eine oder das andere, welches vielleicht schon privatim die Gunst des Publikums erfahren hat, zur Aufführung zu bringen, dann wird dieser Frau fast immer entweder geradezu mit brutaler Unhöflichkeit oder, was fast noch schlimmer ist, mit ironischer Höflichkeit begegnet werden. Im günstigen Falle betrachtet man die Komponistin als eine halb Verrückte, als einen dreisten Eindringling, welcher es wagt, an jener Stätte mit dem Manne in Konkurrenz treten zu wollen. Man zieht dann lieber die mittelmäßigste Arbeit eines Mannes der vielleicht besseren einer Frau vor. Will man also als Frau mit musikalischen Kompositionen in die Öffentlichkeit treten, so bleibt nichts anders übrig, als es auf eigene Kosten und auf eigene Verantwortung zu tun, wie ich es jüngst in München, zum Glück mit Erfolg, getan habe. Aber zu solchem Durchdringen braucht man Energie und wieder Energie und – Geld. Und wenn das Geld auch vorhanden ist, so türmen sich vor einer alleinstehenden Frau und Künstlerin doch noch enorme Schwierigkeiten aller Art auf.
[...]
Weshalb es so wenige Komponistinnen gibt, dürfte vielleicht auch damit noch zu erklären sein, daß es doch für Eltern keineswegs verlockend ist, Mädchen für diesen Beruf zu bestimmen, welcher auch dem Manne von Begabung, Talent, ja selbst Genie nur eine zweifelhafte Zukunftsperspektive zu eröffnen imstande ist. Immerhin kann ein Mann nebenher als Lehrer, Dirigent oder Orchestermitglied wenigstens sein Brot verdienen.
Wenn ich jetzt das Seelische der doppelten Frage zu beleuchten suche, warum es so wenige Komponistinnen gibt, und warum auf dem Gebiete der musikalischen Komposition diese Wenigen bisher nicht annähernd das geleistet haben, was von Männern in dieser Kunst durch Jahrhunderte geleistet worden ist, so bitte

ich, mir zu gestatten, nochmals zu einem Gleichnis meine Zuflucht nehmen zu dürfen. Betrachten wir zum Beispiel die israelitische Nation, so sehen wir, daß dieselbe hervorgebracht hat: große Ärzte, große Juristen und Kaufleute, bedeutende Komponisten und Musikvirtuosen, ausgezeichnete Schauspieler, hochangesehene Männer der Wissenschaft in Hülle und Fülle, nicht aber die bedeutendsten Maler und Bildhauer. Diese Erscheinung hat einfach ihren Grund in dem religiösen Bekenntnis, welches den Bildergottesdienst als einen Götzendienst bezeichnet. Auf Jahrhunderte hinaus übte das künstlerisch begreiflicherweise einen nachteiligen Einfluß: Sie sahen nichts vor sich und wurden dadurch nicht für Malerei und Skulptur erzogen. Den Griechen und Römern war nichts verboten; sie sahen und beobachteten an herrlichen lebenden Beispielen und setzten eben diese Beobachtungen in noch herrlichere Kunst um. Desgleichen entstanden in der Renaissanceperiode wieder herrliche Kunstwerke. Jene alte glorreiche Kunstperiode trat da als Erzieherin auf.
Die Frauen sind seit Jahrhunderten eben auch nicht für die Kunst der musikalischen Komposition erzogen worden! Sollen sie etwa jetzt, wo das Gebiet anfängt, sich den Frauen zu erschließen, mit einem Male einen weiblichen Bach, Mozart oder Beethoven hervorzubringen imstande sein? Wie oft sind solche denn auch von den Männern hervorgebracht worden?
Sollte man aber deshalb daran verzagen, daß nicht auch noch einmal der Musik eine große schaffende Künstlerin zu erstehen vermöchte? Ich glaube der Hoffnung Raum geben zu dürfen, daß noch einmal Frauen sich mit Glück und Erfolg auf dem Gebiete der musikalischen Komposition versuchen werden. Heute noch verbietet die Sitte der Frau, an vielem, was zur Förderung der Kunst der musikalischen Komposition notwendig ist, teilzunehmen. Verachtet sie die Sitte, so geht sie nur um so eher zu Grunde. Der Mann verachtet die Sitte gar oft und schwimmt an der Oberfläche weiter; ein Weib geht an einer tiefen Liebe zu Grunde. Der Mann, wenn er sehr oft und sehr tief geliebt hat, behauptet gewöhnlich, das gerade trage zur Vertiefung seiner Kunst bei. Man hat auch wirklich noch nicht bemerkt, daß es ihm sonderlich geschadet hätte. Die Welt steht eben aber doch nicht still, und der Mann lebt das Leben nicht allein! Wer teilt mit dem Manne Leid und Freud? Das Weib! Für was kämpft der Mann, was treibt ihn in die Schlacht und führt ihn als Sieger wieder heim? Der Gedanke an das Weib und an den häuslichen Herd!
Alles fühlt das Weib, alles empfindet das Weib mit dem Mann. Große Zeiten haben neben großen Männern auch große Frauen

hervorgebracht. Sie waren entweder große Dulderinnen oder große Herrscherinnen. Ans Wunderbare grenzt, was ihre Phantasie schuf, und die Männer sahen mit Ehrfurcht zu ihnen auf. Eine so mächtige Institution wie die katholische Kirche: dem Marienkultus, als dem Kultus der höchsten und edelsten Eigenschaften des Weibes hat sie es zu danken, daß sie so populär ist. Nun frage ich: sollte das Weib nicht auch imstande sein, alles das, was es heute erlebt, was es gleichsam seit Jahrhunderten erlebte, ebensowohl wie der Mann in künstlerische Gebilde umzusetzen? Es soll nur dürfen, und es wird es auch noch einmal können. Ja noch mehr: angesichts des Verfalls der wahren und echten Musik (große Männer wie Brahms und mit ihm viele andere blickten pessimistisch und schmerzvoll in die Zukunft), wer weiß, ob nicht noch einmal die Frauen den Schild hochheben und zur Umkehr mahnen, damit nicht musikalisch so viel leeres Stroh gedroschen wird und hunderte von Opern ganz ohne Musik geschrieben werden!

[...]

Das Weib braucht sich vom Wettbewerb in der Kunst der musikalischen Komposition, von welchem es vielleicht nur durch die Ungunst eines jahrhundertelangen Druckes fern gehalten ward, nicht ausschließen zu lassen.

Zu guter Letzt möchte ich noch eine ganz neue Frage stellen: Ist es angesichts der vielen schlecht komponierenden Männer ein Unglück, daß es so wenige weibliche Komponistinnen gibt?

Meine Antwort lautet – nein. Das haben wir eigentlich noch ihnen voraus!

ADELE GERHARD/HELENE SIMON

MUTTERSCHAFT UND MUSIK

[1901]

Die Stellung der Frau in der Kunstmusik

Die musikalische Komposition erfordert die Überwindung großer theoretischer Schwierigkeiten, die Beherrschung logischer und mathematischer Elemente. Zugleich ist sie die emotionellste aller Künste. »Um Gefühle systematisch zu behandeln« – sagt Havelock Ellis – »wie mathematische Probleme, um sie zu messen und zu fesseln, sie in die strengen Formen der Harmonie-Lehre und des Kontrapunktes zu zwingen, dazu gehört eine Kaltblütigkeit, deren nur die festere und harte Natur des Mannes fähig ist.«

Wir haben indes schon an anderer Stelle die Frage aufgeworfen, ob es sich hier in der Tat um ein psychisches Gesetz oder nicht vielmehr um eine unzureichende allgemeine Schulung handele. Was immer die Zukunft hierüber aussagen wird – sicher ist, daß alles, was in der Geschichte der Komposition eine tiefgreifende Rolle spielt, vom Manne geschaffen worden ist.

Wie schon betont wurde, gibt es zweifellos keine schöpferische Tätigkeit, die so abhängig von einer sie ergänzenden Kunst ist, wie die des Komponisten. Mit der versagenden Wirkung auf der Bühne oder im Konzertsaal sind Oper oder Chor- und Orchesterwerk in ihrer Beziehung zum Publikum gerichtet. Die Partitur ist in der Hauptsache nur den Fachkennern zugängig; dem großen Teil der Kunstfreunde offenbart sie nicht einmal den Ideengehalt eines Musikstückes. Auch der kleinen Zahl verständnisvoller Partiturenleser fehlt mit der Tonfülle und dem Tonwechsel das eigentliche Wesen der Musik, das im Sinnenreiz des Klanges wurzelt. »Es ist fast ein Axiom, daß es ohne Interpreten keine Komponisten geben würde«.[1]

Auf diese Tatsache stützt sich unsere Annahme, daß, obwohl die Frau in der Komposition nichts Bahnbrechendes geleistet hat, ihr Einfluß auf deren Entwicklung dennoch von tiefgreifender Bedeutung sein kann. Denn unendlich viel von dem, was der Komposition zur lebendigen Darstellung verholfen hat, ist vom Weibe getan worden.

Als Interpretin der Bühnen- und Konzertwerke hat sie Gipfel

Mutterschaft und geistige Arbeit

Eine psychologische und soziologische Studie
Auf Grundlage einer internationalen Erhebung mit Berücksichtigung der geschichtlichen Entwicklung

Von

Adele Gerhard und Helene Simon

Berlin
Druck und Verlag von Georg Reimer
1901

erklommen wie auf keinem anderen Gebiete. Hier ist das Genie vergleichsweise keine Seltenheit, das starke Talent eine häufige Erscheinung. Und abgesehen von der Zeit des Kastratentums hat es mehr berühmte Sängerinnen als Sänger gegeben.

Leisteten die Primadonnen vielfach dem Streben nach Wirkungen des Augenblicks, dem Haschen nach Erfolg Vorschub, so haben sie doch auch der höchsten Kunst die Bahn geebnet und Ewigkeitsspuren hinterlassen. Eine eigenartige Zwischenstellung nimmt die berühmte Faustina* ein, deren Einfluß sowohl Hemmung als Schutz für die Entwicklung der Musik bedeutet hat. »Ihr Gatte Hasse schrieb mehr als hundert Opern in steter Berechnung auf die möglichst höchste Entfaltung ihres stimmlichen Glanzes in der italienischen Manier des bel canto, mit Hintenansetzung der Forderungen einer neueren ernsteren Kunst. Wurde hierdurch einerseits der Durchbruch der deutschen Dramatik in der Oper um ein Jahrzehnt verzögert, so hielt andererseits Hasses Regel-Despotismus die drohende Verwilderung des dramatischen Gesanges nieder und ließ so für Gluck die Bahn der wahren Bühnen-Reform offen.«[2]

Wilhelmine Schröder-Devrient legte den Grund zur Popularität des Fidelio. Was sie Wagner war, zeigen seine eigenen Worte: »Sie verstand es, den Komponisten dazu anzuleiten, wie er zu komponieren habe, wenn es der Mühe wert sein soll, von einem solchen Weibe gesungen zu werden.« – »Das hat sie durch das Beispiel getan, was sie, die Mimin, dem Dramatiker gegeben hat.« – »Aber nicht nur dieses Beispiel, sondern alle meine Kenntnisse von der Natur des mimischen Wesens verdanke ich dieser großen Frau.«[3]

Man könnte nun aus der sieghaften Macht des Weibes als Sängerin schließen, daß es der reproduktive Charakter dieser Tätigkeit sei, in dem ihr künstlerisches Vermögen wurzele. Demgegenüber ist, wie schon an anderer Stelle berührt wurde, zu betonen, daß es keineswegs *alle* Zweige der Reproduktion sind, in denen die Frau bisher die gleichen Lorbeeren errungen hat wie der Mann. So spricht ihr Rubinstein als Instrumentalistin sowohl das technische Können wie das schöpferische Element vollständig ab, allein er nimmt ausdrücklich den Gesang aus als das Feld, auf welchem sie seit jeher Bedeutendes geleistet habe.

Auf diesem Gebiete ist es das Weib *in seiner Eigenschaft als solches,* dessen die Musik in bestimmten Grenzen zur Verwirklichung eines künstlerischen Ideals nicht entbehren kann. Hier handelt es sich nicht nur um eine *unersetzliche individuelle Leistung, sondern um eine Unersetzlichkeit dem Geschlechte nach.* »Wie rasch die Opernsängerinnen wechseln mögen, ihr Einfluß wurzelt in unabänderlichen Verhältnissen und wird seine Macht ausüben, so lange es eine Oper geben wird.«[4]

* Faustina Hasse, geb. Bordoni (1700–1781), italienische Opernsängerin und Gattin des deutschen Komponisten Johann Adolf Hasse (1699–1783).

WILHELMINE SCHRÖDER-DEVRIENT
in der Rolle des Fidelio

Worauf beruht diese unabänderliche Macht?

Sind auch Tenor und Bassist in ihrer Art unentbehrlich, so verfügt doch die Frauenstimme über einen weiteren Umfang, größere Beweglichkeit, ungetrübteren Wohllaut und umfaßt die für den Vortrag der Melodie günstigste Tonlage. Diese Macht beruht also zunächst auf dem eingeborenen Material, dem Charakter der Stimme.

Ihre Vorzüge führten im 17. Jahrhundert dazu, durch Vergewaltigung der Natur dem männlichen Organismus die Stimme der Frau aufzunötigen. Stimmlich also ist die Konkurrenz des Mannes durch einen operativen Eingriff in die Natur zu ermöglichen. Allein die Vernichtung seines geschlechtlichen Charakters, die ihn in den Besitz der Weiberstimme setzt, macht ihn trotzdem nicht zum Weibe. Unsere Auffassung hat sich von jener des 17. und 18. Jahrhunderts, in denen man die Kastraten neben den Sängerinnen in Frauenrollen bewunderte, weltweit geschieden und unserem modernen sittlichen und ästhetischen Empfinden widersteht dieses Zwitterwesen selbst dann, wenn es über allen Zauber des vielgerühmten Kastratengesanges verfügt.

In der Unbestrittenheit ihres Rechts, das aus ihrer Unersetzlichkeit auf einem gewissen Höhepunkt der Kultur erwächst, wurzelt also die Größe und der Einfluß der Frau als Sängerin. Hier schwindet allmählich jedes Bedenken. Die Frage, wie sich der Bühnen- und Künstlerinnenberuf mit der körperlichen Natur der Frau und den Aufgaben der Mutter vertrage, wird vor der gebieterischen Forderung der Kunst überhaupt nicht mehr aufgeworfen. Das Weib als Sängerin – das ist das Weib an einer Stelle, auf der ihr bei natürlichem Verlauf der Dinge eine Konkurrenz des Mannes nicht erwachsen kann.

Nicht allein, daß sich der Musikschülerin überhaupt alle Lehranstalten öffnen, die Hochschulen, die seit der Entwicklung der modernen Musik Pflanzstätten des Kunstgesanges sind, machen sich das Auffinden und Ausbilden stimmlich und schauspielerisch veranlagter Frauen geradezu zur Aufgabe. Stärker als die Vorurteile der Jahrhunderte, als die Mahnung des Christentums, die Frau von der Öffentlichkeit auszuschließen, als die gefährliche Konkurrenz der Kastraten, erwies sich mit dem Aufkommen der dramatischen Musik die stimmliche und persönliche Sonderart des Weibes auf diesem Gebiete. Hier konnte die Frau mit unzersplitterten Kräften künstlerische Vollkommenheit anstreben, hier gab es keinen Kampf mehr gegen die öffentliche Meinung. Von ihr emporgetragen, als ihr verhätschelter, mit Ruhm und Reichtum wie kein anderer überhäufter Liebling, tritt die Sängerin aus der Stille des Hauses unmittelbar in die exponierteste aller Lebensstellungen, auf die Bühne.

Auf keinem zweiten Felde läßt sich ein so scharf markierter Wendepunkt in der Geschichte des Weibes, ein so plötzliches Emporsteigen aus tiefster Niedrigkeit zu höchstem Ruhmesglanz nachweisen, wie auf dem der Musik bei Anbruch ihrer neuzeitlichen Entwicklung um 1600. Dies erklärt zum Teil die Sittengeschichte der Völker. Allein entscheidender als sie war die ungemeine Wandelbarkeit des Charakters und der Anforderun-

gen der Musik nach Zeit und Ländern, welche die verschiedenen Epochen ihrer Entwicklung trennt.
Mit den Wandlungen der Kunst wechselt auch die Bedeutung der Frau für sie. In den langen Perioden vor der Herrschaft des Kirchengesanges, der das Weib schweigen hieß, bis die Renaissance es jubelnd auf den Thron erhob, hat dieses die verschiedensten Stadien der Geltung und Wirksamkeit durchlaufen.
Wenden wir uns der Betrachtung dieser Stadien zu, so ist vorauszuschicken, daß sie unmittelbare Beziehungen zu unserem Problem nicht zutage fördert. Denn vor 1600 handelt es sich keineswegs um eine eigentliche berufliche musikalische Tätigkeit. Der primitive Charakter der Musik, soweit das Weib an derselben beteiligt bleibt, stellt keine schwerwiegenden materiellen und ideellen Ansprüche, kann also auch nicht in krassen Widerspruch mit anderen Forderungen treten. Allein der geschichtliche Rückblick scheint uns aus soziologischen Gesichtspunkten erforderlich.
Werfen wir einen Blick in das Musikleben der alten Völker und des Orients, so scheint die Frau im wesentlichen dort gleichzeitig mit dem ausübenden auch das noch naiv schöpferische Element repräsentiert zu haben. Überall, wo die Musik der Befriedigung unkomplizierter sinnlicher Bedürfnisse diente und Komposition und Ausführung zusammenfielen, war die Frau auch Improvisatorin.
Aus Griechenland werden neben Ibikus von Rhegium und Leonidas von Tarent Theano und Nosside als selbstschöpferische Musikerinnen genannt, die man ihres »ausgezeichneten Talentes« halber mit den Musen verglich.[5] Aus der Zeit des Mahomed und der vier folgenden Kalifen sind Fragmente von 46 Gesangsimprovisatorinnen erhalten.
Reichlicher als die Kunde von Improvisatorinnen fließt die von Sängerinnen, Flöten- und Harfenspielerinnen. Vor allen Dingen muß der Sologesang seit undenklichen Zeiten der Erhöhung der weiblichen Reize gedient haben. Allein außer den Sängerinnen, welche die Könige sich hielten und die Salomon »die Wonne der Menschen« nannte, gab es besonders bei den Arabern auch vornehme Frauen, die sich unter den Kalifen in Spiel und Gesang auszeichneten und selbst wieder Schüler bildeten. In späteren Zeiten hören wir von Orchestern, bei denen durchgehend »Frauenzimmer als Spielerinnen und Sängerinnen mitwirkten«.
In Phönizien, Griechenland und noch zur römischen Kaiserzeit war die Harfe vorzüglich das Instrument der Buhldirnen. Auch bei den Hebräern dienten die Musikerinnen zum Teil sehr

weltlichen Freuden, aber soweit bei ihnen die Musik geheiligte Kunst wird, tritt hier zuerst der Ausschluß der Frauen ein.
In Griechenland entgleitet die Musik ihren Händen, als sie den Charakter einer auf mathematischen Spezialisierungen beruhenden Kunst annimmt. Mit dem Anbruch der klassischen Periode wird der Musikunterricht ein Element der allgemeinen, allein den Männern zustehenden Ausbildung, und zwar besonders sofern sie in den Dienst des Kultus gestellt wird.[6] Ausgezeichnete musikalische Leistungen werden seither nur noch bei den Hetären gefunden.
Eine zweifellos noch tiefere Stellung nehmen die Musikerinnen bei den Römern ein, deren Ergötzen bei Gastmahlen »die sittenlosen Chöre der Sängerinnen und Flötenspielerinnen bildeten«.
Schon diese Entwicklung mag es dem Christentum nahegelegt haben, sich den Musikerinnen gegenüber kritisch zu verhalten. Trotzdem wurden, wie eine Stelle der Psalmenerklärung des heiligen Ambrosius zeigt, in der ersten Zeit auch Frauen zum Kirchengesang zugelassen. »Freilich«, heißt es dort, »befiehlt der Apostel, daß Weiber in der Kirche schweigen sollen, aber Psalmen singen sie sehr gut. Die süßen Stimmen der Jünglinge und Mädchen klingen lieblich zusammen, ohne daß es Gefahr bringt.«[7]
Jedenfalls wurden die Frauen von vornherein vom kirchlichen Kunstgesang ausgeschlossen, schon weil die Sänger dem geistlichen Stande angehörten. Und wenn das Christentum, nachdem die Kirchenmusik ein streng geregelter Teil der Ritus geworden war, nun auch den lieblichen Zusammenklang der süßen Jünglings- und Mädchenstimmen beseitigte, so trat es damit nur in die Bahnen Israels und der Griechen. *Dies bedeutete aber Ausschluß der Frau von der Kunstmusik überhaupt, weil diese bis um 1600 im wesentlichen der Kirche verblieb.* Man ersetzte sie durch die sogenannten *Putti (Singknaben) und Falsettisten.* »Allein die Falsettsoprane klangen am Ende doch gequetscht und gewaltsam, und die kristallharten Knabenstimmen ermangelten der Feinheit der Seele.«[8] Die Verbannung der Frau hatte deshalb auf die Vokalwerke bis Ende des 16. Jahrhunderts einen ganz bestimmten Einfluß, der ihren Wert für die Musik sehr deutlich illustriert. »Die Komponisten hüteten sich, den Sopran in die Höhe empor zu führen, wo er seinen größten Glanz entwikkelt.«[9]
Damit sind wir bei einer Stufe der Kunstgestaltung angelangt, *auf der sich die zeitweilige Verdrängung der Interpretin als Beein-*

trächtigung der schöpferischen Freiheit und Vollkommenheit geltend machte, die der Komposition unverkennbare Spuren aufgeprägt hat. Die tiefe Lage der Vokalwerke jener Epoche ist für alle Zeiten beredter Zeuge einer sozialen Fessel, welche die Komponisten zwang, ihre Ideen einem unzureichenden Stimmmaterial anzupassen. Diese Fessel wäre für die Fortbildung der Musik verhängnisvoll geworden, hätte der neue Stil, wie er seit Anfang des 17. Jahrhunderts einsetzt, sie nicht mit sieghafter Macht abgestreift. Er bewirkte für die Tonkunst, was die Renaissance auf allen anderen Gebieten schon erfolgreich durchgeführt hatte: Emanzipation des Individuums von den korporativen Gesetzen des Mittelalters, welche die Frau meist in die Familie ein- und von aller öffentlichen Betätigung ausschlossen.

Mit dem Anbruch der modernen Musikgeschichte in Italien, welche den Sänger losgelöst vom Chor als Solist in den Vordergrund stellt, tritt ein endgültiger Umschwung ein. Der Sologesang wird individuelle Gefühlssprache und bedingt eine individualisierende Wiedergabe. Der bel canto bringt ein neues System, bei dem man die Frauenstimme nicht entbehren kann. »Den charakteristischen Klang der verschiedenen Stimmengattungen begann man vom dramatischen Standpunkt aus zu würdigen. Besonders wichtig erwies sich das Heranziehen von Sängerinnen.« – »Jetzt tritt Sängerin nach Sängerin auf den Plan.« – »Der Sängerinnen-Enthusiasmus steigert sich fast zum Wahnsinn.«[10]

Allmählich werden aus dem hinsichtlich seiner musikalischen Stellung weltberühmten Italien Künstlerinnen an fremde Höfe gezogen. Die zeitgenössischen Schriftsteller reden mit Entzükken von ihrem Zauber. Auch die Kirche widersteht nicht länger. Sie beginnt der Konzertsaal für Gesangesgrößen zu werden. »Sogar die Nonnen zu Rom fingen an, mit Primadonnen eine sehr bedenkliche Ähnlichkeit zu haben.«[11]

Bald sollten indes die Vittoria Archilei, die Leonora Baroni, die Lolla und die Cechinas Konkurrenten bekommen, mit denen sie die Gunst des Publikums teilen mußten, ja, deren Stimmen die eigentlichen musikalischen Feinschmecker dem natürlichen Sopran vorzogen.

Nach Dommer[12] soll es Kastraten für musikalische Zwecke in München schon 1564 gegeben haben. Allein erst seit 1600 hat man bestimmte Kunde von ihrem Auftreten. Im Jahre 1601 wurde der erste Kastrat in die päpstliche Singkapelle aufgenommen. Schon Mitte des Jahrhunderts war ein großer Überfluß an Kastraten, die sowohl neben den Sängerinnen, als an Stelle

derselben auftraten. Man rühmt die Stärke, die Beweglichkeit, die Reinheit und die Dauerhaftigkeit ihrer Stimme. Infolge der Begeisterung, welche sie erregten, verlor das Publikum so sehr den Geschmack an Männerstimmen, daß diese lange Zeit gänzlich aus der Oper verschwanden. So weit ging die Unnatur, daß Altistinnen die Männerrollen übernahmen, während die Kastraten die weiblichen Sopranrollen sangen. Zur Zeit des Papstes Innocenz XI. und Clemens XII. wurde den Frauen das Auftreten im Theater überhaupt untersagt. Man war zeitweise nahe daran, sie ein zweites Mal gänzlich aus Oper und Kirche zu verdrängen.
Diesmal erwiesen sich die Macht der eingeborenen Begabung und die Natur stärker als die päpstlichen Verbote, stärker selbst als die vielgerühmten Vorzüge der Kastraten. Abgesehen davon, daß es auch während ihrer höchsten Blüte nie an ebenbürtigen Sängerinnen gefehlt hat, machten sich von vornherein Stimmen gegen die Kastraten geltend. In Frankreich ließ man sie überhaupt nicht auftreten. Auch in einzelnen Teilen Deutschlands waren sie dem gesunden Volkssinn zuwider[13] und allmählich wurde die Sängerin wieder unbeschränkte Herrscherin auf ihren ureigensten Gebieten.

Künstler- und Mutterberuf

Wir sind nunmehr bei dem Zeitpunkt angelangt, in dem die Musik ein ernster, die ganze Persönlichkeit fordernder Beruf, auch für die Frau, geworden war. Ihre Tätigkeit seit 1600 muß deshalb unter dem Gesichtspunkt ihrer Vereinbarkeit mit der Eigenart des Weibes und dem Mutterberuf geprüft werden, wobei wir uns zunächst der Komponistin zuwenden.
Der Erfolg der Sängerinnen hatte im Laufe des 17. Jahrhunderts der Frau jede Gelegenheit auch der theoretisch musikalischen Ausbildung eröffnet*. Unzulängliche Vorbildung kann also in der Komposition als Grund für die minderwertige weibliche Leistung nicht gelten, will man nicht, wie schon bemerkt wurde, den allgemeinen Entwicklungsstand der Frauenbildung in Anschlag bringen.
Immerhin begegnen wir Komponistinnen[14] an der Schwelle der neuen Musik bis auf unsere Zeit. Es scheint sogar, als hätten die älteren Tondichterinnen an Eigenart und Kraft ihre Nachfolge-

* Diese Aussage gilt mit Vorbehalt für Italien, nicht jedoch für deutsche Verhältnisse.

rinnen weit übertroffen. So wird eine »aus Demut ungenannt gebliebene Nonne« als ein ganz außerordentliches Talent geschildert. Bis zum höchst Dramatischen, aber auch bis zum höchst Bedenklichen steigere sich in ihren Kompositionen die Leidenschaft. »Welch' trübe Flamme«, sagt Ambros, »lodert aus diesem unaufhörlichen, heiß sehnsüchtigen ›veni veni‹, aus diesem aufstöhnenden Oh-Rufen.« In einer der Hymnen nennt er die Steigerung des Affektes von Takt zu Takt höchst merkwürdig. »Es ist wie eine zunehmende Feuersbrunst; desto schlimmer. Die göttliche Liebe ist hier Maske einer sehr ungöttlichen, der himmlische Affekt Prätext, einem sehr irdischen Luft zu machen.«

Man sieht, die Musik bringt hier ein Problem zum Ausdruck, das wir gewohnt sind, als ein sehr modernes zu betrachten.

Die Opernkomponistin Francesca Caccini (geb. in Florenz um 1590), Tochter und Schülerin des berühmten Komponisten Giulio Caccini, war nach Ambros sogar ein Genie.[15] Außer ihrer 1625 aufgeführten Ballettoper »La liberatione di Ruggiero de l'isola d'Alcina« hat sie 1618 ein Buch Gesänge herausgegeben. Hat nun Francesca einerseits mit ihrer Komposition »ihrem ganz ungewöhnlichen Talent ein wahrhaft glänzendes Denkmal gesetzt«[16], so ist es andererseits auffällig, wie wenig sie geschaffen hat. Allerdings war sie nicht nur Komponistin, sondern auch eine gefeierte Sängerin und Dichterin in toskanischer und lateinischer Sprache. Möglicherweise war ihr musikalisches Schaffen durch diese Vielseitigkeit beeinträchtigt. Vielleicht mag auch für Francesca das Wort einer deutschen Komponistin und Pianistin, Ingeborg von Bronsart[17], gelten, die als Künstlerin wie als Erzieherin ihrer Kinder gerühmt wird. »Ich kann sagen, daß ich jeden Takt mit Lust und Liebe geschrieben habe. Ich wäre ja auch längst fertig, wenn mein Leben nicht ein so vielseitiges sein müßte und ich nicht nur die Zeit der Musik widmete, die mir meine anderen Pflichten, welche für mich obenan stehen, übrig lassen.«[18]

»Nach meiner Überzeugung«, schreibt uns Ingeborg von Bronsart zu unserem Problem, dürfte im allgemeinen eine ernstlich strebende, talentvolle, *schaffende* Künstlerin im Interesse ihrer Kunst nicht heiraten, da in den meisten Fällen die Pflichten der Hausfrau und Mutter einer künstlerischen Entwicklung schwer zu übersteigende Hindernisse in den Weg legen. Dennoch darf auch andererseits anerkannt werden, daß im Gefühlsleben der Gattin und Mutter Saiten erklingen, die für das Schaffen von hoher Bedeutung sein können.

Die Komponistin
INGEBORG VON BRONSART
(1840–1913)

»Bei *einer Ehe* würde aber hauptsächlich in Betracht kommen, *ob der Mann* Verständnis und liebevolles Interesse für die *Kunst seiner Frau* hegt und imstande ist, für die Pflege und Ausbildung ihres Talentes durch Ersparnis ihrer Zeit und Kraft zu sorgen. Dabei würden die pekuniären Verhältnisse sehr mitsprechen. Eine wohlhabende Künstlerin kann selbst an der Seite eines für ihre Kunst interesselosen Mannes, das Einverständnis des letzteren voraussetzend, durch geeignete Vertretung in ihren häuslichen und mütterlichen Pflichten diejenige Freiheit erlangen, die zur Vervollkommnung in ihrer Kunst nötig ist. Immer aber wird es in erster Linie darauf ankommen, ob die Künstlerin mit der nötigen Beharrlichkeit, Elastizität des Geistes und nicht zum geringsten mit derjenigen körperlichen Gesundheit ausgerüstet ist, um trotz aller Hindernisse in ihrem Schaffen weiterstreben zu können. Nach diesen Ausführungen, die zu Gunsten einer Ehe sprechen, kehre ich doch zu meiner ersten Behauptung zurück und wende nach meiner innersten Überzeugung auf die *schaffen-*

de Künstlerin das Wort des Apostels Paulus an: »Heiraten ist gut, Nichtheiraten ist besser.«
Bemerkenswert ist die Angabe einer ausländischen Künstlerin, die nach ihrer Verheiratung den Sängerinnenberuf mit der Komposition vertauscht hatte. Nach einer Fehlgeburt gab sie während ihrer zweiten Schwangerschaft jede produktive Tätigkeit auf. »While I carried my child before its birth, I made a point of ceasing to tax my brain with creative work altogether – never doing anything that would require a strain of brain power.«*
Einige andere Komponistinnen, die uns Mitteilungen machten, sind unverheiratet. Sie komponierten schon in der Kindheit, traten sehr früh an die Öffentlichkeit und waren ununterbrochen tätig.
Am unermüdlichsten hat wohl die bekannte französische Komponistin Cécile Chaminade** geschaffen, wie der Katalog ihrer zahlreichen zum Teil sehr geschätzten Klavier- und Gesangwerke zeigt: »Il prouve que je suis une travailleuse et que rien n'a jamais contrarié la marche de mes travaux.«***
In anderer Färbung erscheint unser Problem bei Betrachtung der reproduktiven Tätigkeit. Soweit der uns hier vorerst beschäftigende Bühnengesang in Frage kommt, zeigt sich ein der Schauspielkunst sehr verwandtes Bild.
Wir wenden uns zunächst zwei Sängerinnen zu, die im 18. Jahrhundert Gipfelpunkte des dramatischen Gesanges erklommen haben: der schon erwähnten Faustina Bordoni Hasse und Francesca Cuzzoni. – Faustina (geb. um 1700) war im ganzen eine maßvolle und geregelte Natur mit ausgeprägtem Sinn für ein wohlgeordnetes Familienleben. Sie scheint mit dem Komponisten Hasse in glücklicher Ehe gelebt zu haben[19]. Zeitgenossen rühmen ihre »kunstverschönte, elegante Häuslichkeit und die vorzüglich feine Erziehung ihrer beiden Töchter«.[20]
Dagegen war ihre Rivalin Francesca Cuzzoni (geb. in Parma 1693) von zügelloser Wildheit. Sie soll ihren Gatten nach einem Leben voll Unfrieden, ebbend und flutend in Mangel und Überfluß, ermordet haben.[21] Während Faustina in glänzenden Verhältnissen blieb, geriet die Cuzzoni in die dürftigste Lage und mußte als Greisin ihr Leben mit dem Verfertigen von Knöpfen fristen.

* »Während meiner Schwangerschaft unterließ ich es, meinen Geist mit kreativer Arbeit zu belasten – ich tat nie etwas, das mich geistig überanstrengen könnte.«
** Cécile Chaminade (1857–1944).
*** »Er beweist, daß ich arbeitswütig bin und daß nichts den Gang meiner Arbeit stören konnte.«

Fast zwei Jahrhunderte lang haben die italienischen Sängerinnen auch die Bühnen der ausländischen Höfe beherrscht. Noch um 1760 erklärte Friedrich der Große, er wolle sich lieber von einem Pferde eine Arie vorwiehern lassen, als eine Deutsche als Primadonna in seiner Oper haben. Es war der Nachfolgerin der Astrua, der Gertrud Elisabeth Schmehling-Mara (geb. 1749), einer der berühmtesten deutschen Sängerinnen, vorbehalten, ihn eines Besseren zu überzeugen.

Ihr Tagebuch[22] zeigt, wie sie vom frühen Morgen oft bis tief in die Nacht rastlos tätig war.[23] Nach ihrer Anstellung in Berlin heiratete sie trotz aller Warnungen[24] den schönen, talentvollen, aber trunksüchtigen, ausschweifenden und brutalen Cellisten Mara. Auf der Höhe ihres Ruhms mußte sie, mit einem Kind unter dem Herzen vom Bett auf die Oper gezerrt, ihren leidenden Körper in die Theatertracht zwängen, ihre müde, vor allem durch ihr trauriges Eheleben gemarterte Seele der Bühnenstimmung anpassen.

Unter unsäglichen Schmerzen gebar sie bald darauf ein totes Kind. Eine zweite, mit schwerer Krankheit verbundene Niederkunft endete ebenso unglücklich. Sie erholte sich nur langsam und ist danach nicht mehr Mutter geworden. »Ich bin nicht geschaffen wie andere Frauen, in der Liebe und Ehe glücklich zu werden – ich hätte nie heiraten sollen«, sagte sie einem Freunde. Dagegen stieg ihr Stern als Sängerin um so höher. In London verdiente sie in zwei Wochen 15 000 Taler. Trotz ihrer eigenen Bedürfnislosigkeit war sie immer verschuldet, weil sie auch nach der Trennung von ihrem Mann ihre Beziehungen unglücklich wählte und mit ihrer Persönlichkeit auch ihr Vermögen hingab. Dennoch war sie nicht nur eine große Künstlerin, sondern auch eine Frau von seltener Willensstärke und Arbeitskraft, die durch ein naiv großmütiges Temperament nur an ihrem Glück, niemals an ihrer Kunst Schaden gelitten hat. Hätte sie einen würdigeren Gatten gefunden, so wäre wohl auch ihr Frauenleben in glücklicheren Bahnen verlaufen.

Die ebenfalls geschätzte Berliner Opernsängerin Luise Hamel-Schick[25] hat wahrscheinlich, was sie an Glück vor der Mara voraus hatte, mit einer Beeinträchtigung ihres künstlerischen Vermögens, sicher des äußeren Glanzes erkauft. Die sorgsamste Erziehung ihrer vier Kinder machte einen großen Teil ihres Lebensschicksals aus.

Als Künstlerin, Sängerin und Gattin wird die Catalani[26] gerühmt. Auf der Höhe ihrer Erfolge soll sie sich mit Hingabe der Erziehung ihrer drei Kinder gewidmet haben.

Dagegen hat der Konflikt zwischen Mutter und Künstlerin das Leben ihrer beiden großen Nachfolgerinnen, der Maria Malibran und der Wilhelmine Schröder-Devrient, scharf gezeichnet.
Über die Malibran liegen ziemlich genaue Mitteilungen vor[27], wohl infolge der Teilnahme, die dieses so früh auf dem Gipfel des Ruhmes beschlossene Leben in allen Kulturstaaten erregt hat. Mehr das Opfer ihres Temperaments als ihres Berufes hat dieser trotzdem schwer in ihr Frauenleben eingegriffen. Obwohl keineswegs bürgerlich in ihrem Empfinden, hatte sie mit der künstlerischen Genialität der Garcia deren vornehme Gesinnung und neben einer tieferen Sittlichkeit die traditionellen Ideen einer stolzen Familie über die Forderungen an die sittliche Haltung des Weibes ererbt.
Die Gattin eines alten Mannes, der nach dem Verlust seines Vermögens von ihr getrennt lebt, tritt sie während ihrer Anstellung an der Pariser Oper in Beziehungen zu dem von ihr leidenschaftlich geliebten Violinisten Bériot, die nicht ohne Folgen bleiben. Als sie wegen häufiger Indispositionen ihren Kontrakt lösen will, wird sie mit allen zu Gebote stehenden Mitteln daran verhindert. Ihr andauerndes Unwohlsein, Verstimmung und Reizbarkeit schreibt man ihren Launen zu, während sie furchtbar unter dem erzwungenen Auftreten leidet. Ihr krankhafter Zustand, das Gefühl der Schande, der Zwang, beides zu überwinden, und Neugierde und Bosheit des Publikums durch ihr Auftreten zu betrügen, macht sie unglücklich und verleidet ihr fast ihre Kunst. Erst am 8. Januar, kurz vor Saisonschluß, verläßt sie die Bühne und kommt zwei Monate darauf nieder. Unmittelbar nach ihrer Entbindung reist sie zu Bériot. Sechs Monate später gastiert sie in Italien. Obwohl aufs neue in Hoffnung, nimmt sie nicht die mindeste Rücksicht auf ihren Zustand. Noch im Oktober erzielt sie in Bologna die glänzendsten Erfolge und hat zum 12. Dezember ein Engagement in Mailand angenommen. Ihre Schwangerschaft ist indes so weit vorgeschritten, daß sie kontraktbrüchig, unter den allerschwierigsten Reiseverhältnissen, nach Brüssel flüchtet, wo sie schon im Dezember ihr zweites Kind gebiert. Kurz darauf folgt sie einem Ruf nach London ans Drury-Lane-Theater und geht von da aus nach Italien.
Unmittelbar nach ihrer Scheidung heiratet sie Bériot. An ihrem Hochzeitstage bittet man sie, zu singen. Sie beginnt, aber sie unterbricht sich plötzlich mit den Worten: »Mon Dieu, mon Dieu, je ne puis pas faire comme je veux . . .«* Bald darauf, im

* »Mein Gott, ich kann nicht so wie ich will . . .«

August 1836, stürzt sie bei einem wilden Ritt vom Pferde, »vielleicht, weil sie infolge ihrer beginnenden Schwangerschaft unsicher war«.

Obwohl sie seither schwer leidet, vollendet sie noch einen Band Romanzen und begibt sich am 10. September zum Musikfest nach Manchester. Kann sie auch am ersten Tage nach einer überstürzten Reise wegen Unwohlseins bei der Probe nicht erscheinen, so singt sie doch in den folgenden Aufführungen morgens und abends hinreißend, trotzdem sie sichtlich krank ist. Schließlich muß man die schwer Fiebernde aus dem Konzertsaal tragen: man fürchtet eine zu frühe Entbindung.

Es ist möglich, daß sie, wie die einen sagen, bei dem Sturz vom Pferde eine innere Verletzung erhalten hatte, nach anderer Darstellung starb sie infolge übermäßiger Anstrengung. Man darf ruhig hinzufügen: Maria Malibran mußte ihr junges, schönes, glanzvolles Leben mit 28 Jahren beschließen, weil sie der Stimme der Natur niemals ihr Recht gegönnt hatte, sich in einem Zustand, der bei ihr mit heftigem Unbehagen verknüpft war, nicht im mindesten schonte, weil bei aller Weichheit ihres Gemüts der Künstlerdrang das ungeborene Wesen um sein Recht brachte.

[...]

Hat bei Maria Malibran und Wilhelmine Schröder-Devrient die Kunst die Mutter, bei der Schick die Mutter die Kunst beeinträchtigt, so fehlen alle Voraussetzungen der Mütterlichkeit bei einer Sophie Arnould und Rose Lefèvre Dugazon.

Die geniale Arnould (geb. 1740), welche die Goncourts eine der größten Kurtisanen aller Zeiten nennen, verließ nach vierjährigem Verhältnis ihren Geliebten, einen verheirateten Mann, während er auf einer Reise war.

Von Rose Lefèvre Dugazon (1753–1821), welcher die ältere Opéra comique ihre größten Erfolge verdankt – nach der noch heute die von ihr kreierten Rollen in der französischen Theaterwelt »Jeunes Dugazon und Mères Dugazon« genannt werden – heißt es, daß die über sie geführte üble Nachrede ungewöhnlich berechtigt war.

Haben wir bisher bei der Schwierigkeit der Vereinigung von Kunst und Mutterberuf verweilt, so zeigt sich bei Sängerinnen, die den Standpunkt der bürgerlichen Moral innehalten, daß die Unterdrückung der Natur, die einseitige Hingabe an einen Beruf, der »ein beständiges Exerzitium der Leidenschaft«[28] erheischt, sie als Mensch und Künstler gefährdet. Es ist eine häufig beobachtete Erfahrung, daß bei keuschen Bühnenkünstlerinnen sehr oft frühe Abnahme der stimmlichen Mittel eintritt. Riese-

CORONA SCHRÖTER

mann und das Schillersche Ehepaar berichten von dem verhältnismäßig frühen Altern der Corona Schröter*, die »in ihrem Benehmen die Durchschnittsmoral der besseren Stände ihrer Tage offenbarte. Sie wurde pensioniert, während die Mara, die noch in späten Jahren mit einem jungen Manne herumzog, ein Jahrzehnt und länger danach in alter Kraft in verschiedenen Ländern Europas sang.«

[...]

Neben dem Genie, das über die Schranken des bürgerlichen Lebens hinwegstürmt, der genialen Kokotte, die jenseits desselben steht und neben dem durch bürgerliche Anschauungen in physiologischer Hinsicht und hierdurch auch als Künstlerin

* Corona Schröter (1751–1802), Sängerin, Schauspielerin und Liederkomponistin, war mit Goethe und Schiller freundschaftlich verbunden.

gefährdeten Weibe drängt sich eine vierte Erscheinung in den Vordergrund der Betrachtung: Frauen, die wie eine Jenny Lind, mit allen Fasern ihres seelischen Wesens im Weiblichen und Häuslichen wurzeln, deren künstlerische Begabung in offenbarem Widerspruch zu ihrem Frauendasein, gleichsam als etwas äußerlich ihnen Anhaftendes, steht. Auf der Höhe ihrer Triumphe, während die Welt von ihrem Ruhme widerhallt, verzehrt sich Jenny Lind in quälender Sehnsucht nach der Stille und Geborgenheit häuslichen Lebens und der Innerlichkeit des Mutterglückes. »Ach, wie ich Sie beneide«, ruft der leidenschaftlich gefeierte Liebling zweier Erdteile einer jungen Mutter zu. »Sie haben etwas, wofür Sie leben können.«[29] Und schon vor ihrer Verheiratung zieht sie sich von der Bühne zurück.
Sehr viel häufiger begegnen wir dieser bei Opernsängerinnen vereinzelten Erscheinung bei Konzertvirtuosinnen. Dabei ist in Betracht zu ziehen, daß der ungeheure Apparat der Oper kein Analogon im Familienleben hat, während für die Liedersängerin und Instrumentalistin auch im Rahmen der Häuslichkeit hohe Kunstentfaltung möglich ist. Allein der Bühnengesang scheint in seiner Verwandtschaft mit dem schauspielerischen Beruf auch am ausschließlichsten von der Natur der Künstlerin Besitz zu nehmen, am wenigsten Götter neben sich zu dulden. »Il est extrèmement difficile d'être bonne artiste et une parfaite mère de famille en même temps«*, lautet die uns geäußerte Ansicht der Petersburger Hofopernsängerin Marie Gorlenko Dolina.
Handelt es sich doch um eine Betätigung der ganzen Person, um die Gleichzeitigkeit von Gesang und Mimik. Und neben der bei der Schauspielkunst erörterten psychischen Disposition erfordert das Bühnenleben schon rein äußerlich die ununterbrochenste Tätigkeit. Denn die Oper gehört selbst in einer Provinzstadt zu den allabendlichen Begebenheiten, während Konzerte nur in größeren Zwischenräumen stattfinden. Manche Bühnensängerinnen erscheinen daher nach ihrer Verheiratung nur noch im Konzertsaal, dessen Ansprüche weniger umfassend sind. So hat Amalie Joachim den Abschied von der Bühne, den sie bei ihrer Verheiratung für unerläßlich hielt, zwar schwer beklagt[30], dann aber bekanntlich, obwohl sie Mutter von sechs Kindern wurde, als Konzertsängerin eine große und schöne künstlerische Mission erfüllt.
»Nur während der Wochenbette habe ich 3–4 Wochen ausgesetzt, meine sieben Kinder habe ich selbst genährt und immer

* »Es ist außerordentlich schwierig, zugleich eine gute Künstlerin und eine perfekte Familienmutter zu sein.«

lustig dabei gesungen«, schreibt uns die seelenvolle Sängerin Schumann-Heink. »Man kann sehr wohl Mutter, Gattin, Hausfrau sein und seinem Beruf richtig nachkommen. Ich habe meine schönsten und schwersten Rollen im Kreise meiner geliebten Wilden gelernt, und wußten die Kinder meist die Rollen früher auswendig als ich.«
Wie groß unter Umständen die Schwierigkeiten sind, die sich der Vereinigung der Künstlerschaft und der künstlerischen Lehrtätigkeit mit der Ausübung des Mutterberufs, besonders wenn der Erwerbszwang eine entscheidende Rolle spielt, entgegenstellen, hat Mathilde Marchesi in ergreifender Weise ausgesprochen. In ihrem Buch »Aus meinem Leben«, auf das sie bei ihren Mitteilungen an uns ausdrücklich verwies, erklärt sie, ihr Beruf habe ihr zu ihrem schweren Leidwesen die Erziehung ihrer Töchter im eigenen Hause unmöglich gemacht. »Es ist vielleicht das größte Opfer, welches ich der Kunst gebracht, mich von meinen Kindern zu trennen, das größte, weil niemand imstande ist, eine Mutter für den Ausfall an Freuden zu entschädigen, die die fortgesetzte Beobachtung des Entwicklungsganges des Kindes mit sich bringt, noch irgend jemand den Mangel an Glück zu ersetzen vermag, welches die täglich fühlbare Kindesliebe gewährt.«
Es muß zum Schluß scharf betont werden, daß das physiologische Moment bei der Sängerin mehr als sonst in Betracht kommt. Sie benutzt nicht, wie die Klavier- oder Violinspielerin, ein Instrument außerhalb ihrer selbst und schon der Einfluß der Menstruation[31] wie das Kastratentum weisen auf einen nahen Zusammenhang zwischen Geschlechtsleben und Stimmitteln. Die Ansicht, beruflich tätige Frauen sollten auf ein volles Ausleben verzichten, würde daher in ihrer Anwendung auf die Sängerin geradezu widersinnig wirken.
Der Gesichtspunkt einer unmittelbaren Verbindung von Werkzeug und Künstlerin fällt natürlich bei der Instrumentalistin fort. Gleichzeitig fehlt damit für sie die früher betonte, durch ihr Geschlecht bedingte Unersetzlichkeit, die bei der *Sängerin* jede naturgemäße männliche Konkurrenz ausschloß. Nicht wie Sopran und Alt ist die Instrumentalistin unentbehrlich zur Verwirklichung der ganzen Weite und Höhe des musikalischen Gedankens. Hier steht nicht die weibliche der männlichen Tonlage, sondern lediglich der Künstler dem Künstler gegenüber.
Damit war der Instrumentalistin die freudige Anerkennung, die man der Sängerin entgegenbrachte, versagt. Immerhin aber war die Rolle, die dieser seit dem 17. Jahrhundert zufiel, von großem

Die Musik
Gemälde von Melozzo da Forlin
Als Muse wird die Frau angebetet . . .

Einfluß auf die Teilnahme der Frau am Musikleben überhaupt. Wie der Komponistin, so ebnete die Sängerin auch der Instrumentalistin die Studienbahn. Und weit mehr als die Komponistin haben sich Klavier- und Violinspielerinnen, besonders in unserer Zeit, in hervorragender Weise betätigt.

Indes selbst, wenn man Rubinsteins früher erwähntes Urteil somit nicht unbedingt anerkennt, ist zuzugeben, daß die Instru-

Die Amazonenschlacht
Buchillustration von Fidus
(links eine Musikerin mit Dirigierstab und Notenrolle)
die aktive Frau wird verachtet . . .

mentalistin, von wenigen glänzenden Ausnahmen abgesehen, im allgemeinen hinter dem Mann zurücksteht. Hier könnte in Betracht kommen, daß sie, bis in unsere Zeit hinein, gewisse Vorurteile zu überwinden hatte. So suchte man die Frau wenigstens zeitweise an bestimmte Instrumente, wie Harfe und Klavier, zu bannen. In manchen Kreisen galt die Violine als ein für Frauen unschickliches Instrument. Der Sängerin Mara, die als sechsjähriges Wunderkind am englischen Hofe mit ihrem Violinspiel die größte Bewunderung fand, riet man dort, die Violine mit

Die Mutter im Feuereifer des Schaffens, das Kind im Bad
Karikatur von Honoré de Daumier
. . . und verlacht.

der Harfe zu vertauschen. Sie, oder vielmehr ihr Vater, willigte ein, ihr Lieblingsinstrument aufzugeben. Sie wurde infolge dessen im Singen ausgebildet. Diese Erscheinung darf immerhin als symptomatisch gelten.

Wie sehr indes auch hier die Tradition wechselt, beweist die Tatsache, daß zur Zeit der Troubadours musikalische Dilettantinnen häufig die Geige spielten. »Die Instrumente, welche die jungen Damen zu lernen hatten, waren Saiteninstrumente, sowohl solche, die geschlagen oder gestrichen wurden, wie die

Leier, die Harfe, als auch solche, die man mit dem Bogen streicht. Die Fidel oder Geige wird häufig als das Instrument der Damen erwähnt.«[32]

Die Vergangenheit ist, obwohl es auch dem vorigen und der ersten Hälfte unseres Jahrhunderts nicht an bekannten Instrumentalistinnen gefehlt hat, hinsichtlich unseres Problems sehr unergiebig. Von einer Gräfin Thun, deren »Anmut, Leichtigkeit, Delikatesse und unvergleichlichen Geschmack« beim Spiel des Klavizimbels Carl Burney[33] rühmt, teilt er nachfolgende Äußerung mit: »Sie sagte mir, sie habe ehedem viel besser gespielt als itzt, und setzte sehr scherzhaft hinzu, daß sie sechs Kinder gehabt und ein jedes habe etwas von ihr mit weggenommen.«

Erwähnt sei, daß Künstlerinnen von der Bedeutung der Pauline Fichtner-Erdmannsdörfer, nach Bülow eine der wenigen Pianistinnen, »die unter die Klavierspieler gehören, eine der weißen Räbinnen«, und Erika Lie Niessen – von Björnson eine der ersten Frauen ihres Landes genannt – alle Erfolge klaglos mit einem glücklichen Eheleben vertauschten.

Dagegen stellt Clara Schumann die denkbarst ideale Verkörperung von Künstlerin und Gattin dar. Es galt ihr als höchste Aufgabe, der Welt ihres Gatten Werke in vollendeter Ausführung zu vermitteln.

Nur einer Natur von gleicher Kraft des Könnens und Wollens war es möglich, neben höchster Kunsterfüllung und hingebender Gattenliebe acht Kindern eine Mutter zu sein, deren Vorbild und Allgegenwart die häufige Abwesenheit vom Hause aufwog. Schon um ihre Familie zu ernähren, mußte sie bald nach Robert Schumanns Tod ihre Tätigkeit wieder aufnehmen. »Eine vorwurfsfreie Vollendung«, sagt Liszt, »charakterisiert jeden Ton dieser sanft leidenden Sybille, die, Himmelsluft atmend, mit der Erde nur noch durch ihre Tränen verbunden scheint. Von allen wird sie immer bewundert werden, da sie in jeder Hinsicht makellos und durch andauernde Sorgfalt, Energie des Willens und asketische Hingebung zu einer Meisterschaft gelangt ist, die sie gewissermaßen als unfehlbar stempelt.«

Kommen wir zur Instrumentalistin der Gegenwart, so ergibt sich aus der Erhebung, daß der physiologischen Gebundenheit der Sängerin hier andere Schwierigkeiten gegenüberstehen. Mehrere Klavierspielerinnen betonen die außerordentlichen Ansprüche, welche das Erwerben und Behaupten der Technik an die Nervenkraft stelle. »Nach meiner Erfahrung«, schreibt uns die ausgezeichnete Pianistin Laura Rappoldi Kahrer, »vereinigt sich ein künstlerischer Beruf nicht mit Frauen- und Mutterpflichten; es

gehört eine ungeheure Willenskraft, Energie, körperliche Gesundheit etc. dazu, beides zu vereinigen.«
Nach Marie Wittichs Überzeugung »läßt sich die vornehmste Aufgabe der Frau als Mutter, die Erziehung ihrer Kinder, nur dann völlig erfüllen, wenn die Frau hierfür ihre ganze Kraft einsetzt. Die Ausübung eines anderen Berufes macht die Lösung unserer Aufgabe, wenn nicht unmöglich, so doch außerordentlich schwierig.«
»Kinder von Künstlern seien schwer zu erziehen«, heißt es bei einer andern Expertin, »die mit dem Beruf verbundene Nervosität der Eltern überträgt sich schon von der Geburt an auf die Kinder. Vielleicht ist es besser, wenn nur ein Teil der Eltern künstlerisch tätig ist, oder daß man die Kinder außer Hause erziehen läßt.«
Andere Berichte an uns lassen glauben, daß einer Vereinigung nichts im Wege stehe. Und zweifellos umschiffen in einer Reihe von Fällen kühl besonnene Naturen oder Persönlichkeiten von seltener Körperkraft, Elastizität, Heiterkeit und Gleichmaß der Seele alle Fährlichkeiten.
So meint Ninette Wegmann, selbst Mutter zweier Kinder, »daß jede körperlich gesunde Frau, welche nicht gewaltsam durch Verhältnisse in ihr fern liegende Arbeit gezwungen, sondern nur dem Verlangen ihrer eigenen Natur nachgibt, und die ihr eigene Beanlagung auslebt, mindestens so harmonisch und gesund ist, als die nur ihre Hausfrauenpflichten erfüllenden Frauen«.
Clara Umlaufs »bisherige Erfahrungen führen zu der Behauptung, daß die geistig produktive Arbeit der Frau sie keineswegs hindern kann, ihren Pflichten als Gattin und Mutter nachzukommen«.
Nach Frau Bloomsfield Zeislers Ansicht kann »bei vernünftiger Behandlung des Gegenstandes eine Frau einen Beruf haben und dabei die beste Gattin und Mutter sein«. »Man darf die Sache nicht übertreiben, sondern es müssen von beiden Seiten Konzessionen gemacht werden.«
Hierzu muß in Betracht gezogen werden, daß die Mittel zur Gewinnung von Ersatzkräften für die mütterliche Pflege und Aufsicht wohl keiner erwerbstätigen Frau so reichlich zufließen, als einer gefeierten Musikerin. Der Beeinträchtigung des Mutterberufs steht hier nicht nur die künstlerische Leistung gegenüber, sondern diese ist auch eine Quelle großer Einkünfte zum Nutzen der Familie.
»Wenn eine Frau«, schreibt die Geigerin Irma Sänger-Sethe, »ihre Berufstätigkeit plötzlich oder allmählich einstellt, so liegt

das nach meiner Beobachtung und Erfahrung nicht an besonderen Schwierigkeiten, die aus dem Ehe- und Familienleben erwachsen, sondern 1. an dem Mangel an kräftiger ursprünglicher Begabung und des inneren Dranges, sie zu betätigen, und 2. an dem Mangel an Energie, die neuen Lebensumstände dem Beruf und den Beruf den neuen Lebensumständen anzupassen.«

Aus der Fülle der so unendlich verschiedenen, individuell gefärbten Lebensbilder drängt sich hinsichtlich unseres Problems neben den nach Berufszweigen bedingten Abweichungen eine Unterscheidung allgemeiner Natur zwischen der großen beseelten Kunst und dem großen Virtuosentum auf.

Unter den berühmten Virtuosinnen, deren Genie Gewalt und Klangzauber der Stimme oder technisches Vermögen ist, sind wir keinem einzigen Beispiel begegnet, wo ein Konflikt zwischen widerstreitenden Pflichten auch nur die Schwelle des Bewußtseins gestreift hätte. Vielmehr sind es die großen Seelenkünstlerinnen, welche den Widerspruch zwischen ihrem Künstler- und Mutterberuf am tiefsten zu empfinden scheinen, in vereinzelten Fällen aber neben dem Kampf auch die Seligkeit eines schweren aber vollerfüllten Künstler- und Frauendaseins auskosten.

Über individuelle, berufliche und typische Unterschiede hinweg gestaltet sich rein äußerlich die Sachlage naturgemäß am schwierigsten bei der gastierenden Künstlerin. »Such problems must arise in all cases where mothers have professions which take them from home. Who is wise enough to solve them always judiciously? At best it is a choice between evils«*, schreibt uns die feinsinnige Konzertsängerin Lilian Henschel.

Allein vielleicht mehr noch als für die gastierende Konzertsängerin und Instrumentalistin gilt für die reisende Bühnenkünstlerin, daß ihr Beruf in weitaus den meisten Fällen die Erfüllung der Mutterpflichten in einem höheren Sinne ausschließt. Es gibt wohl kaum eine zweite Lebensstellung, die heftigere Erregung, wildere Stürme, größere Abhängigkeit von Gunst oder Ungunst des Augenblicks, jähere Wechsel von Wonnerausch und Verzweiflung in sich birgt. Der Begriff des Heims verblaßt oft für Jahre zu dem einer gelegentlichen Ankerstelle im Ozean der Wanderungen. Ruhelos durchjagt die Künstlerin die Länder und Erdteile dem Ruhme und dem Gewinne nach.[34]

Äußere und innere Bedingungen ihres Berufes werden es in der Regel unmöglich machen, daß sie das ganze Leben eines Kindes

* »Solche Probleme entstehen immer dann, wenn Mütter Berufe haben, die sie außer Hause führen. Wer ist klug genug, sie immer vernünftig zu lösen? Es bleibt bestenfalls eine Wahl zwischen zwei Übeln.«

behütet, es körperlich und seelisch zum Kampf mit dem Dasein stärkt und es zu jeder bangen Stunde tröstet, »wie einen seine Mutter tröstet«.[35]

Sie setzt dagegen die Größe ihrer Leistungen und deren Bedeutung für die Kulturentwicklung. Die Einschätzung dieser Mächte bestimmt die Wertung der Künstlerin als Weib und als Mensch.

ANMERKUNGEN

1 G. P. Upton, *Woman in Music*, Chicago 1899.

2 W. H. Riehl, *Musikalische Charakterköpfe*, Stuttgart 1861.

3 R. Wagner, *Über Schauspieler und Sänger*, Leipzig 1872.

4 Otto Gumprecht, *Neue musikalische Charakterbilder*, Leipzig 1876.

5 Siehe F. J. Fétis, *Histoire Générale de la Musique*, Paris 1869.

6 Eine Ausnahme macht Lesbos, wo die Frauen überhaupt große Bewegungsfreiheit genießen. So wissen wir, daß Sapphos Haus, das eine Art musischer Hochschule bildete, von vornehmen Mädchen aus verschiedenen Teilen Griechenlands zum Studium von Poesie und Musik aufgesucht wurde.

7 Andere Bischöfe und Kirchenvorsteher legten indes das Wort Paulus »Eure Weiber lasset schweigen in der Gemeinde« dahin aus, daß auch das Mitsingen der Weiber beim Gottesdienst darunter zu begreifen sei.

8 A. W. Ambros, *Geschichte der Musik*, Breslau 1862–68.

9 Ambros, a. a. O.

10 Ambros, a. a. O.

11 Ambros, a. a. O.

12 *Handbuch der Musikgeschichte*, 1878.

13 In Hamburg protestierte Mattheson gegen das Verbot der Zulassung von Frauen zur Kirchenmusik »als skrupulös und heuchlerisch« und zog Sängerinnen zu den von ihm geleiteten Musikwerken heran. Siehe Mattheson, *Das neu eröffnete Orchester*, Hamburg 1713, S. 206. Indes scheint die Zulassung der Frauen sich nur langsam eingeführt zu haben, denn 1725 heißt es in seiner *Critica Musica:* »Ich bleibe noch wie vor 12 Jahren bei den Worten stehen, daß wir die Gaben Gottes mit Füßen treten, wenn wir unter nichtigem heuchlerischen Vorwande kein Frauenzimmer zur Kirchenmusik lassen und den Gottesdienst also seines besten Schmukkes berauben.« Und noch 1773 konstatiert Carl Burney (*Tagebuch einer musikalischen Reise, Bd. I*, Hamburg 1773), daß er in Brüssel in der Kirche St. Gudula ein paar Frauenstimmen fand, »welche zwar nicht gut sangen, aber deren Dortsein mir doch bewies, daß man, ohne selbst der zu weit getriebenen Andacht ein sündliches Ärgernis zu geben, weibliche Stimmen bei Kirchenmusiken zulassen könne. Würde die Gewohnheit allgemein, in den Kirchen die hohen Stimmen mit Weiblichem zu besetzen: so wäre in Italien der Menschheit einen Dienst geleistet, und in dem übrigen Europa würde die Kirchenmusik dadurch angenehmer und vollkommener werden.«

14 Im nachfolgenden sind hier wie bei den ausübenden Künstlerinnen nur die wichtigsten und diejenigen, deren Leben irgendwelche Beziehung zu unserm Problem ergibt, erwähnt.

15 »Francesca war ein Genie; sie hatte unverkennbar mehr Musik in sich, als selbst ihr berühmter Vater.« In keiner andern Musikgeschichte haben wir die Caccini auch nur erwähnt gefunden. Aber keinem andern sind auch alle Tonwerke und alle zeitgenössischen Musikschriften so im weitesten Umfange zugänglich gewesen wie Ambros. »Um sein Urteil auch im einzelnen näher prüfen zu können«, sagt Dommer im *Handbuch der Musik*, »müßte man freilich alle ihm im weitesten Umfange zugänglich gewesenen Tonwerke selbst vor sich haben.« Mag als weißem

Raben in der Komposition dem Weibe auch etwas von dieser Bewunderung, die Ambros der Caccini zollt, gelten, so muß man doch erwägen, daß es sich hier nicht um Verherrlichung in einem der zahllosen Frauenbücher handelt, sondern um eine ganz objektive, ausführliche Besprechung in einem ernsthaften Geschichtswerke. Siehe auch *Lexikon der Tonkünstler, Bd. I;* ferner Fétis *Biographie Universelle des Musiciens,* Paris 1861.

16 Ambros, a. a. O.

17 Ingeborg von Bronsart's Oper »Jery und Bätely« ist fast auf allen deutschen Bühnen, auch in Berlin, mit Erfolg aufgeführt worden.

18 Angeführt bei La Mara, *Musikalische Studienköpfe, Bd. 5.*

19 Die üble Nachrede über ihr sittliches Verhalten, die sich durch viele Bücher schleppt, ist zuverlässig widerlegt worden.

20 A. Niggli, *Faustina Bordoni,* vgl. auch Burney, *Tagebuch einer musikalischen Reise, Bd. I.*

21 Chrysander, *Händel, Bd. II.*

22 Siehe Riesemann, *Eine Selbstbiographie der Sängerin G. E. Mara.* Allgem. Musikal. Zeitung, 1875, Nr. 32; Arnold Niggli, *G. E. Mara,* Samml. Musik. Vorträge, Nr. 30; Friedrich Rochlitz, *Für Freunde der Tonkunst,* Grosheim, *G. E. Mara.*

23 Mit 17 Jahren war sie bereits in Leipzig als Konzertsängerin für 600 Rtlr. jährlich engagiert. Gellert erhielt 1751 als außerordentl. Professor an der Universität 100 Rtlr. (Arnold Niggli, *G. E. Mara.* Samml. Musikal. Vorträge, Nr. 30.)

24 »Ein Weib, das sich einem Manne ganz hingegeben hat«, sagt Friedrich II. über sie, »ist nun einmal wie ein Jagdhund: je öfter mit Füßen getreten, desto anhänglicher.«

25 Levetzow, *Leben und Kunst der Frau Hamel-Schick,* Berlin 1809.

26 Die Catalani wurde 1783 geboren; mit 7 Jahren sang sie im Kloster. In England verdiente sie mit Benefiz-Konzerten bis zu ½ Mill. Pfund St. 1805, 22 Jahre alt, heiratete sie und 1815 eröffnete sie in Paris ein eigenes Theater. Siehe Sievers, *Über Mme. Calatani als Sängerin, Schauspielerin und mimische Darstellerin.*

27 Siehe Ernest Legouvé, *Maria Malibran*; John Nathan, *Mme. Malibran. Biographische Skizze,* 1836; Treskow, *Mme. Malibran,* 1837; Merlin, *Mme. Malibran,* Brüssel 1838.

28 S. Schauspielkunst S. 54

29 Siehe H. S. Holland und W. S. Rockstro, *Jenny Lind.*

30 »Noch jahrelang kämpfte ich den schweren Kampf, und selbst heute noch lebt der Wunsch in mir, noch einmal einem der herrlichen Gebilde, welche gerade die deutsche Oper besitzt, Leben zu verleihen. Aber des Weibes Leben ist Entsagung.« (La Mara.)

31 Nur die wenigsten Sängerinnen, und auch diese nur in jugendlichem Alter, verfügen während dieser Zeit in vollem Maße über ihre Stimmen in voller Reinheit und Klangfülle. Wenigstens ist das die geltende Meinung, wie wir sie aus den uns gemachten mündlichen Mitteilungen von Sängerinnen entgegennahmen. »In der Mehrzahl der Fälle wird auf dem Kontinent bei Kontrakten mit Sängerinnen Dienstfreiheit während der Menstruation ausgemacht, während englische Impresarien sie nicht zugestehen, in der Praxis sie sich aber auch gefallen lassen müssen«, sagt Havelock Ellis *(Mann und Weib).* Demgegenüber teilte uns ein bekannter Frauenarzt mit, daß speziell für erste Soubretten derartige kontraktliche oder außerkontraktliche Unterbrechungen häufig ausgeschlossen seien und daß er in seiner Praxis Fälle der schonungslosesten Überanstrengung vor Augen gehabt habe. Es erübrigt sich darauf einzugehen, wie es sich mit der Lage von Künstlerinnen geringeren Ranges verhält.

32 Jacob Falke, *Die litterarische Gesellschaft im Zeitalter des Frauen-Kultus,* zitiert bei Ambros.

33 *Tagebuch einer musikalischen Reise, Bd. II,* Hamburg 1773.

34 Die Sängerin Mara erzählt von der Todi: »Sie hatte für eine Reisende das Unglück gehabt, alle Jahre ein Kind zu bekommen, welches dann machte, daß sie in jedem Lande eins hinterließ.« Siehe A. Niggli, *G. E. Mara,* Samml. Musikal.

Vorträge, Nr. 30. Maria Francesca Todi, geb. 1748 in Portugal, starb 1792 mit Hinterlassung von acht Kindern und 400 000 Franken sowie Schmuck für 100 000 Franken. Sie war in Paris, Berlin, dann wieder Paris, Petersburg und wieder in Berlin engagiert. – Désirée Artôt vertraute ihre Kinder während ihrer kolossalen Reisen einer deutschen Erzieherin an. Sehr anziehend berichtet sie selbst über eine Konzerttour im Kaukasus: »Es war eine schauerliche Fahrt; unser Leben hing an einem Faden. Ich hatte es dem Schutz des Höchsten empfohlen und dachte an meine armen Kinder in der Ferne.« Siehe Désirée Artôt, *Erinnerungen an meine Konzerttournée im Kaukasus.*

35 »Ich will Euch trösten, wie einen seine Mutter tröstet« Jesaia Kap. 66, V. 13. Brahms, Ein deutsches Requiem, für Soli, Chor und Orchester Op. 45.

ANNA PLEHN

WEIBLICHE KUNST UND DIE FRAU ALS MÄZEN
[1904]

Wenn es wahr wäre, daß weibliche Künstler im besten Falle nur bildeten, was die männlichen Schaffenden auch ans Licht bringen, und wenn weibliche Kunstmäzene – sofern es solche gibt, was noch die Frage ist – nur sammelten, förderten, nachfühlen könnten, was die Männer ebenso gut zu schätzen wissen – dann könnte man sagen, daß sie beide von keiner besonderen Bedeutung für die Menschheit seien. Immerhin dürfte ihnen ihr Tun trotzdem nicht verleidet oder erschwert werden, da sie darin jedenfalls sich selbst eine Quelle der Bereicherung erschlossen hätten.

Da nun aber die Natur der Frau anders ist als die des Mannes, so muß sie auch, wenn sie nur ihrer Persönlichkeit vertraut, andere Dinge schaffen als er. Und wenn die Frau in der Würdigung von Kunstwerten andere Maßstäbe anlegt als der Mann – und da sie anders ist als er, wird sie nicht umhin können, so zu verfahren –, so wird sie eine andere Art von Kunst zu fördern suchen. Ich füge gleich hier hinzu, daß es nicht notwendig weibliche Kunst sein muß, dem dies besonders gerichtete Verständnis zugute kommt. Allerdings ist zu vermuten, daß die bis jetzt noch so vereinzelten Laute, zu denen die weibliche Seele das Instrument der Kunst in Bewegung setzt, leichter zu den Frauen dringen werden als zu der Mehrzahl der Männer. Darum schien es mir ersprießlich, mein Thema so zu fassen, wie ich es getan habe und von den produktiven Leistungen der Frau in Verbindung mit dem hegenden Beschützertrieb zu sprechen, der unserem Geschlecht so wohl ansteht und bei ihm so häufig gefunden wird.

Ich bin durchaus darauf gefaßt, daß schon die vorstehenden Sätze hier und da auf Widerspruch stoßen. Man wird vielleicht behaupten, daß die Kunst nur *eine* sei und bleiben solle. Man wird auf die bisherigen Verhältnisse verweisen, auf die der Menge nach geringe Beisteuer, welche die eine Menschheitshälfte bisher zu dem geistigen Erwerb der Gesamtheit geleistet hat, und auf die große Zahl von weiblichen Künstlern, deren Empfindung und Ausdrucksweise nichts war als ein schwaches Bächlein, das sich eilig dem breiten Strombett der Kunst des Mannes anzuschließen strebte. Es wäre auch ganz aussichtslos, leugnen zu wollen, daß weibliches Kunstschaffen bisher nur in vereinzelten Fällen einen eigenen Stil hatte und daß es nur in diesen Ausnahmefällen fähig war, einen Strahl aus der Wirklichkeitswelt, umgestaltet durch das Medium der besonderen femininen Empfindung, als ein eigenes Bild den Augen darzubieten. Dann aber war das ein neues Geschenk, weil bisher das Gefühl des Mannes fast lediglich die Vermittlerrolle spielte. Nur wer die vom Manne abweichende Art der Frau allein in *fehlenden* Geisteseigenschaften sucht, kann abstreiten, daß wir von einer selbständigen Betätigung der Frau auf künstlerischem Gebiet – wovon wir nur bisher nicht genug sahen – Überraschungen zu erwarten haben.

Aus dem optischen Gebiet mag ein Beispiel zu näherer Erklärung dienen:

Obgleich die bunte Welt, die uns umgibt, für unsere Auffassung keine Lücken hat, wissen wir doch, daß es nur ein Teil der möglichen Erscheinungsformen ist, die uns zum Bewußtsein kommen. Die Physik spricht von Farben, welche uns unsichtbar bleiben, weil die Netzhaut des menschlichen Auges für sie kein Empfindungsvermögen hat. Wäre sie anders organisiert, so müßte sie auch das Ultraviolett auffassen können, dem auf der entgegengesetzten Seite des Spektrums ein Ultrarot entsprechen könnte. Wir besäßen dann Märchenscheine, diese neuen Farben, die man als Kind eines Tages zu entdecken hoffte, bis dann wachsende Erkenntnis die Gefängnisgitter offenbarte, zwischen denen uns unsere Sinne zeitlebens einschließen. Vielleicht braucht dem geistigen Schauen der Menschheit nicht immer vorenthalten zu bleiben, wovon das körperliche Sehen ausgeschlossen ist. Ich meine, man dürfte das weibliche Empfindungsvermögen einer Netzhaut vergleichen, welche einen Teil der unsichtbar bleibenden Farben auffangen könnte, während ihr dafür freilich manches entginge, was die Sehnerven des anders organisierten Wesens trifft. Wenn sich das so verhält, dann muß es eine Bereicherung der Kunst sein, wenn der männliche und der weibliche Künstler jeder nach seiner Sonderart seine Erkenntnisse aus der gleichen Wirklichkeit ableitet. Denn die Nerven, mit denen sie auffassen, liegen nicht bei beiden auf demselben Felde. Sie haben nicht absolut getrennte Gebiete, aber die Grenzen sind anders geführt. Manches wird von beiden ungefähr in der gleichen Weise aufgenommen, aber wie es Empfindungen gibt, die dem Manne fremd sind, so muß es künstlerische Erkenntnisse geben, zu denen er nicht vordringen kann. Um in meinem Bilde zu bleiben: es wäre möglich, daß der Mann wohl die ultravioletten, aber nicht dic ultraroten Gefühlswerte zu fassen wüßte, während die Frau zwar jenseits des rötlich werdenden Blau nichts mehr wahrnehmen könnte, dagegen zur Verkünderin des Lebens würde, das sich so lange verborgen diesseits des Rot abspielte. Beiden gemeinsam wäre die Zone, welche sich zwischen den Grenzen des Spektrums ausbreitet.

Was irgend ein einzelner Künstler sieht, das macht er zum Gemeingut der Menschheit. So könnte denn die Welt durch die zukünftige Künstlertätigkeit der Frau um eine ganze Anschauungsregion erweitert werden. Und darüber hinaus muß auch das Gesamtbild ein anderes Aussehen gewinnen. Striche man einige Farben aus dem Regenbogen und könnte man dafür einige neue hinzusetzen, so würden auch die, welche bestehen blieben, ihre Wirkung auf das Auge verändern. Denn eine Farbe ist nicht durch sich selbst da, sondern sie ist wesentlich beeinflußt durch ihre Genossen. Und so wird auch der Regenbogen einer künstlerischen Weltspiegelung einen anderen Ausdruck annehmen, je nachdem ihm die spezifisch männlich oder die spezifisch weiblich überlegene Feinfühligkeit die Ausdehnung nach dieser oder jener Richtung gab. Und so behaupte ich denn, es wird nicht nur eine persönlich gestempelte Auffassung derselben Kunst sein, wie die Welt sie bisher von den Schaffenden sah, sondern wenn einmal Frauenkraft recht schöpferisch tätig sein wird, dann wird es eine andere Art von Kunst zu sein scheinen.

Es wäre zu viel verlangt, wenn die Art, wie diese neue Erscheinung beschaffen sein wird, jetzt schon genau bezeichnet werden sollte. Und doch werden viele mir zustimmen, daß jetzt hin und wieder Dinge kommen, die Männer nicht so hingestellt haben würden. Unsere Ausdrucksmittel diesen Dingen gegenüber sind nur gar zu hilflos. Sonst müßte man sagen können, worin die spezifisch weibliche Art zu sehen in der Schilderung der Lagerlöf liegt. Oder man müßte die Behauptung ganz unangreifbar machen können, daß Käte Kollwitz eine besonders stark frauenhaft empfindende Natur ist. Und zwar würde es nicht etwa allein oder auch nur vorzugsweise in der Stoffwahl liegen, durch die wir die Welt unter einer anderen Beleuchtung sehen, sondern es muß die Art sein, wie das Geistige hörbar und das körperliche sichtbar gemacht wurde, worin sich die weiblichen Empfindungsnerven der Künstlerin verraten. Wortwahl und Satzkonstruktion dort, Liniensprache und Körpermaße hier würden darüber Auskunft zu geben haben. Denn bisher ist man mit Unrecht mit unkritischer Beharrlichkeit von der Ansicht ausgegangen, daß die weichere, wehmütigere oder heiterere, aber jedenfalls flacher bewegte Äußerung von der Frau zu erwarten sei. Hatte eine Tat Kraft und Tiefe, dann mußte sie von einem Manne kommen, aber sie wurde als eine Ausnahme, als eine »männliche« Leistung der Frau bezeichnet. Wir werden etwas vorsichtiger mit solchen Feststellungen umgehen und erst abwarten müssen, wie die Künstlerin der Zukunft sich aussprechen wird, und wir werden dann, wenn wir einmal ausreichendes Material zur Gegenüberstellung haben, zugleich genauer erfahren, was das eigentlich männliche Künstlertum ist.

[...]

Wie soll nun die neue Kunst, die wie wir hoffen, kommen soll und deren erste Vorboten wir jetzt begrüßen, ihren Einzug in die Welt halten? Wird man ihr wie einer Erwünschten mit froher Begrüßung willig entgegenkommen? Das dürfen wir wohl nicht erwarten. Wie alles Neue wird sie unerkannt und unscheinbar ihren Einzug halten, durch Nichtbeachtung gekränkt, durch Verkennung und Befehdung bedroht. Sie wird viel Zeit verlieren, indem sie im Schatten kümmert wie Frühlingspflanzen, die sich durch das tote Laub des vergangenen Winters mühsam ans Licht kämpfen müssen, wenn ihnen nicht eine achtsame Hand die Hindernisse forträumt und dadurch den jungen Sprossen den Weg zu Sonne und Luft öffnet. Mir scheint, es wäre nicht unnatürlich, wenn sich Frauen diese Beschützeraufgabe stellten. Denn es ist nicht zu verlangen, daß Männer sie ihnen abnehmen sollen, besonders da sie der Frau so viel leichter werden müßte.

Denn hier handelt es sich in erster Linie um die Feinheit des Unterscheidens; wo ist denn die Betätigung der Frauenseele, und wo ist nur eine gewandte Anpassung an die heiliggesprochenen Werte der männlichen Kunst? Man müßte vom weiblichen Instinkt fordern, daß er unbestechlich die Stimme für das erheben würde, was seines eigenen Wesens ist, und daraus die Pflicht folgerte, sich dieses Ringenden anzunehmen. Man sollte nicht umsonst bei dieser Gelegenheit auf die Fürsorge derjenigen rechnen, zu deren schönsten Ruhmestiteln von jeher der Trieb gezählt wurde, sich des Hilfsbedürftigen anzunehmen.

Es gibt gewiß Frauen, welche die Muße und die Mittel haben, Mäzene zu sein. Wenn sie sich bisher in dieser Richtung betätigten, war häufig ein persönliches Motiv der treibende Faktor. Man sagt es den Frauen nach, daß sie eine Sache nicht häufig um ihrer selbst willen förderten, wenn nicht ihre Teilnahme erworben hätte, wer die Sache verkörpert. An sich wäre solche menschliche Erwärmung etwas nur Natürliches, aber wir haben leider zuweilen gesehen, daß auch die Sache fallen gelassen wurde, wenn in den persönlichen Beziehungen Änderungen eintraten. Andererseits wurden oft die menschlichen Verdienste des Künstlers oder auch zufällige gesellschaftliche oder vertrauliche Beziehungen zu ihm über die Qualitäten seiner Leistungen gestellt, und man schraubte seine Kunstanschauungen auf das Niveau dessen, was der zufällig befreundete Mensch leistete. Will die Frau als Förderer der Kunst ernst genommen werden, so wird sie dem Guten die Unterstützung nicht versagen dürfen, aber sie wird mit derselben vorsichtig umgehen müssen, und sie sollte Hilfe unbedingt da verweigern, wo kein Kunstinteresse in Frage kommt. Denn der Ruf der Frauenkunst verlangt entschieden eine gewisse Härte gegen das, was sich diese Bezeichnung nur anmaßt. Der Dilettantismus soll hingewiesen werden, wohin er gehört, in das Privatleben, aber man soll ihn nicht dadurch zur Überhebung ermutigen, daß man ihn mit Kunst gleichstellt.

[...]

Das Weib befindet sich gegenwärtig in einem Zeitpunkt ihrer Entwicklung, der etwa dem eines jungen Volkes gleicht, wenn es seine historische Laufbahn beginnt. Von dem ersten Aufschwung der Menschheit über das bloße Vegetieren hinaus wissen wir nichts. Wo wir durch die Geschichte Völkerneulinge kennen lernten, oder wo wir zu den tieferen Stufen der heute lebenden Stämme herantreten, überall finden wir sie bereits umgeben von der Autorität einer überlegenen Kultur. Wie sie gegen die Übermacht ihre Eigenart zu behaupten wissen, danach messen wir ihnen unsere Schätzung zu. Je ursprünglicher die Zeugen solcher Selbstbehauptung gegenüber dem Fremden sind, desto höher bewerten wir sie. Die Gelehrten bedauern, daß die schnelle Ausbreitung der höher kultivierten Rassen die primitiven Äußerungsformen des Menschlichen bald von der Erde vertrieben haben wird, so daß wir von ihnen kein Beobachtungsmaterial mehr werden sammeln können. In gleicher Weise wie die unentwickelten Völker findet sich das weibliche Geschlecht von der feststehenden Kultur des männlichen umgeben. Die Frau ist in einer größeren Gefahr, von dieser Autorität dauernd überwältigt zu bleiben, als irgend ein Negerstamm von den Weißen zu fürchten hat. Obgleich der Unterschied zwischen Mann und Frau – ich meine natürlich nicht an Intelligenz und Fähigkeit, sondern an Charaktereigenschaften und Persönlichkeitsinhalt – ich sage, obgleich dieser Unterschied zwischen den beiden Geschlechtern der weißen Rasse größer ist als der zwischen Weißen und Wilden, so ist gerade der Entwicklungsgrad der weiblichen Intelligenz ein Umstand, der sie fähiger macht zur Befolgung seines Vorbildes. Um so interessanter wird man einmal die ersten Versuche finden, der Menschheit jene zweite Form der Kultur zu erobern, welche die Frau der Welt schuldig ist.

Mit ihren Geschlechtsgenossinnen, die sich anschicken, diese Pflicht in Angriff zu nehmen, würden diejenigen sich ein Verdienst erwerben, welche verstünden, was in der von Frauen geleisteten Kunst in diesem Sinne das Verheißungsvolle und das Notwendige ist. Denn man soll nicht glauben, dieses werde sich ja ohnehin durcharbeiten, wenn ihm dazu die Kraft innewohne. Wissen wir etwa, wieviel Leichen von Möglichkeiten auf dem Wege der Menschheit liegen? Das Vorurteil, daß das Gute unüberwindlich sei, hat schon vielem Guten das Leben gekostet. Sicherlich wird keine Protektion jemals die Genies aus der Erde locken, aber sie kann die Kraft, welche sich selbst heraufrang, vor dem Schicksal des Erliegens bewahren.

PHILIPPINE SCHICK

DIE FRAU ALS KOMPONISTIN
[1943]

Die Musiklexika nehmen selten eine Frau ernst. Sie werden dort nur selten weiblichen Namen begegnen. Der krasseste Fall in dieser Beziehung bietet das 1941 neu herausgegebene Musiklexikon des Kölner Musikwissenschaftlers Dr. Ernst Buecken. Ich wurde von anderer Seite darauf aufmerksam gemacht, daß keine einzige Komponistin darin stünde – außer Ethel Smyth, einer ca. 84jährigen englischen Komponistin, die kürzlich gestorben ist. Dagegen sind in diesem Lexikon sehr viele ganz junge und noch unbekannte männliche Komponisten aufgeführt – *aber* sie sind ja Männer.

Seit Jahrzehnten ist keine einzige Frau in Deutschland an einer staatlichen Musikhochschule für das Fach Komposition angestellt. Die musischen Gymnasien und andere Musikschulen springen überall wie Pilze aus dem Boden, junge, anfangende Komponisten werden angestellt, beileibe aber keine Frau! Die letzte staatlich angestellte Komponistin, die Holländerin Elisabeth Kuyper, verschwand schon 1920 von der Berliner Hochschule, wie vor sehr vielen Jahren die inzwischen verstorbene Johanna Müller-Herrmann von der Hochschule in Wien.

Auch die verschiedenen Vereinigungen für neue Musik – München, Frankfurt, Leipzig, Hamburg – führen anscheinend prinzipiell keine Frauen auf. Man kann auch manchmal musikalische Experimente und Anfängerarbeiten hören dort – aber lieber das als ein gutes Werk einer Frau.

[...]

Warum gibt es nun wohl so wenige Komponistinnen? Wenn eine Frau überhaupt schon schöpferisch begabt sein kann (wenn dies auch stets in einem höheren Sinne Ausnahmefall bleiben wird!), warum sollte sie es nur als Dichterin oder Malerin und nicht als Komponistin? Ich glaube, die Gründe hierfür liegen zunächst hauptsächlich im Soziologischen. Das technische Rüstzeug des Komponisten ist ein so ungeheures Gebiet, erfordert solch jahrelange Geduld und Ausdauer im Erlernen des rein Handwerklichen, daß hieran wohl schon die meisten Frauen scheitern. Die Dichterin hat es leichter: ihr technisches Rüstzeug, die manuelle Tätigkeit sozusagen, ist einfach: orthographisch richtig schrei-

PHILIPPINE SCHICK

ben können! Allenfalls noch Studien machen in allerhand Versmaßen, aber das Wesentliche und meiste kann nicht studiert werden: man bedenke, daß ein völlig ungebildeter Mann wie der schottische Dichter Robert Burns Weltgeltung erlangt hat.
Die Malerin hat es schon schwerer durch die verschiedenen Maltechniken, die zu beherrschen sind: aber *so* zeitraubend und

vielseitig wie gerade das kompositorische Studium ist wohl kein anderes. Vorerst muß die Komponistin mal ordentlich Klavierspielen lernen, denn Musik entsteht aus dem lebendigen Klang und nicht aus Kombinationen rein intellektueller Art am Studiertisch. Das heißt nicht etwa, daß man nun am Klavier komponieren soll oder muß (obwohl viele große Komponisten auch das getan haben: man erzählt es auch von Wagner), aber vor allem gibt das Klavier das Orchester wieder, man kann mehrere Linien gleichzeitig spielen, was ja bei Streich- oder Blasinstrumenten oder beim Gesang nicht geht, wodurch die Klangphantasie enorm angeregt wird. (Alle großen Komponisten des letzten halben Jahrhunderts spielten ausgezeichnet Klavier, wenn auch nicht im virtuosen Sinne: Reger, Strauss, Pfitzner.) Außer dem Klavier sollte man immerhin ein Streichinstrument einigermaßen beherrschen, vornehmlich die Violine, da der Streichkörper doch die Grundlage des Orchesters ist. Dazu kommen nun, wenn man an einer Hochschule studiert, was wegen der Pflichtfächer von Vorteil ist, fünf Jahre theoretisches Studium; zwei Jahre Harmonielehre, also die Elemente der Satzkunst, dann in weiteren drei Jahren der sog. Kontrapunkt mit allen Schikanen, Kanon und Fuge; dazu die Lehre von den Orchesterinstrumenten und wie man sie zu eigenen Orchesterwerken anwenden muß, die Lehre der musikalischen Formen (Lied, Sonate, Rondo, Tanztypen etc.) und Anfertigung von zahllosen Schulbeispielen in diesen Formen, Beherrschung des Chorsatzes sowie der Solosingstimme. Dazu noch die obligatorischen Nebenfächer Akustik, Klavierbau, Musikgeschichte, Dirigieren.

[...]

So ist also das ganze Studium schon rein quantitativ genug, um eine Frau davon abzuschrecken. [...] Nun aber paart sich der Komponistinnenberuf am allerschlechtesten mit dem der Hausfrau und Mutter, zumal vor allem dann, wenn man versucht, beide Berufe ernst zu nehmen. Es erfordert einen Aufwand an Energie, Ausdauer und körperlichen Kräften, denen der weibliche Körper in den allermeisten Fällen nicht gewachsen ist und denen er einmal erliegt. So bleiben auch weitaus die meisten Komponistinnen bei Liedern und Klavierstücken stehen: oder aber sie geben Mann und Kind oder Eltern auf und leben allein für sich, weil sie nur in absoluter Ruhe und Hingabe an das Arbeiten wirklich große Werke zutage fördern können. Um schöpferisch zu arbeiten ist doch ein ziemliches Maß von *Einsamkeit* nötig, in die man sich, ohne asozial sein zu wollen, doch ab und zu zurückziehen kann, in der man das Getriebe und die

ewig wechselnden, ablenkenden Sinneseindrücke des Tages loswird, um zu einer inneren Einkehr und Beschau zu gelangen. Das kann aber eine Frau, die in normalen Verhältnissen lebt, nie! Es fällt auf, daß die ersten Komponistinnen lauter Fürstlichkeiten waren. Kein Wunder, die hatten ja Zeit und Geld, sich Personal zu halten, das den Haushalt und die Kinderpflege besorgte.
[...]
Auch rein seelische Konflikte können hemmend wirken. Ich weiß selbst, mit welchem Mißtrauen ich meinen eigenen ersten Versuchen begegnete; ich hatte keinerlei Anregung musikalischer Art zuhause, spielte als Kind etwas uninteressiert Klavier, ebenso schlecht wie ungern – hatte dagegen bald ein gewaltiges Bedürfnis, so ein Klavierstückchen selber zu machen. [...] Obwohl ich mit 13 Jahren ein kleines Singspiel von siebzehn Seiten verfaßt hatte, wagte ich nicht, es herzuzeigen, aus Scheu davor, ausgelacht zu werden. Und so bekam ich auch keinen Theorieunterricht zunächst, so gern ich gewollt hätte – ich zweifelte zu sehr an mir selber. Erst mit fünfzehn wurde ich in einer Kinderklavierschule in eine elementare Harmonieklasse gesteckt, wo ich es dann glücklich bis zum Dominantseptakkord brachte. Über hundert Lieder komponierte ich in den folgenden sechs, leider unterrichtslosen Jahren, Klavier- und Violinstücke in Massen. Denn ich war von meinem Vater für das wissenschaftliche Studium bestimmt worden. Als ich 21 Jahre war, riß ich doch aus – und studierte endlich Theorie und Komposition an der Münchener Akademie der Tonkunst, glückselig, endlich lernen zu dürfen. Solange habe ich aber gebraucht, um den förmlichen Komplex loszuwerden, daß eine Frau es ja doch nie in der Komposition sehr weit bringe.
Ich glaube, *diese* Konflikte kennt der männliche Komponist, jedenfalls in der Jugend, nicht. Er weiß, daß Männer auf kompositorischem Gebiet Großes geleistet haben, ihm steht also nicht sein *Geschlecht* im Wege! Wohl aber der Frau, die weiß, daß es noch nie eine Komponistin von ganz großer Bedeutung gegeben hat. Und warum soll *sie* die erste sein? Aller persönlicher Ehrgeiz kann gar keine Rolle spielen, es ist nur ein unerbittlich hartes Muß, das an der Seele zehrt, das eine Frau förmlich zwingt, körperliches Unbehagen, ja oft Leiden und außerdem den seelischen Zwiespalt zwischen Familie und Beruf auf sich zu nehmen.
Reproduzierende Künstlerinnen haben diese Konflikte kaum im selben Maße. Die Instrumentalistin kann sich immerhin fast ausschließlich ihrem eigenen Instrument widmen; die übrigen

musikalischen Fächer vernachlässigt sie meistens ziemlich. Und – sie hat Aussicht auf Erfolg – ein großer Ansporn für viele! Ganz ohne Wunsch auf Erfolg, auf einen Widerhall, sind wir Kunstschaffenden wohl kaum je – so sehr wir oft an Minderwertigkeitsgefühlen würgen – aber die Komponistin weiß, daß sie zuerst einmal überall dem Mißtrauen begegnen wird.

MATHILDE LUDENDORFF

KÜNSTLERISCHE BEGABUNG
[1927]

Die künstlerische Begabung steht, wenigstens so weit dies manche Gebiete der Kunst betrifft, nicht im direkten Zusammenhange mit der verstandlichen Begabung. Erfahrungen, wie die relative Häufigkeit hoher musikalischer Begabung bei Schwachsinn, sprechen im Gegenteil eher für eine Art Wechselwirkung. In der Tat sehen wir bei vielen Künstlern, daß eine stark ausgeprägte Neigung zum bewußten logischen Denken eher produktionshemmend als fördernd wirkt. Andererseits sind aber einige der oben besprochenen Faktoren der Verstandestätigkeit für einzelne Gebiete künstlerischer Begabung von großer Bedeutung.

[...]

Das *Interesse an der Kunst*, was von jeher bei der Frau sehr rege war, und auch zur reproduktiven Betätigung zum Beispiel in der Musik, zum feinfühligen Nachempfinden in der Dichtkunst, zum intensiven Genuß der Werke der Malerei geführt hat, wollen wir zwar als notwendige Vorbedingung für eine künstlerische Begabung ansehen, nicht aber als Ausdruck oder gar als Beweis einer solchen. Die Begabung zur Reproduktion ist uns hier unwesentlich. Uns interessiert nur die Frage, ob die Frau über die geistigen Eigenschaften verfügt, die der schaffende Künstler besitzen muß. Theoretische Überlegung und praktische Erfahrung bezeugen uns, daß vor allen Dingen eine starke Emotionalität Vorbedingung zur künstlerischen Produktivität ist. Wir wissen schon zur Genüge, daß diese Veranlagung beim Weibe häufiger zu finden ist als beim Manne, daß also die Frau – falls weiter nichts in Frage käme – häufiger als der Mann der geborene Künstler wäre. Ferner haben die reiche, bewegliche Phantasie und die rege Intuition eine ausschlaggebende Bedeutung für die künstlerische Schaffenskraft. Die Enqueten ergaben, wie wir wissen, daß beide Eigenschaften bei dem Weibe häufiger zu finden sind als beim Mann. Mit der Emotionalität des Künstlers hängt es natürlich auch zusammen, daß seine Interesserichtung der der weiblichen Intelligenz ähnlicher ist, wenn auch das Interesse für das Persönliche bei ihm nicht so stark ausgebildet ist. Wir erwarten also eigentlich eine ganz besonders große Zahl weiblicher, schaffender Künstler, jedenfalls weit mehr als das

MATHILDE LUDENDORFF

männliche Geschlecht sie hervorzubringen vermag. Gerade das Gegenteil ist aber tatsächlich der Fall. Das Versagen der Frau auf dem Gebiete der künstlerischen Produktion wird gewöhnlich als Beweis für ihre geistige Inferiorität angeführt. Uns ist mit derartigen allgemeinen Behauptungen natürlich gar nicht gedient. Wir müssen gerade diesen eigentümlichen Befund hochgradiger geistiger Eignung auf der einen Seite, Versagen der Leistungen auf der anderen Seite näher ins Auge fassen. Denn der Gegensatz beruht entweder darauf, daß wir wichtige, und gerade die ausschlaggebenden Eigenschaften des schaffenden Künstlers, die beim Weibe zum mindesten weit seltener sind, noch gar nicht kennen; oder aber wir haben Eigenschaften der Frau, die der künstlerischen Tätigkeit hemmend entgegenstehen, übersehen. Eine dritte Möglichkeit wäre noch die so häufig von Feministen angeführte, daß die Verhältnisse und Anschauungen, unter denen die Frau lebt, allein verantwortlich zu machen wären für ihr Versagen.

Unsere erste Möglichkeit, daß wir ausschlaggebende geistige Eigenschaften des schaffenden Künstlers übersehen haben, ist natürlich recht wahrscheinlich, denn wir dürfen nie vergessen, daß die psychologische Forschung noch in den Kinderschuhen steckt und noch weit davon entfernt ist, uns ein lückenloses Bild der Seele zu geben. Interessant ist für diesen Fall die Frage: Wird es sich hier um eine Eigenschaft handeln, die wir nicht nur bei der Mehrzahl der Frauen, sondern auch bei den Nichtkünstlern unter den Männern vermissen? Oder aber handelt es sich um eine Eigenschaft, die alle schaffenden Männer ganz unabhängig von künstlerischer Begabung unterscheidet von den nichtproduktiven Männern und der Mehrzahl der Frauen? Oder handelt es sich endlich um eine Eigenschaft, die alle Männer prinzipiell von allen Frauen unterscheidet? Wäre dies letztere der Fall, so müßten alle schaffenden Frauen krankhafte Übergangsformen zum männlichen Geschlecht sein. Dann müßten wir uns diese gedachte Eigenschaft als im direkten Zusammenhang mit der Sexualität stehend vorstellen. So könnte man sich denken, daß die geistige Produktivität des Mannes für ihn einen Ersatz darstellt, für das beglückende Gefühl der schaffenden Leistung, welches die Frau durchdringt, wenn sie ein Kind austrägt und unter Schmerzen gebiert. Es kann sein, daß diese Zusammenhänge einen wahren Kern enthalten, immerhin deuten, wenn auch bisher vereinzelte Fälle geistiger Produktivität von Frauen neben vollentwickelter Mutterschaft darauf hin, daß für sie selbst das Streben nach einer derartigen Ersatzleistung nicht die ausschlaggebende Anregung zum künstlerischen Schaffen ist.

Die Möglichkeit, daß in der weiblichen Seele dem künstlerischen Schaffen Hemmungen entgegenstehen, wurde oft angenommen. Da zu jeder Arbeit, also auch zur geistigen Produktion, Willensantriebe Handlungen auslösen müssen, könnte theoretisch das Versagen der Frau auch auf mangelnder Aktivität beruhen. Es ist ja fast Gewohnheit geworden, von der durch die Sexualität veranlaßten Passivität der Frau zu reden. Aus ihr hat man mit Vorliebe die Seltenheit künstlerischer Produktion beim weiblichen Geschlecht abzuleiten gesucht. Wir mußten schon einmal vorgreifend erwähnen, daß die häufige Aktivität bei der Frau durch exakte Enqueten nachgewiesen wurde. Die Annahme einer Hemmung, die auf der Passivität beruht, muß, weil sie sich mit den Tatsachen nicht deckt, fallen gelassen werden.

Weit eher spielt eine andere Eigenschaft der Frau, die in diesem Zusammenhang noch nie beachtet wurde, eine gewisse hemmende Rolle. Wir wissen, daß der Künstler dank seiner Intuition zum Schaffen leicht angeregt wird. Um aber das Werk zu vollenden, muß er in der Intuition verharren, trotz äußerer Einflüsse. Welche Eigenschaft des Künstlers verhilft ihm aber dazu, eine für sein Werk günstige Stimmung voll auszukosten, sich durch Hemmnisse der Umgebung nicht beirren zu lassen? Zweifellos kommt der *Egoismus* hier an allererster Stelle dem Künstler zu Hilfe. Er ist es auch, der einem ergreifenden Erlebnis von einem bestimmten Augenblick an verbietet, weiter verheerend auf das Innenleben einzuwirken. Er ist es z. B., der Goethe von Friederike Abschied nehmen hieß, als sie ihm nicht mehr Anregung sein konnte, sondern Hemmnis wurde. Er ist es, der es Goethe möglich machte, seine unglückliche Liebe zu Lotte in einem Werke aus sich heraus zu stellen und sich so für neue Gefühlsregungen frei zu machen. Er ist es endlich, der Goethe ohne Abschied von Weimar zu neuer künstlerischer Anregung fliehen ließ.

Es kann kein Zweifel darüber sein, der Künstler muß tiefgreifende Erlebnisse erfahren, und dazu verhilft ihm seine Affektivität; aber diese Erlebnisse dürfen ihn nur erregen, nie verzehren, und dazu verhilft ihm sein Egoismus.

Wir werden später noch davon zu berichten haben, daß bei der Frau im Gegensatz zum Manne altruistische Neigungen meist die egoistischen überwiegen. Die Frage, ob diese sekundär aufgetreten sein mögen oder primär dem weiblichen Geschlechte eigentümlich sind, wollen wir an dieser Stelle unerörtert lassen, nur versuchen, uns vorzustellen, inwiefern der *Altruismus* die künstlerische Produktivität hemmt. Die »Stimmung« und die ungestörte Hingabe an sie ist für die Entstehung des Kunstwerkes unbedingt erforderlich. Der Altruist, dem das Wohl und Wehe der anderen Menschen wichtiger ist als seine eigenen Wünsche, wird sehr leicht auf seine Gemütsverfassung einwirken, sich von seinen eigenen Gedanken und Stimmungen ablenken lassen. Er wird aber auch bei Erlebnissen, die sein Gemüt erschüttern, stets in erster Linie bedenken, wie er andere am wenigsten unglücklich macht. Der Gedanke, sein Innerstes möglichst unversehrt aus dem Erlebnis zu retten, ist ihm im Vergleich dazu viel unwichtiger. Eine Künstlernatur mit ausgeprägt altruistischen Tendenzen wird also bestenfalls zwischen den Forderungen der Kunst und denen des Charakters ständig hin- und hergerissen. Nur in den seltenen Fällen, in denen die Umwelt keine Forderungen an seinen Altruismus stellt, wird er sich vorübergehend seinem künstlerischen Schaffen hingeben können. Es wird also nur ein kleiner Teil der Werke, zu denen ihn die künstlerische Begabung befähigt, zustande kommen können.

Doch weit davon entfernt, mit Hilfe dieser einen Eigenschaft der Frau den auffälligen Tatbestand erklären zu wollen, erinnern wir noch einmal daran, daß wir wahrscheinlich die psychischen Geschlechtsunterschiede *erst zum Teil* erforscht haben und diese wenigen auch nur mangelhaft überschauen.

Wie grob und primitiv ist zum Beispiel unsere Einteilung in Emotionelle und Nichtemotionelle, da sie sich letzten Endes nur mit der *Stärke* des Gefühlslebens befaßt. Ob im übrigen *die Art* der Emotionalität des Weibes die gleiche ist wie die des Künstlers, darüber fehlen noch genaue Untersuchungen. Viel leichter wird es sein, den anderen obengenannten Möglichkeiten nachzuspüren: ob nicht ein wahrer Kern in der Auffassung der Feministen zu finden ist, die das Versagen der Frau auf dem Gebiete des künstlerischen Schaffens der andersartigen Erziehung und Lebensweise und der geistigen Unterdrückung des weiblichen Geschlechtes zuschreiben.

Dabei muß uns vor allen Dingen die Frage beschäftigen, ob es denn überhaupt Lebensverhältnisse und Anschauungen gibt, die künstlerische Produktionen erfolgreich unterdrücken können. Eine sehr alte Lebensweisheit »das Genie ringt sich durch« scheint diese Frage mühelos und befriedigend zu beantworten. Aber überall da, wo ein fertiges Sprüchlein in unserem Gedächtnis bereit liegt und wie ein Teufelchen aus dem Kasten springt, wenn das bezügliche Thema gestreift wird, können wir gar nicht skeptisch genug sein, denn dann handelt es sich meist um angelernte Vorurteile, die unserer Erkenntnis hinderlich sind. Wie ist wohl die Vorstellung entstanden, daß das Genie sich stets durchringt? Zweifellos richtig ist das Bild des Kampfes als typisch für das Genie. Der außergewöhnliche Mensch stellt nicht nur eine quantitative Steigerung der Durchschnittsbegabten dar, sondern er unterscheidet sich qualitativ unter anderem auch dadurch, daß er sich von der Masse nicht in bestimmte Formen einzwängen lassen will, sondern sich seinen Weg *erkämpft.* Das Sprüchlein besagt ferner, daß das Genie stets Sieger in diesem Kampf ist und bleibt den Beweis hierfür schuldig. Im Kampfe messen sich zwei Kräfte, und da die feindliche Kraft, die sich dem Genie entgegenstellt, die denkbar stärkste sein kann, kann der Sieg des Genies nicht in jedem Falle gesichert sein. Was zu dem Irrtum führte, war die richtige Beobachtung *unterschiedlicher* Existenzbedingungen des Genialen und des Durchschnittsmenschen. Die Lebensgeschichte des Genies, reich an Kämpfen, arm an satter Zufriedenheit, würde den Durchschnittsmenschen unglücklich machen. Er sieht, daß das Genie sich im Gegenteil dabei glücklich entfaltet und kommt zu der naiven Vorstellung, daß es überhaupt nicht umzubringen ist. Er kommt zu der merkwürdigen Weisheit, daß die Mimose überall gedeihe, also zäher sei als das Gänseblümchen. Tatsächlich ist das Gegenteil der Fall. Niemand ist so zähe, wie der Durchschnittsmensch, niemand ist verletzlicher als der geniale Mensch. Er braucht seine ganz besondere Kost, eine Mischung von Kampf und Friede, von Freud und Leid, von Anerkennung und Verkennung; eine Mischung, die bei jedem Einzelnen wieder anders beschaffen sein muß. Das, was ihm die glücklichste Entfaltung gewährt, können wir also nicht im Einzelfall anordnen. Aber um so genauer können wir angeben, was jedem Genie Gift ist, nämlich alles das, was für den Durchschnittsmenschen höchstes Glück bedeutet: ein gleichmäßig geregeltes Alltagsleben mit kleinen Sorgen und kleinen Freuden, nach alten Vorurteilen und Gewohnheiten behaglich heruntergelebt. Die Schattenseiten eines derartigen Lebens: die Abhängigkeit von minderwertigen Menschen, täglicher Kleinkram der Sorgen, die für den Durchschnittsmenschen höchstens bedrückend sind, können geniale Schaffenskraft auf die Dauer töten.

Wenden wir diese Betrachtung auf die Lebensaussichten des weiblichen Genies an, so müssen wir zugeben, daß die Möglichkeit, das Leben eines genialen Menschen zu führen, der Frau nur selten gegeben war. Die Abhängigkeit im Elternhaus, mit ihren kleinen Pflichten und Behaglichkeiten, kurz das Gift für den genialen Menschen, wird diesem Geschlecht noch so häufig verabreicht, daß dieser Umstand allein uns vermuten läßt, wie manche geniale Begabung von klein auf erstickt wird. Gerade weil die Frau meist dem einförmigen Alltagsleben in der Abhängigkeit von Autoritäten ausgesetzt war, konnte auch die Beschäftigung mit der Kunst sie unmöglich zum Künstler machen. Man kann jahrelang mit einer schönen Musikmappe unterm Arm zum Konservatorium schreiten und dort seine Musikkenntnisse einkaufen wie das Gemüse auf dem Markt, ohne auch nur einen

einzigen Tag erlebt zu haben, der für das Erwachen genialer Kräfte Lebensbedingung wäre. Wer also als »Beweis« für die Unbegabtheit der Frau anführt, daß sie sich von jeher mit Musik, Malerei und Dichtkunst mindestens so oft beschäftigt habe als der Mann, der ist in naiver Unkenntnis dessen, was dem Genialen notwendige Lebensluft ist, ohne die er überhaupt nie in Stimmung käme, ein Werk zu schaffen.
Wenn nicht nur eine kleine Gruppe, sondern alle Frauen im Alter von 18 Jahren selbständig ins Leben treten, und in dem Auf und Nieder, dem Kampf und Genuß des Lebens die Welt und das eigene Ich erkennen lernen, dann erst kann vielleicht aus manchem begabten Töchterchen eine schaffende Künstlerin werden. Jedenfalls können wir behaupten, daß die heutige Lebensweise der Frauen manches »Genie« tötet, wenn anders unsere Vorstellung, daß das Genie nicht zäh, sondern im Gegenteil recht subtil ist, sich *beweisen* läßt.
Wenn wirklich der geniale Mensch nur unter den ihm günstigen Bedingungen sich entfalten kann, so muß in den verschiedenen Ständen der menschlichen Gesellschaft die Häufigkeit genialer Leistungen recht verschieden sein. Im Mittelstand mögen sich zwar allmählich durch Vererbung die intellektuellen und künstlerischen Begabungen etwas gehäuft haben, aber niemals läßt sich die relative Häufigkeit genialer Leistungen im Mittelstand allein hieraus erklären. Falls das Genie in diesem Stande nur entsprechend der Vererbung zu finden wäre, so müßten nur ungefähr $^1/_8$ aller Genies diesem Stande entstammen, mindestens $^7/_8$ der künstlerisch produktiven Männer aber aus den übrigen Ständen kommen. Dies ist nun durchaus nicht der Fall, sondern der Mittelstand stellt tatsächlich die Mehrheit der künstlerisch schaffenden Männer. *Dadurch wird bewiesen, daß Genialität in den anderen Ständen durch die ungünstigeren Lebensbedingungen erstickt wird.* Die im Verhältnis zur Masse ihres Standes kleine Zahl genialer Männer aus dem Volk gibt uns einen weiteren Beweis für unsere Behauptung. Sie stammt zum allerkleinsten Teil aus dem Stadtproletariat, die Mehrzahl unter ihnen sind Bauernsöhne. Das Aufwachsen in der Natur mit ihren reichen Anregungen, die kleine Zahl der Mitschüler, die es dem Pfarrer und Lehrer erleichtert, jeden Reichbegabten zu erkennen, sind ihrer Entwicklung günstig. Ferner wird das Landkind nicht, wie das Proletarierkind der Stadt auf Schritt und Tritt von dem Vorurteil beeinflußt und entmutigt, daß geistige Betätigung das Vorrecht einer kleinen Gruppe von Menschen ist. Dies alles gestaltet die Verhältnisse für es günstiger, daher die größere Zahl

produktiver Künstler dieses Standes. Diese Hinweise mögen uns genügen, um zu beleuchten, in welch hohem Grade die Zahl genial produktiver Menschen von den Lebensverhältnissen abhängig ist, ein Umstand, der unsere Annahme beweist, *daß eine große Zahl genial begabter Menschen durch die Ungunst der Verhältnisse nicht zur schöpferischen Tätigkeit gelangt.*

Da es geniale Frauen gegeben hat, das Geschlecht an sich also Genialität nicht ausschließt, dürfen wir mithin annehmen, daß bei Frauen produktive Arbeit häufiger wäre, wenn die Entwicklungsverhältnisse (die bei der Frau aller Stände nicht viel günstiger genannt werden können, als die des »Mannes aus dem Volk«) der Genialität förderlicher wären.

Tatsächlich gestalten sich die Verhältnisse für die Frau aus einem bisher unterschätzten Grunde aber noch weit ungünstiger. Vergegenwärtigen wir uns, welcher Faktor außer der Begabung und den Lebensverhältnissen für das Zustandekommen eines künstlerischen Werkes wohl am wichtigsten ist! Die Unabhängigkeit des stark Begabten von der *Anerkennung seiner Leistungen durch die Umgebung* ist sicherlich eine recht hohe, und dieser Umstand mag wohl ebenfalls zu jenem Irrtum geführt haben, daß das Genie sich durchringt. Der geniale Mensch ist seiner Zeit voraus und wird deshalb von der Umwelt so häufig verkannt, daß Mißbegabte oft verleitet wurden, sich für genial zu halten, nur weil ihre Werke abgelehnt worden waren. Aber diese notwendige Unabhängigkeit des Genies von der Meinung der Umwelt ist eine begrenzte. Wir können häufig die Beobachtung machen, daß gerade im Anfangsstadium die Anerkennung von Autoritäten sehr anfeuernd und belebend wirkt, und es ist sicherlich anzunehmen, daß mancher Künstler die »Fittiche zu großen Taten« verlor, weil er am Anfang seiner Laufbahn zu sehr entmutigt wurde. Dieser Entmutigung ist von jeher die Frau in hohem Maße ausgesetzt, und es hat seinen tiefen Grund, weshalb die bekanntesten Frauen des letzten Jahrhunderts erst nach der anerkennenden Kritik ihrer Werke offenkundig werden ließen, welchem Geschlecht sie angehörten. Wir dürfen also auch diesen Faktor als erklärend für das Versagen des weiblichen Geschlechtes in die Waagschale werfen.

Auch von der eigenen Einschätzung scheint das Genie relativ unabhängig zu sein, haben doch gerade die Größten an ihrem eigenen Können gezweifelt, so sehr, daß man fast glauben könnte, sicheres Selbstvertrauen sei ein Kriterium der Mittelmäßigkeit und Mangel an Selbstvertrauen ein Zeichen bedeutender Genialität. Bei näherer Beobachtung kommen wir aber zu einem ganz

anderen Resultat. *Tatsächlich ist der Grad des Selbstvertrauens des Künstlers unwichtig in Zeiten, in denen er nicht schafft*, und für diese Perioden gilt allerdings, daß Zweifel und Kritik sich am ehesten bei dem Bedeutenden einstellen. *Ganz anders aber liegen die Verhältnisse, während der Künstler schafft. Zu dieser Zeit muß er fest an sich und sein Werk glauben können, zu dieser Zeit wirkt jeder Zweifel an seinem Können lähmend.* Einzelne Kunstgebiete verlangen sogar für die Stunde des Schaffens einen Zustand des gehobenen Selbstbewußtseins, von manchen Künstlern beschrieben als ein Zustand der »Gottähnlichkeit«, ein Seelenzustand, der bei dem wahrhaft transzendentalen Schaffen, als dem vollkommensten Erleben des »Überbewußtseins« besser »Gottgemeinschaft« bezeichnet wird (siehe »Des Menschen Seele«). *Je mehr das bewußte, logische Denken an dem Entstehen des Kunstwerkes beteiligt sein muß, um so weniger scheint Selbstkritik während des Schaffens ausgeschlossen zu sein; je weniger aber Denkarbeit zu dem Schaffen erforderlich, um so mehr es dem Erleben des Überbewußtseins entstammt, um so eher wird die Schaffenskraft durch jeden Zweifel am Können zerstört.* Wenn aber zum Schaffen selbst ein gesteigertes Selbstbewußtsein erforderlich ist, so wird überall da, wo dieses nicht lange genug vorhält, die Vollendung der Arbeit gefährdet sein. Die Geschichte genialer Menschen ist überreich an Beispielen hierfür und weist auch darauf hin, daß gerade die Begabtesten am empfindlichsten waren gegenüber solchen Hemmungen während des Schaffens. Bei den wenig Begabten hält das gehobene Selbstbewußtsein trotz aller Hindernisse unerschütterlich Stand.

Andeutungen dafür, daß der Frau dieses Selbstvertrauen erschwert wird, finden wir vereinzelt in der Literatur vor, aber immer wurden bisher die Hindernisse von seiten der äußeren Lebensverhältnisse für wichtiger erachtet. Wir mußten schon wiederholt das große Hemmnis für das Selbstvertrauen der Frau nennen: die allgewaltige, von frühester Kindheit an einwirkende Suggestion ihrer Unfähigkeit zum künstlerischen Schaffen. Aber vielleicht, so könnte man einwenden, wird eine begabte Frau dadurch erst recht zum Schaffen angeregt, vielleicht weckt dies Vorurteil in ihr den Wunsch, durch ihre Leistungen das Gegenteil zu beweisen! Wer das annimmt, macht sich einen schlechten Begriff davon, wie eine Kindheitssuggestion, die überdies noch täglich neue Bestätigung durch die geschichtlichen Tatsachen erfährt, auf unsere Seele wirkt. Wer das annimmt, der glaubt, sie wirke ähnlich wie eine Behauptung, die irgendein Mensch zu irgendeiner Zeit einmal ausspricht, die allerdings auf die geeignete Persönlichkeit als Ansporn gelten kann, das Gegenteil zu beweisen. Wenn dem so wäre, so brauchten wir überhaupt starke Jugendsuggestionen nicht zu fürchten; wenn dem so wäre, hätte mancher Irrglaube der Völker nie Macht gewonnen, vor allem aber nie vielen Erkenntnissen zum Trotz Macht behalten, weder in der Seele der Völker, noch in der Seele des Einzelnen. *Solche Suggestionen entfalten ihre wichtigsten Wirkungen im Unterbewußtsein, sie hindern das Entstehen gewisser Stimmungen, gewisser Denkvorgänge, Urteile und Handlungen, ohne daß uns im Bewußtsein klar wird, daß derartige Hemmungen stattgefunden haben.*

Die uns *bewußten* Wirkungen der Suggestion auf das Seelenleben sind weit weniger gefährlich, sie können durch unsere logischen Einwände entkräftet werden. Da die Begabtesten als die Empfindlichsten am meisten den Hemmungen durch die Suggestion ausgesetzt sind, ist es uns ganz unmöglich, heute schon ein Urteil über die tatsächliche produktive Leistungsfähigkeit der Frau zu fällen.

Wenn anders wir den Einfluß dieser Suggestionswirkung nicht überschätzen, so werden wir irgendwelche Anhaltspunkte dafür finden können, daß in den Fällen, in denen gleichwertige Gegensuggestionen diese Wirkung aufheben, die Produktivität plötzlich in vorher nicht geahnter Weise ausgelöst wird. Es müssen sich ferner schon heute Andeutungen dafür finden lassen, daß bei Abnahme der Inferioritätssuggestion im Bewußtsein der Kulturvölker und des Einzelnen die schöpferische Tätigkeit der Künstlerin sich nicht nur quantitativ, sondern besonders auch qualitativ steigert. Endlich muß die Beteiligung der Frau an den verschiedenen künstlerischen Gebieten eine verschiedene sein. Wie wir schon betonten, wird der Mangel an Selbstvertrauen während des Schaffens in jenen Kunstgebieten am wenigsten schaden, in denen die starke Beteiligung des bewußten, logischen Denkens wichtiger ist, als das transzendentale Erleben des Überbewußtseins. Es muß sich nach diesem Einteilungsprinzip also förmlich eine Skala der Kunstgebiete aufstellen lassen, der dann eine stetig wachsende Zahl weiblicher Leistungen auf diesen Gebieten entspricht.

Die Psychiatrie gibt uns interessante Beweise für unsere Auffassung. Zwar handelt es sich hier weniger um eine gleichwertige Gegensuggestion, die von außen her an Menschen herantritt, als um krankhafte Abwandlungen des Selbstbewußtseins. Es sind dies Fälle, in denen der Mensch sich höher einschätzt, als er es seiner Stellung nach eigentlich müßte, Fälle des gesteigerten Selbstvertrauens und Selbstbewußtseins. Auch bei ihnen kommt es vor, daß künstlerische Begabungen in diesem Zustande zutage treten, die man vorher nie geahnt hätte. Da fängt z. B. eine Waschfrau, die sich in ihren gesunden Tagen nur mit der Wäsche beschäftigt hat, an uns »Märchen für unsere Kleinen« zu erzählen, die natürlich die Merkmale der betreffenden Psychose an sich tragen, im übrigen aber von einer Begabung Zeugnis ablegen, die ohne den Ausbruch der Geisteskrankheit verborgen geblieben wäre. Ähnliche Erscheinungen kommen natürlich auch beim anderen Geschlechte vor. Wir müssen auch hier annehmen, daß die Begabung nur deshalb nicht zur produktiven Tätigkeit führen konnte, weil wichtige Hemmungen durch Inferioritätssuggestion, denen das Selbstvertrauen ausgesetzt war, dies unmöglich machten. Erst das gesteigerte Selbstbewußtsein in der Krankheit konnte die Wirkung dieser Hemmungen aufheben.

Wir können allerdings diese wenigen Beweise für unsere Annahme bei weitem nicht als wissenschaftlich ausreichend erachten. Vielleicht sind sie aber doch geeignet, unsere Aufmerksamkeit auf die bisher übersehenen, hemmenden inneren Kräfte zu lenken, die auch bei vorhandener Begabung die Entfaltung der Schaffenskraft hindern. Für den Arzt ist ja die nachhaltige und weitgehende Wirkung der Suggestion eine geläufige Tatsache, und er weiß auch, daß man bei Mehrbegabten, die infolge mangelhaften Selbstvertrauens zu produktiven Leistungen untauglich sind, durch Wachsuggestion oder durch Hypnose das Selbstvertrauen steigern und dadurch diese Menschen befähigen kann, schöpferisch zu arbeiten.

Wir erwarteten ferner, daß der Einfluß der fortschreitenden Kultur mit ihrer Abschwächung der Inferioritätssuggestion eine Zunahme der schöpferischen Leistungen der Frau zur Folge haben muß. Auf dem Gebiete der Literatur und der Malerei hat tatsächlich das Schaffen des weiblichen Geschlechtes oft einen höheren Durchschnittswert erreicht. *Die Zahl der selbständigen und eigenartigen Arbeiten hat, so gering sie auch absolut genommen ist, im letzten Jahrhundert jedenfalls zugenommen.* Und wir dürfen wohl in dieser Tatsache eine Bestätigung unserer Annahme sehen.

Wir erwarteten endlich, daß die Leistungen der Frau auf den Kunstgebieten, bei denen ein gesteigertes Selbstbewußtsein während des Schaffens weniger notwendig ist, häufiger sind als auf anderen Kunstgebieten. Dies ist denn auch in der Tat der Fall. Das rätselhafte Versagen der Frau auf dem Gebiete der musikalischen Komposition kann sehr wohl in diesem Zusammenhang stehen. Die musikalische Begabung ist nach den Enqueten beim weiblichen Geschlechte häufiger als beim Manne, die Frau hat sich auch zu allen Zeiten viel mit der reproduktiven Kunst in der Musik befaßt, aber an der Komposition hat sie sich fast nie beteiligt. Von allen Künsten ist es aber gerade diese, welche am wenigsten einen ernüchternden Zweifel an dem eigenen Können *während* des Schaffens ertragen kann. Die Komponisten schildern meist ihre Schöpferstunden als Stunden des gehobenen Selbstbewußtseins. Erfahrungsgemäß finden wir auch bei jenen, deren bewußtes logisches Denken auf hoher Stufe steht, eine auffallende Seltenheit des künstlerischen Schaffens. Es müssen

sich in dieser Kunst also die Suggestionswirkungen auf die Frau am allermeisten geltend machen.
Etwas besser ist es schon bestellt um die Leistungen der Frau auf dem Gebiete der Bildhauerei und der Malerei, bei der ein »Schaffensrausch« wohl von Zeit zu Zeit vorhanden ist, bei der aber auch oft Werke unter der nüchternen kritischen Beobachtung des Künstlers selbst entstehen. Aber auch hier macht sich die hemmende Wirkung der Suggestion noch reichlich geltend; nur hierdurch läßt es sich verstehen, daß die Frau, die so viel Sinn für Farben und Formen und eine so lebhafte Begeisterung für das Schöne besitzt, so selten schöpferisch auf dem Gebiete der bildenden Künste gearbeitet hat.
Gehen wir dann weiter zur Dichtkunst und von dieser zur Prosaliteratur, *so sehen wir ein stetes Zunehmen der logischen Denkarbeit bei dem Schaffen und dementsprechend auch ein stetes Zunehmen der weiblichen Beteiligung an der schöpferischen künstlerischen Arbeit.* Wenn jemand sich die reiche Beteiligung der Frau an der Prosaliteratur lediglich erklären will aus ihrer psychologischen Begabung, aus ihrer reichen Phantasie und Sprachgewandtheit, so sei er daran erinnert, daß diese Auffassung deshalb nicht stichhaltig sein kann, weil die Frau auch für die Musik reich begabt ist und doch so selten komponiert.
[...]
Wir haben im Vorgehenden auf eine ganze Reihe von Umständen hinweisen können, die die schöpferische künstlerische Begabung der Frau gebunden halten, dabei aber noch nicht den für den schaffenden Künstler so wesentlichen Faktor seines Sexuallebens berührt. Nirgends könnte uns wohl die seither von männlichem Geiste geübte Vernachlässigung psychologisch interessanter Zusammenhänge klarer werden, als durch die Tatsache, daß die Beziehungen zwischen der schöpferischen Leistung eines Künstlers und der Art seines Sexuallebens so gut wie gar nicht erforscht sind. Deshalb können heute die Menschen noch mit dem gleichen Rechte behaupten, daß sexuelles Unbefriedigtsein oder aber, daß sexuelles Glück das künstlerische Schaffen fördern resp. hemmen. In dieser primitiven Weise werden sich Zusammenhänge sicherlich nicht kundtun. Viel wird abhängen von der jeweiligen Art und ebensoviel von dem Grade der sexuellen Beglückung. Eines aber scheint heute schon sicher zu sein, daß die Zusammenhänge zwischen Sexualität und künstlerischer Schaffenskraft sehr innig sind, und daß eines jedenfalls dem Ausleben der künstlerischen Begabung gefährlich ist, nämlich die sexuelle Ungewecktheit. Nun ist aber gerade diese beim

weiblichen Geschlecht ein weit häufigeres Vorkommnis, als die meisten Menschen ahnen. Sie ist sogar bei verheirateten Frauen nicht viel seltener als bei unverheirateten. Und wir können annehmen, daß eine große Zahl schöpferisch begabter Künstlerinnen nicht zum Schaffen gelangt, weil ihre Sexualität das ganze Leben hindurch ungeweckt bleibt.

Wir können also auf Grund eingehender Betrachtungen die Überzeugung gewinnen, daß viel mehr künstlerische Schaffenskraft im weiblichen Geschlechte schlummert, als man heute ahnen kann. Erst wenn im Laufe von Jahrzehnten die bestehenden Hemmungen entkräftet und die Lebensbedingungen günstiger gestaltet werden, wird es sich zeigen, was das weibliche Geschlecht auf diesem Gebiete leisten kann.

ANHANG

LUISE BÜCHNER

WEIBLICHE BETRACHTUNGEN ÜBER DEN RING DES NIBELUNGEN*
[1878]

Die Schreiberin dieser Zeilen, ein schlichtes, bürgerliches Wesen, welches noch so naiv ist, an die großen Schatten unserer Vergangenheit zu glauben, und welches auch meint, daß die »Kunst der Zukunft« nicht wird »erfunden«, sondern daß sie kommen werde, wie jede Offenbarung des Schönen und Großen, ohne Pomp, still und geräuschlos, sobald der nationale Geist die neuen Ideen und Anschauungen, die in ihm treiben und gären, in sich verarbeitet und zu neuer Blüte gestaltet haben wird – ist nicht selber in Bayreuth gewesen. Und dennoch scheint sie sich ein Urteil erlauben zu wollen! wird mancher Leser entrüstet ausrufen. Ja, warum denn nicht? Wo es sich um das *subjektivste* aller Werke handelt, die je ein genialer Geist erschaffen, der, jede Grenze überspringend, in dem Wahne lebt, es haben alle *neun Musen* zugleich seine Wiege umstanden, und er dürfe ihnen nach Lust und Laune gebieten, da darf auch wohl ein Einzelwesen, und wäre es nur eine deutsche Frau, die *subjektiven* Empfindungen aussprechen, die sein Werk in ihr erregt, um es von einer Seite zu beleuchten, die man bis dahin viel zu glimpflich übergangen – von der des Erlaubten und Anständigen. Um sich darüber auszusprechen, braucht man durchaus nicht an Ort und Stelle gewesen zu sein, denn ach! selbst wenn ich zu den »happy few« gehört hätte, selbst wenn ich eine reiche Patronatsherrin gewesen wäre, wie hätte ich schwaches Weib diese vier Nibelungen-Abende ausgehalten, von denen selbst starke Männer krank und nervenschwach wurden. O, ich kenne bis dahin Wagner und seine Werke ganz genau, aber auch die Qualen, die mir jedesmal eine solche Oper zurückläßt. Nach einer schlaflosen Nacht, während deren ich die Empfindung nicht los werde, als ob mir irgend ein Unhold (es ist dies der schreckliche Stabreim) Holz auf dem Schädel spaltete, bin ich am nächsten Tage elend und fühle nur das Gegenteil von dem, was nach Schiller die Vorführung großer, tragischer Geschicke in dem Hörer erwecken soll, die Kehrseite jenes reinigenden Gefühls, »welches die Seele erhebt, wenn es die

* Der Ring des Nibelungen (»Rheingold«, »Walküre«, »Siegfried«, »Die Götterdämmerung«) von Richard Wagner (1813–1883).

Seele zermalmt!« Meine arme Seele ist nur einfach »zermalmt«, und doch hat sie sich große Mühe gegeben, die Intentionen des Dichter-Komponisten zu verstehen, hat mit redlichem Fleiße studiert und in sich aufgenommen, was dem gesunden Verstand noch irgend zugänglich war.

[...]

Natürlich war ich hochgespannt, ein Werk kennen zu lernen, welches verhieß, dem ganzen Volke, jung und alt, vornehm und gering, eine Weihestunde des Geistes, der sittlichen Erhebung zu gewähren.

Es fehlten mir bei meiner Lektüre freilich alle bestrickenden Sinnenreize, die bengalischen Flammen, die Wasserdämpfe, die Drachen, Bären, Nixen und Walküren-Rosse, aber das schadet ja auch nicht bei wahrer Poesie, und mich tapfer über den Stabreim hinwegsetzend, der mir nun einmal meine liebe, schöne Muttersprache in der grausamsten und unmelodischsten Weise zu verrenken scheint, hoffte ich eine würdige Sprache und eine Handlung zu finden, welche den großen, oben angedeuteten Zwecken und Zielen entspricht. Aber pfui, welche Dinge, von denen jeder anständige Mensch sich mit Schamerröten wegwendet, wurden auf jener Bühne dargestellt und gesungen! Solche Roheit, solcher Mangel an jedem Anstand ist doch wohl noch nirgends zu finden gewesen, wie hier im neunzehnten Jahrhundert auf einer *deutschen* Bühne, vor einem Elite-Publikum von *deutschen Männern* und *Frauen!*

Gott Lob, daß bis jetzt nur erst die »happy few« dieses »Kunstwerkes der Zukunft« teilhaftig geworden, daß der ehrsame Mittelstand, daß die Leute aus dem Volke nicht mitangesehen, was den Reichen und Vornehmen ergötzt und ergötzen soll – wahrhaftig, der Handwerker, die Arbeiterin, sie möchten eine wunderbare Vorstellung bekommen von den Früchten der Bildung, ihre Achtung vor den höheren Ständen möchte gewaltig steigen, wenn sie Zeuge davon werden sollten, wie man die ernsten Stätten der Kunst durch Roheit entweiht.

[...]

Das ganze Vergehen, welches Wagner als strafbar hinstellt, welchem Siegfried zum Opfer fällt, und weshalb Walhall mit allen Göttern in Flammen auflodert, ist nur eine Veruntreuung von Gold, ein gemeiner Diebstahl, eine Illustration zu dem Alltags-Sprichwort: Unrecht Gut gedeiht nicht! Die Veruntreuungen jedoch von allen sittlichen Begriffen, von Liebe, Freundschaft, Dankbarkeit, Gastrecht, Ehrfurcht vor der Ehe und allen Familienbanden überhaupt, diese werden mit einer staunenswer-

ten Naivität als vollständig gerechtfertigt und erlaubt hingestellt.
Wozu läuft denn dieser jämmerliche Gott Wotan, dem doch die Hut jener sittlichen Begriffe in der alten Mythologie unterstellt ist, vier Abende lang mit seinem Schlapphut und seiner Spazierstange umher, ohne ein einziges Mal, Kraft seiner Göttlichkeit, in diese heillose Wirtschaft hineinzuschlagen? Eine ärgere Karikatur von einem Gott ist doch wohl noch kaum dagewesen! und zu welchem Schemen, zu welchem gemeinen, niedrigen Gesellen hat der Dichter den Helden Siegfried herabgewürdigt! Ist dies noch der jugendlich herrliche Sonnengott, wie ihn uns die persische Sage kündet, und wie er sich fortgetragen bis zu den Wäldern und Nebeln des Nordens, damit er auch dort die Wonnen des Lichtes, das, alle Mächte der Finsternis siegreich überwindend, Glück und Freude um sich verbreitend, versinnbildliche? Ist dies die edle Helden- und Jünglingsgestalt, in die sich allgemach der Gott verkörpert, bis er uns aus der Hand des mittelalterlichen Nibelungen-Sängers fast ganz vermenschlicht entgegentritt als der Typus des unwiderstehlich tapferen, aber arglos-treuherzigen und schlichten Germanen?
Aber diesen Siegfried konnte Herr Wagner nicht gebrauchen, er bedurfte die elementare Naturkraft, die nur dem inneren blinden Triebe folgt, ohne sittigende Kraft, und so erscheint uns denn auch der hoffnungsvolle junge Sprößling, der seine Naturwüchsigkeit sogleich durch die rohesten elementarsten Schimpfreden äußert, die er voll brennenden Undanks seinem Pflegevater und Erzieher an den Kopf schleudert. Die sehr mangelhafte Erziehung des jungen Telemach, den der Dichter sonderbarerweise, vermutlich um seine Schnelligkeit zu bezeichnen, den »Hunnen« nennt, wird durch die Waldvögel weitergeführt. Er hat das »Fürchten nicht gelernt« und wünscht zu wissen, was es sei, wodurch man in bedenklich-komischer Weise an das Märchen vom »Gruseln« erinnert wird.
Viele wollen finden, daß diese Szenen große poetische Schönheiten enthalten: in der Tat, nach den entsetzlichen Schimpfereien tut es wohl, wieder etwas Lyrik zu vernehmen; aber sollte es uns nicht dabei ergehen, wie mit der Musik? Sollten solche Stellen nicht auch dem einfachen Leser nur die Oase in der Wüste sein, welche an und für sich nur als ein einfacher Grasfleck zu erscheinen braucht, um doch nach dem Überstandenen wie ein Paradies zu erquicken?
Endlich durchdringt dann Siegfried die Waberlohe, findet Brunhilde und vermählt sich ihr, um sie dann sogleich wieder zu

verlassen, ohne ersichtlichen Grund, und obgleich beide schwer unter dem Trennungsschmerze leiden.
Nur still! raunt uns da freilich die mythologische Erinnerung in's Ohr, er ist ja eigentlich auch nicht Siegfried, sondern der Sonnengott, der nicht bleiben darf, sondern weiter *muß*, um andere Gefilde aufzusuchen, es treibt ihn willenlos fort – nun wohl, von der Sonne ist dies ja auch ganz in der Ordnung, aber doch wahrlich nicht von einem liebenden und geliebten Gatten, – der allerdings mit heißen Schwüren die Wiederkehr verheißt, und nach dem Gesetz der Natur als Sonne ja in jedem Fall auch über kurz oder lang wiederkehren muß, sich aber nun gar schön als Mensch mit Gutrun vermählt. Um dieses Zwitterding von einem Siegfried nur einigermaßen moralisch zu erretten, greift Herr Wagner abermals nach seinem geliebten, aber allgemach sehr langweilig werdenden Zaubertrank, welcher ihm Vergessenheit Brunhildens und Liebe zu Gutrun gibt. Nun, ein Mann, der seine Frau verläßt, um gleich danach eine Andere zu heiraten, ist gewiß ein recht schlechter, erbärmlicher Wicht, aber auf der Bühne denn doch immer noch zehnmal erträglicher, als solch eine Marionette, die nur das Geschöpf eines Frühtrunkes ist, und die dann, da es dem grimmen Hagen gutdünkt die Flaschen zu wechseln, gleich danach durch ein zweites Gläschen die Erinnerung wieder zurückerhält. Wie erwachsene ästhetisch-gebildete Menschen sich solchen Schnack, der höchstens in die Kinderstube gehört, bieten lassen, gehört zu den Rätseln unserer Zeit.
Auf solche Abwege gerät man, wenn man mythologische Stoffe, von tiefsinniger Deutung zwar, aber von ungeschlachter, elementarer Gestaltung, auf die heutige Bühne bringt, wenn man den frevelnden Versuch macht, den ungezügelten Trieb der Natur und der Leidenschaft als sittlich-waltendes Gesetz hinzustellen. Selbst der griechische Olymp, doch so ganz anders poetisch verklärt und uns menschlich näher gerückt, als unsere nordischen Göttersagen, er kann nur allegorisch oder humoristisch auf der Bühne verwertet werden, wie z. B. im Orpheus in der Unterwelt. Freilich, nach dem Vorgang des Nibelungenringes könnte man auch Herkules, den griechischen Siegfried, vorführen, mit seinen zwölf Arbeiten, und es ließen sich dabei Szenen von wunderbarer Wirkung, ganz neue musikalische Kombinationen mit den charakteristischsten Motiven anbringen – man denke nur an die Schlangen in der Wiege, die Hydra, den Stall des Augias usw. Gott behüte uns aber vor dem weiteren Umsichgreifen solchen Ungeschmacks – überlassen wir die Darstellungen der Götter und ihres Treibens der epischen Dichtung,

den bildenden Künsten, das Drama bedarf klarer Stoffe, die uns menschlich zu rühren und zu ergreifen vermögen. Selbst die Nibelungen von Hebbel, wie groß und ergreifend auch vielfach diese dramatische Dichtung ist, selbst sie belehrt uns darüber, wie die Natur und Symbolik, wo sie noch irgendwie hereinspielt, eine gefährliche Klippe für den dramatischen Dichter, eine höchst bedenkliche Zutat für das Publikum ist, das sich denn doch aus allen Ständen, allen Geschlechtern, allen Lebensaltern zusammensetzt.

[...]

Groß, duldsam, erhaben hat sich die öffentliche Meinung dem Manne gegenüber gezeigt, der mit großer Begabung, mit seltener Energie, aber auch mit noch seltenerem Mangel an sittlichem Takt, an Gefühl für Maß und Schönheit ein Werk zu Stande gebracht, welches seinem innersten Gehalt nach nur als die Ausgeburt einer zügellosen Phantasie bezeichnet werden kann. – Es ist ihm gelungen, was wenig Sterblichen gelingt, er hat das Ideal seines Lebens bis zu Ende geschaffen, und er hat es der Welt gezeigt, mit allem Pomp, mit allen künstlerischen Mitteln, welche die Gegenwart besitzt, aber dieses Ideal ist nicht das Ideal der Menschheit und soll, davor bewahre uns ein gütiges Geschick, auch nie das Ideal der deutschen Nation werden. Man rufe nicht dagegen: »Aber es ist so viel Schönes dabei, man darf nicht Alles verwerfen!« Wie, kann dies eine Beschönigung sein? Können sechs oder acht großartige Musikstücke die tiefen Schattenseiten, ja, die Verwerflichkeit des Ganzen vergessen machen? Nehmt sie heraus und laßt den Rest in wohlverdienter »Götterdämmerung« schweigend versinken!

Oder sollen wir um eines Einzigen willen mit der einen Hand wieder niederreißen, was die Andere mit saurer Mühe erbaut? Welche Anstrengungen werden gemacht, das Volk zu erziehen, zu erheben, die Jugend durch Bildung zu veredeln! Sollen diese Bemühungen in Bayreuth ihre Weihe erhalten? Soll der dort ausgestreute Samen fortwuchern in der deutschen Kunst und Dichtung? Alle Welt klagt den Materialismus an, welcher die Zeit beherrsche; nun wohl, jener rohe, gemeine Materialismus der Gründer und Genußmenschen, den man so gerne verwechselt mit dem philosophischen Materialismus, welcher mit jenem gar nichts zu tun hat – der hat sich in Bayreuth offenbart im höchsten Glanze sinnlichen Genusses, in höchster Verachtung alles dessen, was bis dahin für schicklich und wohlanständig gegolten.

Möge es vielen der Zuschauer und namentlich der Zuschauerinnen, bestochen von manchem großartigen Effekt, mancher Schönheit der Komposition und dem glänzenden Beiwerk, nicht vollständig zum Bewußtsein gekommen sein, welchem Werke sie zugejubelt – der kühle Beschauer, der, zur Seite stehend, den Kern der Sache prüft – und dies ist der *Text der Nibelungen* – er wird uns zustimmend sagen: »Diese Esche Ygdrasil ist faul von der Wurzel bis zur Krone! Wir dürfen sie nicht stützen, wir müssen sie hinstürzen lassen und mit ihr diese ganze heikle Welt, diese Schöpfung, welche nicht vom Himmel stammt, sondern aus dem Staub der Erde gebildet ist!«

FANNY SCHINDELMEISSER

EIN WORT ÜBER MEINE MUSIK-UNTERRICHTS-ANSTALT
[1840]

Vier Jahre sind nun verflossen, seit ich zuerst mit meiner neuen Methode des Klavier-Unterrichts öffentlich auftrat, um für die Zweckmäßigkeit und den Erfolg derselben, der mir freilich nicht als bloße Hoffnung, sondern vielmehr schon als Gewißheit unbezweifelt klar vor der Seele stand, auch durch die Ausführung selbst sichere Bürgschaft zu leisten und dadurch meinem Unternehmen, von dem ich so viel für die Jugend hoffte, Eingang und Gemeinnützigkeit zu verschaffen.

Die Zeit hat darüber entschieden; ich habe mehr geleistet, als ich anfangs versprach; gewichtige Stimmen erfahrener und sachkundiger Männer haben sich längst günstig über meine Methode ausgesprochen; es besteht neben meiner eigenen Anstalt noch eine Reihe ähnlicher, nach meinen Grundsätzen gebildeter; kurz, der Keim ist aufgegangen, er trägt nicht nur Blüten, sondern auch Früchte, und läßt deren noch mehrere für die Zukunft erwarten.

[...]

Der öffentlichen Beurteilung wollte ich mich preisgeben, das Publikum zum Zeugen eines Versprechens machen, das ich dann auch zu halten hatte; allein und von niemand unterstützt, wollte ich ein Unternehmen durchführen, von dem einsichtsvolle Männer, deren Kenntnis ich mit dem meinigen nicht in Vergleich zu stellen wage, sich keinen Erfolg versprachen.

[...]

So begann ich am 1. November 1835 mit einer hinreichenden Anzahl von Kindern den Unterricht zunächst unentgeltlich in meiner eigenen Wohnung und ließ durch die hiesigen Zeitungen am 2. November eine Anzeige darüber veröffentlichen, mit welcher ich jedoch zugleich eine Bitte verband, so lange mit dem etwa auszusprechenden Tadel zurückzuhalten, bis erst durch eine Prüfung meiner Schüler sich ergeben haben würde, was an meiner Methode zu verbessern sein dürfte. Bis zu dieser Prüfung hatte ich bei mir selbst die Frist eines halben Jahres festgestellt, und kaum war dasselbe verflossen, als ich es schon wagen durfte, ein Hohes Ministerium der Geistlichen-, Schul- und Medizinal-Angelegenheiten unterm 5. Juni 1836 um die Ernennung einer

Kommission anzugehen, welche die mir bis dahin möglich gewesenen Leistungen beurteilen möchte. Auf dieses Gesuch nun wurde zu jenem Zwecke eine Deputation der musikalischen Sektion der Akademie ernannt, in welcher Eigenschaft die Herren Musikdirektoren Rungenhagen und Bach, so wie der jetzt verstorbene Kapellmeister Schneider einer Prüfung meiner Schüler beiwohnten. Ihnen schlossen sich, wenn auch nicht in amtlicher Beziehung, so doch auf meine besondere Bitte, noch einige hochgestellte Männer an, und ich hatte die Freude, gleich nach beendigter Prüfung von sämtlichen Anwesenden zu hören, daß dieselbe ihren Erwartungen völlig entsprochen habe.

Da nun nicht bloß die Eltern meiner Schüler sich für meine Lehrmethode lebhaft interessierten, sondern derselben auch in öffentlichen Blättern rühmend Erwähnung getan wurde, namentlich zu meiner wahren Freude durch Herrn Rellstab (Vossische Zeitung, April und September 1836), wodurch das Publikum gleich Anfangs aus richtigem Gesichtspunkte auffaßte, was meine Anstalt leistete und in Zukunft leisten könnte, so folgte ich dem Rat mehrerer einsichtsvollen Freunde und bat das Hohe Ministerium, mir ein Patent für die weitere Verbreitung meiner Lehrmethode hochgeneigtest bewilligen zu wollen ... Diese Bitte wiederholte ich nach einiger Zeit, da sie unbeachtet geblieben war, und erhielt dann folgende Antwort:

»Auf Ihre wiederholte Vorstellung vom 10. d. M. hat das Ministerium Ihr Gesuch um Verleihung eines Patents für die Verbreitung Ihrer Methode des Unterrichts im Klavierspiel der Königl. Verwaltung für Handel, Fabrikation und Bauwesen, zu deren Ressort die Erteilung von Patenten zunächst gehört, empfohlen, und wird, sobald die Erklärung der gedachten Behörde eingeht, Sie mit weiterem Bescheide versehen ... v. Altenstein.«

Dieser weitere Bescheid erfolgte nun auch wenige Wochen später und lautete folgendermaßen: »... Bei einer Lehrmethode, deren Erfolge immer wesentlich von der Virtuosität des Ausübenden abhängen, ist ein solcher Nachweis nicht zu führen, und so würde die Patentierung derselben, zumal sie, wenn sie, wie die Ihrige, nicht geheimgehalten, sondern bereits zur öffentlichen Kenntnis und von anderen zur Anwendung gebracht ist, nur zu vielfältigen und schwer zu entscheidenden Prozessen Veranlassung geben und somit unangemessen sein ... v. Altenstein.«

[...]

So wandte ich denn meine ganze Tätigkeit, die nach außen hin so durchaus erfolglos gewesen war, nun vielmehr nach innen, um das Bestehen meiner Anstalt durch sie selbst fester zu begründen.

Und in der Tat, mit herzlicher Freude kann ich es aussprechen, hier waren die Erfolge lohnender als auf jenem Wege. Die Ausbildung meiner Schüler hatte sichtlichen und erfreulichen Fortgang, der, ich gestehe es, oft sich bedeutender zeigte, als ich selbst es erwartet hatte.

[...]

Jetzt nahmen auch schon entferntere Städte von meiner Erfindung Kenntnis und schenkten derselben ihre Aufmerksamkeit. So liefen dann mehrere Anfragen aus verschiedenen Gegenden Deutschlands, aus Schulpforta, Leipzig, Dresden, Nürnberg, Danzig, Königsberg u. a. an mich ein, welche über meine Methode nähere Auskunft verlangten. Ferner erhielt ich von dem Königl. Schul-Kollegium hiesiger Provinz nachstehendes Schreiben:

»Das Königl. Provinzial-Schul-Kollegium zu Münster hat uns um Auskunft über die von Ihnen errichtete Klavier-Anstalt ersucht. Wir veranlassen Sie deshalb, wenn eine gedruckte Nachricht von Ihrer Anstalt vorhanden sein sollte, uns solche in einigen Exemplaren zugehen zu lassen; wenn dies aber nicht der Fall sein sollte, uns eine kurze Darstellung des Eigentümlichen Ihrer Anstalt, und soweit dies in der Kürze möglich ist, Ihrer Lehrmethode mitzuteilen ...«

[...]

Bald darauf traf es sich, daß ich mit Herrn Provinzial-Schulrat Dr. Schulz in einer andern, hier nicht näher zu erörternden Angelegenheit ... Rücksprache zu nehmen hatte und ihm deshalb einen Besuch abstattete. Bei dieser Gelegenheit erfuhr ich zufällig, daß in Folge jener ... angestellten Prüfung ein Aufsatz in das Schulblatt für die Provinz Brandenburg eingerückt werden sollte. Ich äußerte hierauf ganz offenherzig, wie ich wünschte, daß jener Aufsatz nicht gedruckt werden möchte, da Herr Professor Fischer nach dem, was ich ihm von meiner Lehrweise hätte mitteilen können, nach seiner eigenen Erklärung gegen mich, kein richtiges Urteil zu fällen imstande gewesen sei.

[...]

Der obenerwähnte Aufsatz wurde nun, meiner Bitte ungeachtet, ... dennoch gedruckt.

[...]

Im Ganzen konnte dieser Aufsatz der Einführung meiner Methode auf Schulen wohl in keiner Weise förderlich werden. Unbedingtes Lob und völlige Anempfehlung erwartete ich nicht. Gerechten Tadel kann ich ertragen, wenn er offen ausgesprochen und begründet wird; dann ist er mir gewiß lieber, als eine halbe, zweifelnde und schwankende Anerkennung, die weder verwirft noch billigt. Hätte ich nur ... einen Beweis führen dürfen, der von der Behörde anerkannt und dadurch auch dem Publikum beglaubigt worden wäre, so würde daran natürlich meine Methode eine sichere und feste Basis gefunden haben und vielleicht auch dadurch ihre allgemeinere Einführung erreicht worden sein.

[...]

Nicht volle zwei Monate waren vergangen, als schon eine andere, der früheren ähnliche, Anzeige erschien:

»*Prospektus*

über den in der Königlichen neuen Töchterschule auf der Friedrichsstadt zu erteilenden Unterricht im Klavierspiel.

Mit Genehmigung des Königl. Schul-Kollegiums der Provinz Brandenburg wird der Unterzeichnete, Lehrer an der Königlichen neuen Töchterschule auf der Friedrichsstadt, in dem Lokale dieser Anstalt Michaelis d. J. einen Privatunterricht in der Musik, insonderheit im Klavierspiel eröffnen.

Es soll dieser Unterricht außer der Schulzeit in drei einander übergeordneten Klassen erteilt werden. Die unterste Klasse beginnt mit den Elementen des Klavierspiels und führt die Schülerinnen bis zum Spiel nicht zu schwerer Musikstücke. In der nächsthöheren Klasse werden diese Übungen fortgesetzt; zugleich beginnt hier der Unterricht in der Theorie, mit Hilfe dessen ein genaues Verständnis schon schwieriger Musikstücke bezweckt wird. Die oberste Klasse soll sich mit einem eigentlichen Studium der Musikstücke beschäftigen ... Der Unterricht in der Theorie gewinnt an Umfang durch Vorträge über Ästhetik der Tonkunst und Geschichte der Musik. Jede dieser Klassen wird aus höchstens zwölf Schülerinnen bestehen. Die Möglichkeit und der günstige Erfolg eines solchen, mehreren Schülern gleichzeitig zu erteilenden Musikunterrichts ist hiesigen Ortes durch die Leistungen der Frau Schindelmeisser erwiesen. Der Unterzeichnete wird die in diesem und in verwandten Instituten gemachten Erfahrungen benutzen, hofft jedoch einem wesentlichen Mangel jener, der in der Anwendung papierner Klaviaturen beim Unterricht besteht, dadurch abzuhelfen, daß sich die Schülerinnen beim Unterricht wirklicher bewegbarer Klaviaturen bedienen sollen, welchen denselben Widerstand bieten, der den Fingern auf dem Klavier geboten wird. Dadurch soll von Anfang an die Bildung eines guten Anschlags erzielt werden.

Diejenigen, welche an diesem in vier wöchentlichen Stunden zu erteilenden Unterricht teilnehmen wollen, zahlen dafür monatlich zwei Thaler ...
Berlin, den 12. September 1839. K. Bormann.«

Hier wird sogar durch Nennung meines Namens die Möglichkeit und der günstige Erfolg eines mehreren Schülern zugleich zu erteilenden Musikunterrichtes als nicht zweifelhaft erwiesen ... Ich wollte eben dadurch, daß der Unterricht in die gewöhnliche Schulzeit fiele, den Kindern die Stunde ersparen, welche sie noch privat auf die Musik verwenden müssen, ohne daß dadurch den übrigen Lehrgegenständen ein bedeutender Abbruch geschähe ... Ferner hofft man in eben jener Anzeige sogar einen wesentlichen Mangel meiner Methode durch die Einführung bewegbarer Klaviaturen abzuhelfen. Ich aber besorge nicht ohne Grund, daß jene Hoffnung nicht in Erfüllung gehen werde ... Und so glaube ich denn durch die Aufstellung des richtigen Gesichtspunktes für die Beurteilung meiner Lehranstalt sowohl gegen denjenigen Teil des Publikums, welcher dafür irgend Interesse nimmt, als auch gegen mich selbst nur eine schuldige Pflicht erfüllt zu haben.

DIE AUTORINNEN

NINA D'AUBIGNY VON ENGELBRUNNER: Lebensdaten unbekannt. Tochter eines Legationsrates in Kassel. Nebst ihrer Schwester Susanna erwarb sie sich einen Namen als gute Sängerin. Sie komponierte Lieder und schrieb Aufsätze in der »Leipziger Allgemeinen Musikalischen Zeitung«. Ihr 1803 veröffentlichtes Werk »Briefe an Natalie...« erregte allgemein Aufsehen unter Musikpädagogen, weil sie die damals übliche mechanische Abrichtung der Chorknabenschüler zum Straßensingen kritisierte und den familialen Bereich als Hort der emotionalen Annäherung an die Musik erkannte und beschrieb. Sie gehört zu den ersten, die für eine gleichwertige Mädchenbildung in musikalischer Hinsicht plädierten. Gemeinsam mit anderen zeitgenössischen Musikpädagogen, wie z. B. Horstig, Nägeli und Michaelis, war sie überzeugt, daß ein gründlicher Notenlehrgang zur vertieften Beschäftigung mit Musik hinführen müsse; sie gab damit der musikpädagogischen Theorie neue Impulse, die weit ins 19. Jahrhundert hinein fortwirkten.

Literatur: Ernst Ludwig Gerber, Lexikon der Tonkünstler (1812); Georg Schünemann, Geschichte der deutschen Schulmusik (1931).

LUISE BÜCHNER: Die am 12. 6. 1821 geborene Schwester des Dichters Georg Büchner trat erst an die Öffentlichkeit, als ein Verleger sie zum Niederschreiben ihrer Gedanken über weibliche Erziehung und Bildung veranlaßte. »Die Frau und ihr Beruf« (1855) erschien noch anonym.

1860–1870 veranstaltete sie in ihrem Hause einen Vorlesungs-Zyklus über Weltgeschichte für Damen. 1867 gründete sie in Darmstadt den »Alice-Verein für Frauenbildung und Erwerb«, aus dem u. a. ein Damen-Lyceum und eine Industrie-Schule für Mädchen hervorgingen. Als Schriftstellerin und Vorkämpferin in der Frauenbewegung zur Hebung und Verbesserung vor allem der beruflichen Situation der Frau tätig, feuerte sie der Erfolg ihres ersten Buches auch zu Leistungen in der Novelle und der Lyrik an. Sie starb am 28. 11. 1877.

Werke: Das Od. Eine wissenschaftliche Skizze (1854); Die Frau und ihr Beruf (1855); Dichterstimmen aus Heimat und Fremde (1859); Das Schloß zu Wimmis (Roman, 1864); Weihnachtsmärchen für Kinder (1867); Deutsche Geschichte von 1815–1870 (Vorträge, 1867); Praktische Versuche zur Lösung der Frauenfrage (1870); Was willst du werden? Über weibliche Berufsarten (1872); Über Verkaufs- und Vermittlungsstellen für weibliche Handarbeit (Vortrag, 1873); Clara Dettin (Erzählendes Gedicht, 1874); Die Frau. Hinterlassene Aufsätze, Abhandlungen und Berichte zur Frauenfrage (1878); Verschiedene Essays, z. B. über Charlotte Corday, zahlreiche Beiträge in der »Zeitschrift für höhere weibliche Bildung«.

Literatur: Alice Bousset, Zwei Vorkämpferinnen für Frauenbildung: Luise Büchner, Marie Calm (1893).

ADELE GERHARD: Sie wurde am 8. 6. 1868 in Köln geboren. Dort lebte sie, bis sie 1889 infolge ihrer Verheiratung nach Berlin übersiedelte. Sie emigrierte 1938 in die USA. Adele Gerhard gehörte zum sozialistischen Flügel der Frauenbewegung. Todesdatum unbekannt.

Werke: Beichte (Novellen, 1899); Mutterschaft und geistige Arbeit (1901, zusammen mit Helene Simon); Pilgerfahrt (Roman, 1902); Die Siegerin (Novelle, 1903); Verlobungsfeier (Skizze, 1904); Geschichte der Antonie van Heese (Roman, 1906); Die Familie Vanderhouten (Roman, 1909); Vom Sinken und Werden (Zeitbild, 1911); Begegnung (Novelle, 1911); Magdalis Heimroths Leidensweg (Roman, 1913); Die Hand Gottes (Novelle, 1918); Am alten Graben (1917); Sprache der Erde (1918); Lorelyn (Roman, 1920); Torfstich (Novelle, 1921); Hüter des Lebens (Novelle, 1922).

Literatur: Meta Corssen, Adele Gerhard (1922); Peter Hamecher, Adele Gerhard (1918); Stimmen der Zeit. Adele Gerhard zum 60. Geburtstag (1928); Gertrud Bäumer in: Die Frau, H. 6/1918.

FANNY HENSEL, GEB. MENDELSSOHN: Die am 14. 11. 1805 in Hamburg geborene Schwester des Komponisten Felix Mendelssohn-Bartholdy war eine ausgezeichnete Pianistin. Obwohl ihr die vertiefte Beschäftigung mit der Komposition vom Vater verboten wurde, weist sie ein beachtliches Werkverzeichnis auf. Die meisten ihrer Kompositionen liegen allerdings ungedruckt im Mendelssohn-Archiv der Preußischen Staatsbibliothek zu Berlin. Fanny Mendelssohn heiratete 1829 den Maler Hensel, dessen Sohn 1879 eine Biographie der Familie Mendelssohn herausgab. Sie organisierte regelmäßige Sonntagsmusiken in ihrem Hause, zu denen sie häufig eigene Kompositionen beisteuerte. Ein Jahr vor ihrem Tod ließ sie sich von zwei Verlegern dazu überreden, eine Auswahl ihrer Kompositionen zu veröffentlichen. Ihr plötzlicher Tod am 14. 5. 1847 zu Berlin erschütterte ihren Bruder Felix, zu dem sie stets in engem Kontakt stand; sein eigener Tod ein halbes Jahr später wird allgemein in Zusammenhang hiermit gebracht.
Fannys spätere Tagebücher, die von Hensel nicht berücksichtigt wurden, sind in unzugänglichem Privatbesitz der Erben.

Kompositionen: Lieder; Duette; Terzette; Vokalquartett; a-capella-Gesänge; Ouvertüre C-Dur für Orchester; Oratorium auf Worte aus der Bibel; Hero und Leander (dramat. Szene für eine Sopranstimme mit Orchesterbegleitung); Kantate »Hiob« für Alt, Chor und Orchester; Streichquartett Es-Dur; diverse Klavierstükke; Klaviersonate C-Moll, Klavierquartett As-Dur.

Literatur: Sebastian Hensel, Die Familie Mendelssohn. Nach Briefen und Tagebüchern (1879); Herbert Kupferberg, Die Mendelssohns (1977); Rudolf Elvers, Verzeichnis der Musik-Autographen von Fanny Hensel im Mendelssohn-Archiv zu Berlin (1972).

S. JESSEL: Komponistin. Biographisches unbekannt.

JOHANNA KINKEL: Die 1810 geborene Tochter des Bonner Gymnasiallehrers Mockel schloß 22jährig die Ehe mit dem Kölner Buch- und Musikalienhändler Mathieux. Sie trennte sich nach kurzer Zeit von ihm. Die Scheidungsprozedur zog sich über Jahre hin und belastete sie seelisch schwer. Sie war geprägt vom Klima der rheinischen Aufklärung und forderte ein gegenseitiges geistiges Verstehen für die eheliche Gemeinschaft. Dies fand sie bei ihrem späteren Ehemann, dem Privatdozenten für Kirchengeschichte an der Bonner Universität, Gottfried Kinkel. Er brach mit der Theologie, verlor seine Ämter und übernahm eine unbezahlte Professur für Kunst- und Kulturgeschichte. Johanna Kinkel gab Klavierunterricht, um das Existenzminimum zu sichern. Als 1849 ihr Mann im badisch-pfälzischen Aufstand gefangengenommen und zu lebenslänglicher Haft verurteilt wurde, unternahm sie alles Mögliche, um ihn zu befreien. Durch ihr Zutun gelang seine gewaltsame Befreiung aus dem Berliner Gefängnis. Beide wohnten mit ihren Kindern in London im Exil, wo sie Kontakte zu anderen Emigranten aufnahmen. In London trug Johanna Kinkel weiterhin durch Unterrichten zur Existenzsicherung bei. Sie betätigte sich auch schriftstellerisch im musikpädagogischen Sektor durch die Herausgabe der »Acht Briefe an eine Freundin über Klavierunterricht« (1852). Insbesondere ihre in England herausgegebenen Kinderlieder erfreuten sich großer Beliebtheit. Ihr virtuoses Klavierspiel öffnete ihr die Salons der britischen Oberschicht. Carl Schurz schreibt in seinen Lebenserinnerungen: »Sie . . . spielte das Klavier mit Meisterschaft. Ich habe Beethovensche und Chopinsche Kompositionen selten so vollendet wiedergeben hören wie von ihr . . . Sie komponierte ebenso reizend, wie sie spielte.«

Johanna Kinkel kam durch ein tragisches Unglück ums Leben. Bereits schwer krank, lehnte sie sich 1858, im Alter von 47 Jahren, bei einem Herzanfall zu weit aus ihrem Fenster und stürzte hinab.

Kompositionen: Vogelkantate, op. 1; Lieder, op. 6, 7, 8; Das Schloß Boncourt, op. 9; Sechs Lieder, op. 10; Drei Duette für Sopran, Alt und Klavier, op. 11; Drei Duette f. weibliche Stimme m. Klavier, op. 12; Don Ramiro, Ballade, op. 13; Hymnus (nach einem Text aus dem 7. Jahrhundert), op. 14; Lieder, op. 15–19; Anleitung zum Singen für Kinder, op. 20; Lieder, op. 21; Tonleitern und Solfeggien, op. 22.

Werke: Acht Briefe an eine Freundin über Klavierunterricht (1852); Hans Ibeles in London (Roman, 1860); Erzählungen (zus. mit Gottfried Kinkel, 1883); Friedrich Chopin als Komponist (aus ihrem Nachlaß, 1902].

Literatur: Else Thalheimer, Johanna Kinkel als Musikerin (Diss., 1924); J. F. Schulte, Johanna Kinkel. Nach ihren Briefen und Erinnerungsblättern (1908); K. Pahnke, Briefe von Johanna Kinkel an W. Beyschlag (in: Preußische Jahrbücher, 1905); Marie Goslich, Briefe von Johanna Kinkel an Familie v. Henning (in: Preußische Jahrbücher, 1898); Hans Lorenz Lenzen in Die Frau 34 Jg./1926; Fanny Lewald, Zwölf Bilder nach dem Leben (1888); A. v. Asten Kinkel in Deutsche Revue 1901 und 1902; A. N. Harzen-Müller in Musikalisches Wochenblatt 1910; Anna Blos, Frauen der deutschen Revolution 1848 (1928); Fritz Böttger (Hrsg.), Frauen im Aufbruch. Frauenbriefe aus dem Vormärz und der Revolution von 1848 (1978); Eva Rieger in Troubadoura, Frauenmusikzeitung (7/1980).

ELISABETH KUYPER: Die am 13. 9. 1877 zu Amsterdam geborene holländische Pianistin und Komponistin war Schülerin von H. Barth und Max Bruch an der Berliner Hochschule. Von 1908–1920 hatte sie eine Dozentur für Theorie und Komposition inne. 1910 gründete sie das Berliner Tonkünstlerinnen-Orchester, dem sie als Dirigentin vorstand. Sie war auch Dirigentin des deutschen Lyzeumklubs, 1922 des London Women's Symphony Orchestra und 1923 des Women's Symphony Orchestra in New York. Alle Gründungen scheiterten am Geldmangel. Sie starb am 26. 2. 1953 in Lugano.

Kompositionen (Auswahl): Zwei Violinsonaten; Violinkonzert H-Moll, op. 10; Orchesterserenade D-Moll, op. 8; Klaviertrio D-Dur, op. 13; Sinfonie A-Moll; Kantaten; Chöre; Lieder.

Werke: Autobiographische Notizen in: Elga Kern (Hrsg.): Führende Frauen Europas (1929).

Literatur: Eva Rieger in Troubadoura, Frauenmusikzeitung (5/1979).

LUISE ADOLPHA LE BEAU: Die am 25. 4. 1850 in Rastatt geborene deutsche Komponistin und Pianistin nahm Unterricht in Violine, Klavier, Gesang und Musiktheorie in Karlsruhe und anschließend in München bei Sachs, Rheinberger und Lachner. Sie konzertierte solistisch und erlebte auch Aufführungen eigener Werke, obwohl sie mit großen Schwierigkeiten zu kämpfen hatte, wie man in ihrer Autobiographie ausführlich nachlesen kann. Durch die Eltern ökonomisch abgesichert, war sie auf Einnahmen nicht angewiesen und führte daher ein von finanziellen Sorgen befreites Leben. Sie lebte in Wiesbaden, Berlin und zuletzt in Baden-Baden, wo sie am 2. 7. 1927 starb. Luise Le Beau betätigte sich gelegentlich auch journalistisch als Musikkritikerin.

Kompositionen

a) *Lieder:* Fünf Lieder f. Mezzosopran m. Klavier, op. 4; vier Terzette für Frauenstimmen a cappella, op. 5; zwei Duette für Sopran und Alt m. Klavier, op. 6; fünf Lieder für Sopran mit Klavier, op. 7; fünf gem. Chöre a capella, op. 9; fünf Lieder f. Bariton m. Klavier, op. 11; drei Lieder f. Sopran m. Klavier, op. 14; zwei Balladen für gem. Chor m. Klavier, op. 16; vier Gesänge für Männerchor, op. 19; zwei gem. Chöre a cappella, op. 20; zwei Gesänge f. tiefe Stimme m. Klavier, op. 29; drei Lieder f. höh. Stimme m. Klavier, op. 33; zwei Männerchöre, op. 36; drei Lieder m. Klavier, op. 39; zwei Balladen f. Singst. m. Klavier, op. 42; drei Lieder f. Alt und Violine m. Klavier, op. 45; drei Duette f. Sopran und Alt m. Klavier, op. 50; Miriams Lied f. Solo und Frauenchor m. Klavier, op. 51; acht Kinderlieder, op. 52; zwei Gesänge aus »Urania« (Tiedge) m. Klavier, op. 56; zwei Frauenchöre m. Klavier, op. 60.

b) *Klavier- und Kammermusik:* Drei Klavierstücke, op. 1; Konzertetüde, op. 2; Originalthema m. Var., op. 3; Klaviersonate, op. 8; Sonate f. Klavier und Violine, op. 10; Acht Präludien f. Klavier, op. 12; Fünf leichte Stücke f. Violine und Klavier, op. 13; Trio f. Klavier, Violine und Violoncello, op. 15; Sonate für Violoncello und Klavier, op. 17; Form- und Fingerstudien, 6 Fugen f. Klavier, op. 21; Vier Stücke f. Violoncello mit Klavier, op. 24; Drei Stücke v. Viola m. Klavier, op. 26; Quartett f. Klavier, Violine, Viola und Violoncello, op. 28; Improvisata. Klavierstudie f. d. linke Hand, op. 30; Romanze f. Harfe, op. 31; Gavotte f. Klavier, op. 32; Quartett f. 2 Violinen, Viola und Violoncello, op. 34; Romanze f. Violine mit Klavier, op. 35; Canon f. 2 Violinen m. Klavier, op. 38; Elegie f. Violine m. Klavier, op. 44; Sonate f. Klavier und Violine Nr. 2, op. 46; Ballade H-Moll f. Klavier, op. 47; drei alte Tänze f. Klavier, op. 48; Deutscher Reigen f. Klavier, op. 49; Trauermarsch f. Klavier, op. 53; Quintett f. 2 Violinen, Viola und zwei Violoncelli, op. 54; Drei Klavierstükke, op. 57; Tre melodie per canto, op. 58; Barcarole f. Klavier, op. 59.

c) *Orchester- bzw. Chorwerke:* »Im Sängersaal«, Ballade f. Bariton od. Alt m. Orchesterbegl., op. 22; Konzertouvertüre f. gr. Orch., op. 23; Fantasie f. Klavier m. Orch.begl., op. 25; »Ruth«, bibl. Szenen f. Soli, Chor und Orch., op. 27; Klavierkonzert, op. 37; »Hadumoth«, Szenen aus Scheffels »Ekkehard« f. Soli, Chor u. Orch., op. 40; Sinfonie F-Dur, op. 41; »Hohenbaden«, sinfonische Dichtung f. Orch., op. 43; »Der verzauberte Kalif«, Märchenoper in drei Akten, op. 55.
(Die Münchener Staatsbibliothek besitzt alle gedruckten Werke sowie Kopien der Manuskripte.)

Werke: Über die Erziehung der weiblichen Jugend (Allgemeine deutsche Musikzeitung, 1878); Componistinnen des vorigen Jahrhunderts (Neue Zeitschrift für Musik, 1890); Lebenserinnerungen einer Komponistin (1910).

Literatur: Luise Hitz in Neue Musik-Zeitung (Köln 1886); Renate Kupsa in: Troubadoura, Frauenmusikzeitung (4/1979).

SABINE LEPSIUS, geb. GRAEF: Die am 15. 1. 1864 geborene Tochter des Porträtmalers Gustav Graef zeigte von Kindheit an Neigung zur Musik, die jedoch nicht gefördert wurde. Sie entschloß sich daraufhin, Malerin zu werden und besuchte sog. Schülerinnen-Ateliers in Berlin und Paris. Sie bewohnte einige Jahre lang ein eigenes Atelier in Rom.
Nach der Heirat mit dem Maler Reinhold Lepsius lebte sie in Berlin, wo sie u. a. mit Stefan George, Wilhelm Dilthey und Georg Simmel verkehrte. Es gibt von ihrer Hand ein bekanntes Bildnis Stefan Georges. Reinhold und Sabine Lepsius waren

Mitbegründer der Berliner Sezession unter Mitwirkung von Corinth und Slevogt.
Sabine Lepsius war der Frauenbewegung zugetan und beteiligte sich an Tagungen und Versammlungen. Sie starb am 22. 11. 1942.

Werke: Stefan George. Geschichte einer Freundschaft (1935); Ein Berliner Künstlerleben um die Jahrhundertwende (Autobiographie, 1972).

Literatur: Ilse Molzahn in: Die Frau, 50 Jg., 1943.

MATHILDE LUDENDORFF (– KEMNITZ): Sie wurde am 4. 10. 1877 in Wiesbaden geboren. Mit 16 Jahren Besuch eines Lehrerinnen-Seminars (seminaristische Ausbildung für das Lehramt an mittleren und höheren Töchterschulen), dessen Unterrichtsmethode sie als »planmäßige Geistestötung« und »versuchte Verblödung« beschrieb. Nach kurzer und für sie qualvoller Zeit als Internatslehrerin sowie einer kurzen Zeit als Privatlehrerin holte sie 22jährig das Abitur nach und studierte anschließend Medizin in Freiburg. Sie spezialisierte sich in der Psychiatrie. 1916 verunglückte ihr erster Mann tödlich. 1920 berief sie ein Frauenkonzil nach Garmisch, wo sie Frauen aufforderte, die politische Zusammenarbeit mit Männern aufzugeben und sich in einem Frauenbund zusammenzuschließen. In der nachfolgenden Zeit wandte sie sich von der Frauenfrage ab und mehr philosophisch-spekulativen Problemen zu. 1925 heiratete sie den Feldmarschall Erich Ludendorff. Ihre Werke erhielten zunehmend einen nationalistischen und rassistischen Einschlag, derentwegen sie sich 1949 vor Gericht verantworten mußte. Sie starb am 12. 5. 1966 in Weilheim.

Werke (Auswahl): Das Weib und seine Bestimmung (1927); Der Seele Ursprung und Wesen (1927); Der ungesühnte Frevel an Luther, Lessing, Mozart und Schiller (1930); Statt Heiligenschein oder Hexenzeichen mein Leben (Autobiographie, 2 Bde., 1932–6); Mozarts Leben und gewaltsamer Tod (1936); Lessings Geisteskampf und Lebensschicksal (1937); Der Seele Wirken und Gestalten (1954).

Literatur: Erich Ludendorff, Mathilde Ludendorff, ihr Werk und Wirken (1937); Beda Prilipp, Brynhild und die Madonna (1925).

ALMA MAHLER-WERFEL: Die am 31. 8. 1879 in Wien geborene Tochter eines Wiener Landschaftsmalers war Schülerin des Pianisten und Organisten Josef Laber sowie des Komponisten Alexander von Zemlinsky. 1902 heiratete sie den Komponisten Gustav Mahler. Nach seinem Tod 1911 hatte sie eine leidenschaftliche Affäre mit dem Maler Kokoschka. Sie brach aus der von ihm diktierten »Isolierung« aus und heiratete 1915 den Architekten Walter Gropius. 1929 heiratete sie nach über zehnjährigem Zusammenleben den Dichter Franz Werfel. Sie war entscheidend am kulturellen Leben ihrer Zeit beteiligt und beeinflußte viele Künstler. Zu ihrem Bekanntenkreis zählten z. B. Alban Berg, Hugo von Hofmannsthal, Hermann Sudermann, Arthur Schnitzler, Gerhart Hauptmann und Richard Strauss. 1939 verließ das Paar Österreich und emigrierte schließlich in die USA. Werfel starb 1945. Alma Mahler-Werfel zog nach New York, wo sie am 13. 12. 1964 starb.

Kompositionen: 1910, 1915 und 1924 je ein Heft Lieder.

Werke: Gustav Mahler, Erinnerungen und Briefe (1940); Mein Leben. Autobiographie (1960; Fischer Taschenbuch Bd. 545).

ANNA PLEHN: Biographisches unbekannt.

AGNESE SCHEBEST: Die am 15. 2. 1813 in Wien geborene Tochter einer Deutschen und eines Tschechen verbrachte ihre Jugend in der Festung Theresienstadt. Durch Zufall fiel ihre stimmliche Begabung in der Kirche auf; der Mutter wurde geraten, sie für die Bühne ausbilden zu lassen. Trotz ärmlichster Verhältnisse (der Vater war 1816 bei einem Minenunglück ums Leben gekommen) wurde es ermöglicht, sie zum Dresdener Gesangslehrer Johannes Miksch zur Ausbildung zu schicken, dem sie bis an ihr Lebensende Dankbarkeit und Verehrung entgegenbrachte. 1833 erhielt sie ein dreijähriges Engagement an der Bühne in Budapest. Sie zog es vor, kreuz und quer durch Europa zu reisen und an verschiedenen Bühnen mit großem Erfolg zu gastieren, statt an einem Ort fest engagiert zu sein. Am meisten wurde sie als »Romeo« in Bellinis gleichnamiger Oper gefeiert. 1842 heiratete sie den Theologen David Friedrich Strauß; seinetwegen gab sie ihre so erfolgreiche Bühnenlaufbahn auf. Die Ehe war unglücklich und wurde einige Jahre später geschieden. Agnese Schebest gab Gesangsunterricht; sie betrachtete ihr Leben als gescheitert: »Sie weinte nicht um das verlorene Eheglück, sie weinte vor allem um die verlorengegangene Kunst« (ihr Schüler Anton Schott). Sie starb am 22. 12. 1870 in Stuttgart.

Werke: Aus dem Leben einer Künstlerin (Autobiographie, 1857); Rede und Gebärden, Studien über mündlichen Vortrag und plastischen Ausdruck (1861).

Literatur: Adolph Kohut, Die Gesangsköniginnen in den letzten drei Jahrhunderten (1906); derselbe, Tragische Primadonnenehen (1887); Anton Schott, Hie Welt, hie Waiblingen (1904).

PHILIPPINE SCHICK: Sie wurde am 9. 2. 1893 in Bonn geboren. Nach einem Sprachenstudium in München studierte sie an der Staatlichen Akademie der Tonkunst in München bei Friedrich Klose, Hermann Zilcher und Hermann Wolfgang von Waltershausen, mit welchem sie von 1927–1933 verheiratet war. Sie gründete die Fachgruppe Musik der GEDOK (Gesellschaft deutsch-österreichischer Künstlerinnen). Von 1946–1956 war sie Lektorin für Musiktheorie und Anglistik an der Münchener Universität. 1943 erhielt sie den Förderpreis dieser Stadt.
Philippine Schick trat als Interpretin ihrer eigenen Werke hervor. Sie hat sich in Vorträgen häufig zur Situation der Frau im musikalischen Bereich geäußert. In ihren späten Kompositionen benutzte sie die von Joseph Hauer entwickelte und ihr durch Hermann Heiß vermittelte Form der Zwölftontechnik. Ihr kompositorischer Schwerpunkt liegt auf dem Gebiet des Liedes. Sie starb am 16. 1. 1970 in München.

Kompositionen (Auswahl): Passacaglia und Choralfuge über das Magnificat für großes Orchester, op. 37; Klavierkonzert; Oratorium »Welt der Liebe« (Tagore), op. 21; Schottische Tanzsuite; Ballettpantomime »Vergessene Gäste«; »Bretonischer Totengesang« für gem. Chor und Orchester; »Der Geiger von Gmünd« (Kerner), Ballade für Alt, Solovioline und Orchester; Oper »Severina«, op. 35; Kantate »Von unendlicher Liebe« (nach M. Claudius) für vier Soli, gem. Chor und Orchester; A cappella-Chöre (Rilke) für dreistimm. Frauenchor; Liederzyklen für Orchester, Streichquartett, Streichtrio und Klavier-Begleitung; Klaviertrio; Violin- und Cello-Sonaten und Suiten; Klavierstücke.

Werke: Aufsätze über Komponistinnen in: Die Frau, Jg. 49, 1941 und Jg. 51, 1943.

FANNY SCHINDELMEISSER: Biographisches weitgehend unbekannt. Schindelmeisser öffnete 1836 eine eigene Klavierschule, nachdem sie kurz zuvor als Patent eine »stumme Klaviatur« herausgebracht hatte, deren pädagogischer Sinn darin bestand, sich möglichst rasch in den Tonräumen zu orientieren und Kenntnisse über Notenwerte, Taktarten, Pausen usw. zu gewinnen. Nach der Darstellung ihres Sohns, des Kapellmeisters und Musikkritikers Heinrich Dorn, sind ihre Schüler und Schülerinnen »allesamt beliebte Lehrer« geworden. Der sächsische Kapellmeister und Komponist Carl Reissiger (1798–1859) war von ihrer Methode so angetan, daß er einige seiner Kinder in ihre Schule schickte.
Schindelmeisser führte eine rege Korrespondenz mit dem preußischen Ministerium, nicht zuletzt um eine materielle Basis für ihre Arbeit zu erlangen. Mit dem Argument, daß Musik sich auf religiöse und sittliche Gefühle auswirke und daß das Klavier sich großer Popularität in deutschen Haushalten erfreue, erhielt sie

unter der Bedingung, mehr als 20 Schüler(innen) unentgeltlich zu unterrichten, schließlich ein Jahresgehalt vom Staat.

Werke: Ein Wort über meine Musik-Unterrichts-Anstalt (1840).

Literatur: Heinrich Dorn, Eine untergegangene Lehrmethode. Streifzüge im Gebiete der Tonkunst (1879); Georg Sowa, Anfänge institutioneller Musikerziehung in Deutschland. 1800–1843 (1973).

WILHELMINE SCHRÖDER-DEVRIENT: Sie wurde als Tochter der berühmten Tragödin Sophie Schröder am 6. 12. 1804 in Hamburg geboren und trat bereits mit fünf Jahren auf der Bühne auf. Bis zu ihrem 17. Lebensjahr arbeitete sie als Schauspielerin. Mit 18 Jahren verheiratete sie sich mit Karl Devrient. Sie wurde bei J. Mozatti in Wien in Gesang ausgebildet. Sie debütierte 1821 in Wien als Pamina (in Mozarts »Zauberflöte«); als sie ein Jahr später die Leonore in Beethovens »Fidelio« zu bisher unbekannter Wirkung brachte, war sie mit einem Schlage eine der berühmtesten Sängerinnen Europas. Es gelang ihr immer wieder, das Publikum zu erschüttern, sogar mit abgeschmackten Text- und Musikvorlagen. Ihre Darstellungskunst wurde von Beethoven, Weber und ausgiebig von Richard Wagner bewundert.

Von ihrer gescheiterten Ehe mit einem Offizier erholte sie sich nicht wieder, zumal auch die Niederwerfung der Revolution, die alle Freiheitshoffnungen zerstörte, sie sehr betroffen machte. Sie heiratete ein drittes mal und zog nach Livland, in der Hoffnung, in der ländlichen russischen Einsamkeit auch innerlich zur Ruhe zu kommen. Die Einsamkeit lähmte sie jedoch zunehmend. Sie starb als zerbrochene Frau am 26. 1. 1860 in Coburg.

Literatur: Claire v. Glümer, Erinnerungen an Wilhelmine Schröder-Devrient (1862); Fanny Lewald, Zwölf Bilder nach dem Leben (1888); Richard Wagner, Über Schauspieler und Sänger (1872); Alfred v. Wolzogen, W. Schröder-Devrient (1863); Julius Bab, Die Devrients (1932); Anna Blos, Frauen der deutschen Revolution 1848. Zehn Lebensbilder (1928); Eva Baudissin, W. Schröder-Devrient (Roman, 1937).

CLARA SCHUMANN: geb. am 13. 9. 1819 in Leipzig. Die Tochter des Leipziger Klavierpädagogen Friedrich Wieck feierte bereits als Kind mit pianistischen und kompositorischen Leistungen Triumphe. Ab 1832 unternahm ihr Vater mit ihr Konzertreisen nach Berlin, Wien, Paris u. a. Zu großen Konflikten zwischen ihnen kam es, als er von den Heiratsplänen Claras und Robert Schumanns erfuhr. Wieck wandte verschiedene Sanktionen an, um Claras Pläne zu verhindern; so verweigerte er ihr seine Begleitung anläßlich einer Paris-Reise. Er unterschätzte die Willenskraft Claras; diese führte die Reise mit einer Gesellschafterin durch. Die Reise war zwar ein finanzieller Mißerfolg, Clara hatte aber zum ersten Mal sich ihrem Vater gegenüber durchgesetzt. Nach langwierigen gerichtlichen Verhandlungen heiratete sie Schumann 1840. Obwohl sie jahrelang regelmäßig durch Geburten in der Arbeit unterbrochen wurde (sie hatte von 1841–1854 neun Niederkünfte), bestand sie darauf, zu konzertieren. Nach dem Tod ihres geisteskranken Ehemannes 1856 lebte sie zunächst mit ihren Kindern einige Jahre bei ihrer Mutter, um 1863 nach Lichtenthal bei Baden-Baden in ein eigenes Heim überzusiedeln. Von 1878–1892 war sie am Hochschen Konservatorium in Frankfurt am Main als Klavierlehrerin tätig. Clara Schumann revidierte die Gesamtausgabe der Werke ihres Mannes, gab Czernys Klavierstunde heraus und veröffentlichte Schumanns Jugendbriefe.

Kompositionen: Vier Polonaisen f. Klavier, op. 1; Verschiedene Klavierstücke, op. 2–6; Klavierkonzert A-Moll, op. 7; Klaviervariationen, op. 8; Impromptu für Klavier, op. 9; Zwei Scherzi, op. 10; Drei Romanzen, op. 11; Drei Lieder (Rückert), op. 12; Sechs Lieder, op. 13; Quatre pieces fugitives für Klavier, op. 15; Drei Präludien und Fugen, op. 16; Klaviertrio, op. 17; Andante und allegro, op. 18; Am Strande, op. 19; Variationen über ein Thema von Schumann für Klavier, op. 20; Drei Romanzen f. Klavier, op. 21; Drei Violinromanzen, op. 22; Lieder nach Gedichten von Rollett op. 23.

Literatur: Berthold Litzmann (Hrsg.), Clara Schumann. Ein Künstlerleben, nach Tagebüchern und Briefen (1903–1910); A. von Meichsner, Friedrich Wieck und seine beiden Töchter (1875); V. Joss, Friedrich Wieck und seine Familie (1901); Marie Wieck, Aus dem Kreise Wieck-Schumann (1914); Eugenie Schumann, Erinnerungen (1925); Karla Höcker, Das Leben von Clara Schumann, geb. Wieck (1975); Hans-Martin Plesske, Robert und Clara Schumann im Roman und in der Novelle (1961); Karl-Fritz Bernhardt in Musica (10/1956); Richard Hohenemser in Die Musik (1905); Adolph Meuer in Zeitschrift für Musik (106/1939); Manfred Willfort in Neue Musikzeitung (5/1971).

Romane und Erzählungen über Clara Schumann: Elise Polko, Ein Doppelstern am Kunsthimmel (1872); Kurt Findeisen, Eine kleine Klavierspielerin erzählt. In: Klingende Morgenzeit (1937); Luise G. Bachmann, Drei Kronen eines Lebens (1953); Lore Mallachow, Clara Schumann. In: Von Jahr zu Jahr, Das Jahrbuch für die Frau (1956).

HELENE SIMON: Sie wurde am 16. 9. 1863 geboren, studierte von 1896–1900 in London und Berlin und trat schriftstellerisch durch sozialpolitische Studien über Einzelfragen der deutschen und englischen Arbeiterverhältnisse hervor. Ihrer sozialen und politischen Überzeugung nach Sozialistin, betrieb sie die Durchführung der Kinderschulspeisung. Während des Ersten Weltkriegs half sie bei der organisatorischen Gestaltung der sozialen Kriegshinterbliebenenfürsorge. 1922 wurde sie zum Ehrendoktor der Universität Heidelberg ernannt. Todesdatum unbekannt.

Werke: Mutterschaft und geistige Arbeit (1901, zus. mit A. Gerhard); Robert Owen. Sein Leben und seine Bedeutung für die Gegenwart (1905, Besprechung in: Die Frau H. 7, 1905); Schule und Brot (1908); William Godwin und Mary Wollstonecraft (1909); Die Schulspeisung in Groß-Berlin (1912); Landwirtschaftliche Kinderarbeit. Ergebnisse einer Umfrage (1925); Elisabeth Gnauck-Kühne (2 Bde., 1928).

COSIMA WAGNER: Die am 25. 12. 1837 zu Bellassio geborene Tochter der Gräfin d'Agoult und Franz Liszts wuchs in Paris auf. Auf Geheiß ihres Vaters siedelte sie nach Berlin über. Sie wohnte im Hause Bülow, wo sie den Dirigenten Hans von Bülow kennenlernte. Sie heirateten 1857 und bekamen zwei Töchter. Das Ehepaar zog nach München und pflegte engen Kontakt zu Richard Wagner, der in König Ludwig von Bayern einen hohen Gönner gefunden hatte. Es folgte eine seelisch belastende Leidenszeit für sie, da sie eine vor Bülow geheimgehaltene Liebesaffäre mit Wagner hatte, gleichzeitig für ihn beim König Ludwig vermitteln mußte und zwei Haushalte führte. Während dieser Zeit wurde Isolde geboren; obwohl der Vater Wagner war, erhielt sie den Nachnamen Bülow. 1870 wurde die Ehe geschieden; im gleichen Jahr heirateten Cosima und Richard. Sie lebten bis 1872 in Tribschen (Schweiz), um dann nach Bayreuth zu ziehen. Nach dem Tode Wagners 1883 führte Cosima die Festspiele zunächst in eigener Regie weiter, bis sie sie an ihren Sohn Siegfried weitergab. Sie starb hochbetagt am 1. 4. 1930 in Bayreuth.

Werke: Franz Liszt, ein Gedenkblatt von seiner Tochter (1911); Martin Gregor-Dellin/Dietrich Mack (Hrsg.), C. W. Die Tagebücher. 2 Bde (1976/77); Max Fr. v. Waldberg (Hrsg.), C. Wagners Briefe an ihre Tochter Daniela v. Bülow, 1866–1885 (1933); Paul Pretzsch (Hrsg.), C. W. und Houston Stewart Chamberlain im Briefwechsel 1888–1908 (1934); Erhard Thierbach (Hrsg.), Die Briefe C. Wagners an Friedrich Nietzsche (1938–40); Dietrich Mack (Hrsg.), Das zweite Leben – Briefe und Aufzeichnungen 1883–1930 (1980).

Literatur: Alice Sokoloff, C. W. Außergewöhnliche Tochter von Franz Liszt (1973); Richard Graf du Moulin Eckart, C. W., ein Lebens- und Charakterbild (1929–1931); Walther Siegfried, Frau C. W. (1939); Max Millenkovich-Morold, C. W. (1937); Michel-Fr. Demet, C. W. – Stifterin eines Mythos. In: H.-K. Metzger/R. Riehn (Hrsg.), Richard Wagner. Wie antisemitisch darf ein Künstler sein? (1978); Peter Wapnewski, Cosima Wagner und Cosimas Wagner. In Merkur H. 2, 1977; Julius Kapp, Wagner und die Frauen (1951); Herbert Eulenburg, Glückliche Frauen (1929); Eva Rieger in: Courage 1/1978.

QUELLENVERZEICHNIS

Außer den mit * gekennzeichneten Beiträgen stammen die Überschriften der Texte von der Herausgeberin.

*Nina d'Aubigny von Engelbrunner, Brief an Natalie über den Gesang als Beförderung der häuslichen Glückseligkeit und des geselligen Vergnügens**. 1. Aufl. 1803, 2. Aufl. Leipzig 1824, S. 46–49, 51–52, 54–58.

Johanna Kinkel, Musik als Mode und Musiktheorie für Mädchen, aus: Acht Briefe an eine Freundin über Klavierunterricht. Stuttgart/Tübingen 1852, S. 37–44, 53–63.

Louise Adolpha Le Beau, Sind Musikerinnen mittelmäßig?, aus: Über die musikalische Erziehung der weiblichen Jugend, Allgemeine Deutsche Musik-Zeitung, 6. Jg. 44/1878, S. 366–367.

Agnese Schebest, Ich bin Künstlerin, aus: Aus dem Leben einer Künstlerin, Stuttgart 1857, S. 60–61, 65–68, 96–98, 100–102, 299–303.

Claire Glümer, Wilhelmine Schröder-Devrient erzählt, aus: Wilhelmine Schröder-Devrient. Leipzig 1862, S. 10–12, 30–33, 38–40, 50, 52, 86, 89–90, 120–121, 163–167, 177, 188–190, 206–210.

Fanny Hensel, Kräht ja doch kein Hahn danach ..., aus: Sebastian Hensel, Die Familie Mendelssohn. 3 Bde. Berlin 1879, Bd. 1, S. 210–211; Bd. 2, S. 45, 56–57.

Johanna Kinkel, Ich schmachte, schmachte nach Geist, aus: Johanna Kinkel, Briefe. In: Frauen im Aufbruch. Frauenbriefe aus dem Vormärz und der Revolution von 1848, hrsg. v. Fritz Böttger. Berlin o. J., S. 408, 410–411; Briefe von J. K., hrsg. v. Marie Goslich, in: Preußische Jahrbücher Bd. 97. Berlin 1899, S. 192–193, 196, 403, 405, 414–416; Briefe von J. K. an Willibald Beyschlag, hrsg. v. Prof. Pahncke, in: Preußische Jahrbücher Bd. 122. Berlin 1905, S. 106; J. F. Schulte: J. K. nach ihren Briefen und Erinnerungs-Blättern. Münster 1908, S. 110.

Clara Schumann, Die Musik ist doch ein gutes Stück von meinem Leben, aus: Berthold Litzmann, Clara Schumann. Ein Künstlerleben. Nach Tagebüchern und Briefen. Leipzig 1903, Bd. 1, S. 87, 144–145, 156, 159, 160–161, 178, 185, 188–189, 245, 265, 269–270, 273, 276, 279, 286, 292, 294, 351–356, 364–365, 371–372, 377, 397, 412, 414; Bd. 2, S. 15, 21, 36–37, 139, 163, 180, 273–274, 279, 315; Bd. 3, S. 70, 217–218, 223 (Die beiden unterteilenden Unterschriften stammen von der Hrsg.).

Cosima Wagner, Die Frau soll alles aufopfern, aus: Die Tagebücher, 2 Bde., hrsg. von Martin Gregor-Dellin und Dietrich Mack. München/Zürich 1976/1977, Bd. 1, S. 21, 34, 43, 48, 66, 69, 75, 78, 95, 99, 113, 118, 123, 133, 200, 206, 214, 229, 231, 240, 246, 254, 276, 285, 311, 315, 397, 421, 445, 497, 503, 673, 703, 731, 755, 980, 1020, 1090, 1095; Bd. 2, S. 384, 606, 681, 720.

Alma Mahler-Werfel, Dem Genie die Steine aus dem Weg räumen, aus: Mein Leben. Frankfurt am Main 1960, S. 22, 32–42, 49–51.

Luise Adolpha Le Beau, Ich fand häufig Schwindel und wenig Geist, aus: Lebenserinnerungen einer Komponistin. Baden-Baden 1910, S. 7, 15, 17, 20–21, 60, 73–74, 159–160, 167–168, 175–176, 182–185, 193.

Sabine Lepsius, Ein Königreich für ein Paar Hosen!, aus: Ein Künstlerleben um die Jahrhundertwende. München 1972, S. 35, 54–55, 58–59, 67, 70, 76.
*Elisabeth Kuyper, Mein Lebensweg**, aus: Führende Frauen Europas, hrsg. von Elga Kern. München 1929, S. 214–227.
*S. Jessel, Warum gibt es so wenige Komponistinnen?**, aus: Vortrag in der Ortsgruppe des Allgemeinen Deutschen Frauenvereins zu Frankfurt am Main, 25. April 1898 (1898), S. 3, 5–14.
Adele Gerhard/Helene Simon, Mutterschaft und Musik, aus: Mutterschaft und geistige Arbeit. Berlin 1901, S. 65–81, 84–92. (Die beiden unterteilenden Unterschriften stammen von der Hrsg.)
*Anna Plehn, Weibliche Kunst und die Frau als Mäzen**, aus: Die Frau, H. 11, Jg. 11/1904, S. 683–687.
*Philippine Schick, Die Frau als Komponistin**, aus: Vortrag, gehalten am 26. 11. 1943 an der Hochschule für Musik Leipzig. Aus dem Nachlaß (Handschriften-Sammlung der Stadtbibliothek München).
*Mathilde Ludendorff, Künstlerische Begabung**, aus: Das Weib und seine Bestimmung. Leipzig 1927, S. 72–84.
*Luise Büchner, Weibliche Betrachtungen über den Ring des Nibelungen**, aus: Die Frau. Hinterlassene Aufsätze, Abhandlungen und Berichte zur Frauenfrage. Halle 1878, S. 358–369.
*Fanny Schindelmeisser, Ein Wort über meine Musik-Unterrichts-Anstalt**. Berlin 1840, S. 1, 9, 11–12, 15–18, 24, 30–33.

Die Herausgeberin und der Verlag danken den nachstehend aufgeführten Inhabern der Urheberrechte für die freundliche Erlaubnis zum Abdruck der Texte:

Leonore Blandow, Wentorf (Philippine Schick)
S. Fischer Verlag GmbH, Frankfurt am Main (Alma Mahler-Werfel)
Walter de Gruyter & Co., Berlin (Adele Gerhard, Helene Simon)
F. A. Herbig Verlagsbuchhandlung, München (Anna Plehn)
Gotthold Müller Verlag, München (Sabine Lepsius)
R. Piper & Co. Verlag, München (Cosima Wagner)
Ernst Reinhardt GmbH & Co. Verlag, München (Elisabeth Kuyper)
Verlag Hohe Warte Franz von Bebenburg KG, Pähl/Obb. (Mathilde Ludendorff)

LITERATURVERZEICHNIS

1. Frau und Musik (bis 1933)

d'Aubigny von Engelbrunner, Nina: Briefe an Natalie über den Gesang als Beförderung der häuslichen Glückseligkeit und des geselligen Vergnügens. Leipzig, 2. Aufl., 1824.

Bäumer, Gertrud: Eine Metaphysik des Geschlechtsgegensatzes. In: Die Frau 12/1908 (Auseinandersetzung mit Scheffler, K.: Die Frau in der Kunst).

–: Die Frau in der Kulturbewegung der Gegenwart. In: Grenzfragen des Nerven- und Seelenlebens, Bd. 5. Wiesbaden 1905.

–: Die Frau und das geistige Leben. Leipzig 1911.

Bahr-Mildenburg, Anna: Erinnerungen. Wien 1921.

Bauer, Bernhard A.: Komödiantin – Dirne? Der Künstlerin Leben und Lieben im Lichte der Wahrheit. Wien/Leipzig 1927.

Beil, Ada: Das Schöpfertum der Frau. München 1926 (s. auch Schmidt-Beil).

Blos, Anna: Frauen in Schwaben. 15 Lebensbilder (darunter: Emilie Zumsteeg). Stuttgart 1929.

Busse-Wilson, Elisabeth: Die Frau und die Jugendbewegung. Hamburg 1920.

Ehrlich, Heinrich: Die musikalische Ausbildung der Frau. In: Die Frau, H. 6, Jg. 1/1894.

Elster, Alexander: Musik und Erotik. Bonn 1925.

Ewens, Franz Jos. (Hrsg.): Erinnerungen einer Komponistin. Péan de la Roche Jagu. Dresden 1929.

Fay, Amy: Musikstudien in Deutschland. Berlin 1882.

Freudenberg, Ika: Die Frau und die Kultur des öffentlichen Lebens. Leipzig 1911.

Fürstenau, M.: Die musikalischen Beschäftigungen der Prinzessin Amalie, Herzogin zu Sachsen. Dresden 1874.

Gallwitz, S. D.: Die Komponistin Ethel Smyth. In: Die Frau, Jg. 36, 1929.

Gerhard, Adele/Simon, Helene: Mutterschaft und geistige Arbeit. Berlin 1901.

Glümer, Claire v.: Erinnerungen an Wilhelmine Schröder-Devrient. Leipzig 1862.

Goslich, Marie (Hrsg.): Briefe von Johanna Kinkel. In: Preußische Jahrbücher Bd. 97. Berlin 1899.

Gumprecht, Otto: Neue musikalische Charakterbilder. Leipzig 1876. (1. Kap.: Die Frauen in der Musik).

Hensel, Sebastian: Die Familie Mendelssohn. Nach Briefen und Tagebüchern. 3 Bde. Berlin 1879.

Hildebrandt, Hans: Die Frau als Künstlerin. Berlin 1928.

Hohenemser, Richard: Clara Wieck-Schumann als Komponistin. In: Die Musik/1905.

Holland, H. S./Rockstro, W. S.: Jenny Lind. Ihre Laufbahn als Künstlerin. 2 Bde. Leipzig 1891.

Hunnius, Monika: Mein Weg zur Kunst. Heilbronn 1925.

Ille-Beeg, Marie: Lina Ramann. Lebensbild einer bedeutenden Frau auf dem Gebiete der Musik. Nürnberg 1914.
Jessel, S.: Warum giebt es so wenige Componistinnen? Frankfurt o. J. (1898).
Kalischer, Alfred: Aus Beethovens Frauenkreis. In: Westermanns Monatshefte, Bd. 74/1893.
Kaulitz-Niedeck, R.: Die Mara. Das Leben einer berühmten Sängerin. Heilbronn 1929.
Kern, Elga (Hrsg.): Führende Frauen Europas. München 1929 (darunter die Autobiographie Elisabeth Kuypers).
Kinkel, Johanna: Acht Briefe an eine Freundin über Clavier-Unterricht. Stuttgart/Tübingen 1852.
Köstlin, H.: Josephine Lang-Köstlin. 1881.
Kohut, Adolph: Tragische Primadonnenehen. Leipzig 1887.
–: Die größten und berühmtesten deutschen Soubretten des neunzehnten Jahrhunderts. Düsseldorf o. J.
–: Die Gesangsköniginnen in den letzten drei Jahrhunderten. 2 Bde. Berlin 1906.
Krebs, Karl: Frauen in der Musik. Berlin 1895.
Kühn, Leonore: Schöpferisches Leben. Essays. Langensalza 1928.
La Mara (Marie Lipsius): Musikalische Charakterköpfe, Bd. 5: Die Frauen im Tonleben der Gegenwart. Leipzig o. J. (1902).
–: Durch Musik und Leben im Dienste des Ideals. 2 Bde. Leipzig 1917 (Autobiographie).
–: Liszt und die Frauen. Leipzig 1911.
Le Beau, Luise A.: Lebenserinnerungen einer Komponistin. Baden-Baden 1910 (Autobiographie).
–: Über die musikalische Erziehung der weiblichen Jugend. Allgemeine Deutsche Musik-Zeitung, 5. Jg., Nr. 44/1878.
Lehmann, Henni: Das Kunststudium der Frauen. Darmstadt 1914.
Lehmann, Lilli: Mein Weg. 2 Bde. Leipzig 1913 (Autobiographie).
–: Was ich über die moderne Gesangskunst denke. Berlin 1896.
Leixner, Otto von: Ästhetische Studien für die Frauenwelt. Leipzig 1901.
Levy-Rathenau, Josephine/Wilbrandt, Lisbeth: Die deutsche Frau im Beruf. Handbuch der Frauenbewegung, hrsg. v. G. Bäumer/H. Lange, Bd. 5. Berlin 1917.
Litzmann, Berthold (Hrsg.): Clara Schumann. Ein Künstlerleben. Nach Tagebüchern und Briefen. 3 Bde. Leipzig 1918.
Ludendorff, Mathilde (Kemnitz): Das Weib und seine Bestimmung. Leipzig 1927.
Märten, Lu: Die Künstlerin. Eine Monographie. Kleine Monographien zur Frauenfrage, Bd. 2. München 1914.
Marcus, Käte: Die schöpferische Frau. In: Neue Deutsche Frauenzeitschrift, 2. Jg. Nr. 21/1927.
Marchesi, Mathilde: Aus meinem Leben. Düsseldorf o. J. (1888).
Meichsner, A. v.: Friedrich Wieck und seine beiden Töchter. Leipzig 1875.
Meyer, Kathi: Der chorische Gesang der Frauen. Bis zur Zeit um 1800. Mittenwald 1917.
Michaelis, A.: Frauen als schaffende Tonkünstler. Ein biographisches Lexikon. Leipzig 1888.
Michelmann, Emil: Agathe von Siebold. Johannes Brahms' Jugendliebe. Göttingen 1930.
Morsch, Anna: Deutschlands Tonkünstlerinnen. Berlin 1894.

Moulin-Eckart, Richard Graf du: Cosima Wagner. Bd. 1: Ein Lebens- und Charakterbild. Bd. 2: Die Herrin von Bayreuth. Berlin 1929/1931.
Müller-Liebenwalde, Julie: Die Stellung der Frau im Schulgesangunterricht. In: Die Frau, Jg. 8 1900/01.
Pastorff, R.: Die Frau als Komponistin. In: Neue Deutsche Frauenzeitschrift, 3. Jg. Nr. 11/1928.
Plehn, Anna L.: Weibliche Kunst u. d. Frau als Mäcen. In: Die Frau, Jg. 11/1904.
Polko, Elise: Vom Gesange. Musikalische Winke u. Lebensbilder. Leipzig 1876.
Rellstab, L.: Wilhelmine Schröder-Devrient. In: Ges. Schriften, Bd. 9, 1844.
Rost, Karl: Die Tonkünstlerin. Leipzig 1899.
Sander, Else: Zum Organistenberuf der Frau. In: Die Frau, Jg. 29. H. 10/1922.
Schebest, Agnese: Aus dem Leben einer Künstlerin. Stuttgart 1857 (Autobiographie).
Scheffler, Karl: Die Frau und die Kunst. Berlin o. J. (1908).
Schindelmeisser, Fanny: Ein Wort über meine Musik-Unterrichts-Anstalt. Berlin 1840.
Schmidt-Beil, Ada (Hrsg.): Die Kultur der Frau. Berlin 1931.
Schorn, Adelheid von: Zwei Menschenalter. Erinnerungen und Briefe aus Weimar und Rom. Stuttgart 1913.
Schulte, J. F.: Johanna Kinkel. Nach ihren Briefen und Erinnerungsblättern. Münster 1908.
Eugenie Schumann: Erinnerungen. Stuttgart 1925.
Simmel, Georg: Weibliche Kultur. In: Philosophische Kultur. Gesammelte Essais. Leipzig 1911.
Stieger, Franz: Opernkomponistinnen. In: Die Musik, 13. Jg. Nr. 4/1913.
Sucher, Rosa: Aus meinem Leben. Leipzig 1914.
Thalheimer, Else: Johanna Kinkel als Musikerin. (Diss. masch.) Bonn 1924.
Trausil, Max: Franz Liszt und das ewig Weibliche. Leipzig 1896.
Trautwein, Susanne: Gedanken zum Lehrplan für den Musikunterricht an den höheren weiblichen Schulen, In: Musikpädagogische Gegenwartsfragen. Vorträge der VI. Reichsschulmusikwoche Dresden. Leipzig 1928.
Urban, Gisela: Lise Maria Mayer. Eine moderne Komponistin. In: Neue Deutsche Frauenzeitschrift, 3. Jg. Nr. 14/1928.
Weber, Marianne: Frauenfragen und Frauengedanken. Gesammelte Aufsätze. Tübingen 1919.
Weissmann, Adolf: Die Musik der Sinne. Berlin/Leipzig 1925.
Wieck, Marie: Aus dem Kreise Wieck-Schumann (Lebenserinnerungen). Dresden 1912.
Wolzogen, Alfred von: Wilhelmine Schröder-Devrient. 1863.
Zimmermann, Paul: Prostitution und Musik. In: Geschlecht und Gesellschaft, Bd. 7. Berlin/Dresden 1912.

2. Allgemeines (und Literatur nach 1933)

Altmann, Wilhelm: Nochmals: Musikalisch-schöpferische Frauen. In: Neue Musikzeitschrift 12/1948.
Bernhardt, Karl-Fritz: Zur musikschöpferischen Emanzipation der Frau. In: Kongreß-Bericht der Gesellschaft für Musikforschung Hamburg 1956. Kassel 1956.
–: Schumanns Weggefährtin. Zur musikpädagogischen Emanzipation der Frau. In: Musica 10/1956.

Bierther, Ursula/Kuwertz, Evelyn u. a. (Hrsg.): Künstlerinnen international. 1877–1977. Berlin 1977 (Katalog zur Ausstellung Berlin 1977).
Bogin, Meg: The Women Troubadours. London 1976.
Bovenschen, Silvia: Über die Frage: gibt es eine ›weibliche‹ Ästhetik? In: Ästhetik und Kommunikation 25/1976.
–: Die imaginierte Weiblichkeit. Exemplarische Untersuchungen zu kulturgeschichtlichen und literarischen Präsentationsformen des Weiblichen. Frankfurt am Main 1979.
Budde, Harald: Komponistinnen – gibt es sie? In: Blickpunkt 12/1975.
Dietze, Gabriele (Hrsg.): Die Überwindung der Sprachlosigkeit. Texte aus der neuen Frauenbewegung. Darmstadt/Neuwied 1979.
Drinker, Sophie: Die Frau in der Musik. Zürich 1955 (verkürzte Fassung von –: Music and Women: The Story of Women in their Relation to Music. New York 1948).
Export, Valie (Hrsg.): Feminismus, Kunst und Kreativität. Wien 1975.
Firestone, Shulamith: Frauenbefreiung und sexuelle Revolution. Frankfurt am Main 1975.
Friedrich, Annette: Beiträge zur Geschichte des weltlichen Frauenchores im 19. Jahrhundert in Deutschland. Köln 1961.
Gallwitz, S.: Gibt es eine weibliche Kunst? In: Die Frau H. 10, 45. Jg. 1938.
Gojowy, Detlef: Beruf: Komponistin, In: Musikhandel 3/1977.
Grosser-Rilke, Anna: Nie verwehte Klänge. Lebenserinnerungen aus acht Jahrzehnten. Leipzig/Berlin 1937.
Hahn, Werner: Frauen in der Popmusik. In: Musik und Bildung, 3/1975.
Harich-Schneider, Eta: Charaktere und Katastrophen. Augenzeugenberichte einer reisenden Musikerin. Berlin 1978.
Höcker, Karla: Das Leben von Clara Schumann, geb. Wieck. Berlin 1975.
Hoffmann, Freia: Annabelle oder das Schwein Monika. Über das Frauenbild bei deutschen Liedermachern. In: Anschläge 2. Jg. 5/1979.
Honolka, Kurt: Die großen Primadonnen. Stuttgart 1960.
Kapp, Julius: Richard Wagner und die Frauen. Berlin 1951.
Köhler, Siegfried: Die Frau als Komponistin in Vergangenheit und Gegenwart. In: Musik und Gesellschaft (DDR) 3/1954.
Krichbaum, Jörg/Zondergeld, Rein A.: Künstlerinnen. Von der Antike bis zur Gegenwart. Köln 1979.
Krille, Annemarie: Beiträge zur Geschichte der Musikerziehung und Musikübung der deutschen Frau (von 1750 bis 1820). Berlin 1938 (Diss.).
Kruhm, August: Musikalisch-schöpferische Frauen. In: Neue Musikzeitschrift 7/1948.
Kubisch, Christina: Die Vertreibung der Frau aus der Musik. In: Spuren 4/1979.
Kühner, Hans: Große Sängerinnen der Klassik und Romantik. Stuttgart 1954.
Kupferberg, Herbert: Die Mendelssohns. Tübingen 1977.
Kusche, Ludwig: Mütter machen Musikgeschichte. München 1972.
Lehmann, Lotte: Anfang und Aufstieg. Lebenserinnerungen. Zürich 1937.
Leider, Frida: Das war mein Teil. Erinnerungen einer Opernsängerin. Berlin 1959.
Lenk, Elisabeth: Die sich selbst verdoppelnde Frau. In: Ästhetik und Kommunikation 26/1976.
Lepsius, Sabine: Ein Berliner Künstlerleben um die Jahrhundertwende. München 1972 (Autobiographie).
Mahler-Werfel, Alma: Mein Leben. Frankfurt am Main 1960.

Matt, Peter von: Die Opus-Phantasie. Das phantasierte Werk als Metaphantasie im kreativen Prozeß. In: Psyche 3/1979.
Meuer, Adolph: Clara Schumanns eigenschöpferisches Werk. In: Zeitschrift für Musik, Jg. 106/1939.
Moser, Dietz-Rüdiger: Erotik und Musik. In: Gieseler, Walter (Hrsg.): Kritische Stichwörter zum Musikunterricht. München 1978.
Münster, Robert: Komponistinnen aus drei Jahrhunderten. Katalog zur Ausstellung der Bayerischen Vereinsbank in Zusammenarbeit mit der Musiksammlung der Staatsbibliothek. München o. J.
Nettl, Paul: Frauen in der Musik. In: Musik im Unterricht Jg. 51/1960.
Ney, Elly: Ein Leben für die Musik. Darmstadt 1952.
Nochlin, Linda: Why have there been no great women artists? In: Art and Sexual Politics, hrsg. von Thomas B. Hess/E. Baker. New York 1974.
Oppenheim, Meret: Weibliche Kunst. In: Die Schwarze Botin 4/1977.
Petersen, Karin: Weibliche Kreativität. Essen vom Baum der Erkenntnis. In: Courage 1/1978.
Pirchan, Emil: Marie Geistinger. Die Königin der Operette. Wien 1947.
Placzek, Siegfried: Erotik und Schaffen. Berlin/Köln 1934.
Preussner, Eberhard: Die bürgerliche Musikkultur. Hamburg 1935.
Raabe, Peter: Die Frau im musikalischen Leben. In: Zeitschrift für Musik Jg. 108/1941.
Rentmeister, Cäcilia: Berufsverbot für die Musen. In: Ästhetik und Kommunikation 25/1976.
Rieger, Eva: Männerherrschaft und Musik. In: Schreiben 5/1978.
–: Frau und Kreativität. In: Zeitschrift für Musikpädagogik 9/1979.
–: Frau, Musik und Männerherrschaft. Berlin 1981 (i. Vorb.)
Rohkohl, Brigitte: Rockfrauen. Hamburg 1979.
Rosaldo, Michelle/Lamphere, Louise (Hrsg.): Woman, Culture and Society. California 1974.
Ross, Johannes: Der Frauenchor i. d. Gegenwart. In: Lied u. Chor 4/1978.
Schrader-Klebert, Karin: Die kulturelle Revolution der Frau. In: Kursbuch 17/1969.
Schröder, Hannelore: Sexismus in Rocksong, Schlager und Protestsong. In: Vorgänge 32/1978.
Schünemann, Georg: Geschichte der deutschen Schulmusik. Leipzig 1931.
Sokoloff, Alice: Cosima Wagner. Außergewöhnliche Tochter von Franz Liszt. München 1973.
Stepanow, Giovanni: Die Macht der Töne. Gespräche, Erinnerungen an eine große Künstlerin 1914–1930 (Elena Rombro). Frauenfeld 1954.
Stern, Susan: Woman Composers: A Handbook. New Jersey 1978.
Tenschert, Roland: Frauen um Haydn. Wien 1947.
Tibbe, Monika: Frauen in der E-Musik. In: Stereophonie 13/1974.
Wallner, Bertha A.: Kirchenmusik und Frauengesang. In: Kirchenmusikalisches Jahrbuch, Jg. 34/1950.
Wickop, Eta: Clara Schumann als Komponistin. In: Musik im Unterricht, Jg. 52/1961.
Willfort, Manfred: Clara Schumann. In: Neue Musikzeitschrift 5/1971.
Wolfensberger, Rita: Clara Haskil. Bern/Stuttgart/Wien 1962.
Worbs, Hans-Christoph: Le tribut à la mode. Die Anfänge der Salonmusik. In: Neue Zeitschrift für Musik 3/1971.
Würz, Anton: Philippine Schick. In: Zeitschrift für Musik, Jg. 108/1941.
Zinnecker, Jürgen: Sozialgeschichte der Mädchenbildung. Weinheim 1973.

BILDVERZEICHNIS

Alma Mahler-Werfel (S. 119). In: A. Mahler-Werfel, Mein Leben. Frankfurt am Main 1960.

Titelzeichnung von Oskar Kokoschka (S. 122). Alma Maria Schindler-Mahler, Vier Lieder. Wien/Leipzig o. J. In: Komponistinnen aus drei Jahrhunderten, a.a.O.

Luise Adolpha Le Beau – Titelseite Neue Musik-Zeitung (S. 128). Aus: Neue Musik-Zeitung, VII. Jg., Nr. 5, Köln 1886.

Sabine Lepsius beim Malen. Zeichnung von ihrer Tochter Sibylle Lepsius. (S. 135). In: Sabine Lepsius, Ein Künstlerleben um die Jahrhundertwende. München 1972.

Sabine Lepsius. Skizze von Sibylle Lepsius (S. 137). In: Sabine Lepsius, Ein Künstlerleben..., a.a.O.

Elisabeth Kuyper. (S. 141). In: Führende Frauen Europas, hrsg. von Elga Kern. München 1929.

Frauenorchester, 19. Jh. (S. 147). In: Frauenbeziehung – Frauenliebe. Extrajournal, München 1978.

Titelseite (S. 154). Warum giebt es so wenige Componistinnen! von S. Jessel. Frankfurt am Main o. J. (1898).

Damenkapelle (um 1895), von Fritz Schnitzler (S. 157). In: Illustrierte Zeitung. Leipzig 1895, Bd. 105.

Titelseite (S. 162). Mutterschaft und geistige Arbeit von Adele Gerhard und Helene Simon. Berlin 1901.

Wilhelmine Schröder-Devrient in der Rolle des Fidelio (S. 164). In: D. Stoverock, Fidelio. Berlin 1960.

Die Komponistin Ingeborg von Bronsart, 1840–1913. (S. 171). In: Die Musik H. 20, Jg. 12 1912/13, a.a.O.

Corona Schröter (S. 176). In: Komponistinnen aus drei Jahrhunderten, a.a.O.

Die Musik. Gemälde von Melozzo da Forlin. (S. 179). In: Die Musik, H. 9, 3. Jg. 1903/04, a.a.O.

Die Amazonenschlacht. Buchillustration von Fidus. (S. 180). In: Janos Frecot u. a., Fidus. Zur ästhetischen Praxis bürgerlicher Fluchtbewegungen. München 1972.

Die Mutter im Feuereifer des Schaffens, das Kind im Bad. Karikatur von Honoré de Daumier (S. 181). In: Cillie Rentmeister, Frauenbewegung in der Karikatur des 19. Jhs., Katalog. Berlin 1974 (Sonderdruck).

Philippine Schick (S. 195). Aus dem Nachlaß. Handschriften-Abteilung der Stadtbibliothek München.

Mathilde Ludendorff (S. 200). In: M. Ludendorff, Statt Heiligenschein oder Hexenzeichen mein Leben, Bd. 2. München 1937.

Ex libris (S. 207), von Carl Zander. In: Die Musik, H. 11, Jg. 12 1912/13, a.a.O.

VERZEICHNIS DEUTSCHER KOMPONISTINNEN* (1850–1930)

Amalie Friederike, Marie, Prinzessin von Sachsen, Pseudonym Amalie Heiter, 10. 8. 1794 Dresden – 18. 9. 1870 ebd. (14 Opern).

Arlt-Kruse, Lotte, 1890–1930 (Singspiele, Lieder).

Arnim, Bettina von, geb. Elisabeth Brentano, Pseudonym Beans Beor, 4. 4. 1785 Frankfurt am Main – 20. 1. 1859 Berlin (Lieder).

Auspitz-Kolar, Augusta, 1843 Prag – 1878 Wien. Pianistin (Lieder, Klaviermusik).

Bach, Maria, Freiin von, geb. 11. 3. 1896 Wien. Schülerin von Josef Marx. Konzertierte schon mit 10 Jahren (Kammermusik, Klavierstücke, Lieder, auch mit Orchester).

Bachmann, Elise, 1838 Naumburg –? (Lieder, Klaviermusik).

Backes, Lotte, geb. 2. 5. 1901 Köln. Schülerin von G. Schumann und Max Trapp (Kammermusik, Chor-, Klavier- und Orgelwerke).

Baer, Louisa, 19. Jh. (Lieder).

Bauer, Charlotte, 19. Jh. Würzburg (Klaviermusik).

Baudissin, Sophie, Gräfin Wolf, geborene Kaskel. Schülerin von Pixis und Henselt. 19. Jh. Pianistin (Klaviermusik, Lieder).

Baum, Katherine, 19. Jh. (Lieder).

Baumgarten, Chris, geb. 16. 12. 1912. Leitet ein Studio für Singende Schauspieler in Berlin (DDR). (Lieder, Bühnenmusik.)

Becker, Ida, 19. Jh. Studium bei Friedrich Kiel und A. Becker (Kantate, Chorwerke, Lieder).

Behr, Louise, 19. Jh. (Chorwerke, Kammermusik).

Benfey-Schuppe, Anna, 1830 Landeck – 27. 5. 1903. Musiklehrerin, mit dem Privatgelehrten R. Benfey verheiratet. Wohnsitz Weimar (Ouvertüren, Kammermusik).

Bernouilly, Agnes, 1825 Berlin –? (Klavierstücke, Lieder, Orchesterwerke).

Blahetka, Marie Leopoldine, 15. 11. 1811 Guntramsdorf b. Wien – 12. 1. 1887 Boulogne sur Mer. Pianistin, Schülerin von Czerny, Kalkbrenner, Moscheles und S. Sechter. Virtuosin auf der Physharmonika (Kammermusik, Klavier-, Orchesterwerke, Oper »Die Räuber und der Sänger«).

Biehler, Ludmilla, 19. Jh. (Klaviermusik).

Blauhuth, Jenny, 1862 Leipzig –? Studien am Leipziger Konservatorium bei C. Rust (Lieder, Klavierstücke).

Bloomfield-Zeisler, Fannie, 1863 Bielitz (Österr.) – 20. 8. 1927 Chicago. Pianistin (Klavierwerke, Lieder).

Bockholtz-Falconi, Anna, 1820 Frankfurt am Main – 24. 12. 1879 Paris. Gesangspädagogin, Sängerin (Lieder, Gesangsstudien).

* *Quellen:* Wilhelm Altmann, Nochmals: musikalisch-schöpferische Frauen (1948), Lexikon der Frau (2 Bde., 1953); A. Michaelis, Frauen als schaffende Tonkünstler. Ein biographisches Lexikon (1888); Anna Morsch, Deutschlands Tonkünstlerinnen (1894); Philippine Schick, Nachlaß (Handschriftensammlung der Stadtbibliothek München); Susan Stern, Women Composers. A Handbook (1978).

Boesenhoenig, Josepha, 19. Jh. Wien. Pianistin (Klaviermusik).

Börner-Sandrini, Marie, 1808 Dresden –? Tochter der sächsischen Kammersängerin Luigia Sandrini. Pianistin, Sängerin. Mitglied der ital. Oper am Dresdner Hoftheater, künstlerisch-pädagogisch in Prag und Dresden tätig (Lieder).

Botiano, Helene von, 19. Jh. (Klaviermusik).

Bovet, Hermine, 1842 Höxter/Westf. –? (Lieder, Klaviermusik).

Brandhurst, Elise, 19. Jh. (Klavierwerke und Lieder).

Brauer, Johanna Elisabeth, 27. 4. 1861 Lahr (Baden) –? Lehrerin, Pianistin (Lieder, Chorwerke).

Brinkmann, Minna, 1831 Osterwieck –? (Klavierwerke).

Bronsart, Ingeborg von, geb. Starck, 24. 8. 1840 Petersburg – 17. 6. 1913 München. Schülerin von Henselt und Liszt, Pianistin. Mit dem Dirigenten, Komponisten und Pianisten Hans v. B. verheiratet (Klaviermusik, 4 Opern, darunter »Die Göttin zu Saïs«, »Harne« und die mehrmals aufgeführte Oper »Jery und Bätely«).

Brucken-Fock, Emilie von, 19. Jh. (Klaviermusik, Lieder).

Bruckenthal, Bertha von (Baronin), 19. Jh. (Chorwerke, Klaviermusik).

Brückner, Gertrude, München, um 1930 (Klavierkonzert, Klavier- und Kammermusik, Lieder).

Bülow, Charlotte von, 19. Jh. Kusine des Dirigenten Hans von Bülow, gehört zu den Mitbegründern des Stern'schen Gesangvereins, Berlin (Lieder).

Buttenstein, Constance von, 19. Jh. (Lieder, Klavierwerke, Instrumentalwerke).

Charlotte Frédericke Wilhelmine Louise, Prinzessin von Sachsen-Meiningen, 27. 6. 1831 Berlin – 30. 3. 1855 (Lieder, Klavier- und Orchesterwerke).

Charlotte, Prinzessin von Sachsen-Meiningen, 24. 7. 1860. Tochter des deutschen Kaisers Friedrich III. (Kammermusik und Orchesterwerke).

Cibbini, Katherina, geb. Kozeluch, 1790 Wien – 1858 ebd. Pianistin (Klavierwerke).

Clement, Mary, 1861 Stettin –? (Lieder, Klavierwerke).

Cronenthal, Louise Augusta Hänel von, 18. 6. 1839 Naumburg – 9. 3. 1896 Paris (Klavier-, Kammermusik, eine Oper, Orchesterwerke).

Damcke, Louise, 19. Jh. (Klavierwerke, darunter Salonstücke).

Decker, Amalie von, 19. Jh. (Lieder und Duette).

Decker, Pauline von, geb. Schätzel, 1812 Berlin – 12.9.1882 Eichberg b. Schilda. Mitglied der Berliner Hofoper 1828–32 (Duette).

Deichmann, Julie, 19. Jh. (Lieder).

Dietrich, Amalie (Amalia), 2. 5. 1838 Dresden –? Mit 8 Jahren erstes öffentliches Auftreten als Wunderkind. Übersiedlung nach Boston (USA), dort Tätigkeit als Musiklehrerin (Lieder, Klavierwerke).

Dreifuss, Henriette, 19. Jh. (Lieder).

Droste-Hülshoff, Annette Elisabeth Freiin von, 10. 1. 1797 Gut Hülshoff b. Münster – 24. 5. 1848 Meersburg (Bodensee). Bedeutende Lyrikerin und Erzählerin im 19. Jahrhundert (3 Opern, unvollendet, Lieder, Volksliedbearbeitungen).

Eckhardt-Gramatté, Sophie-Carmen, geb. 6. 1. 1902 Moskau (Österreicherin). Studierte bei d'Indy und Fauré (Paris) sowie M. Trapp (Berlin). Ihre frühen Kompositionen brachte sie als Solo-Violinistin auf Reisen durch Westeuropa zur Aufführung (Symphonie, Konzert- und Kammermusik, auch entlegene Instrumentalzusammenstellungen).

Erdmannsdörfer, Pauline von, geb. Fichtner, 28. 6. 1847 Wien – 24. 9. 1916

München. Pianistin. Schülerin Liszts, bei dem sie 1870/71 in Weimar studierte. Ernennung zur Großherzogl. Weimarischen und Darmstädtischen Hofpianistin (Klavier- und Kammermusik, Lieder).

Eschborn, Nina, 19. Jh. Tochter eines bekannten Kapellmeisters, Sängerin und Harfenistin (Stücke für Harfe, Lieder).

Fahrbach, Henriette, 22. 1. 1851 Wien – 24. 2. 1923 ebd. Chordirigentin, Pädagogin (Lieder, Klavierstücke).

Faisst, Clara Mathilde, 22. 6. 1872 Karlsruhe – 22. 11. 1948 ebd. Studierte in Berlin Klavier bei Rudorff, Komposition bei Bruch und Kahn, konzertierte vielfach mit eigenen Werken (Chorwerke, Kammermusik, Klavierstücke, über 100 Lieder).

Faltis, Evelyn, 20. 2. 1890 Trautenau (Böhmen) – 13. 5. 1937 Wien. Schülerin der Wiener Akademie und der Dresdner Hochschule, wo sie einen Kompositionspreis für ihre »Phantastische Symphonie« erhielt. 1. weiblicher Solorepetitor bei den Bayreuther Festspielen. Ab 1924 an der Städtischen Oper Berlin (Kammermusik, Lieder, Chor- und Orchesterwerke, Klavierkonzert, Messe).

Felsenthal, Amalie, 1841 Iserlohn –? (Klavierwerke, Lieder).

François, Emmy von, 19. Jh. (Blas- und Klaviermusik).

Frankel, Gisela, 19. Jh. (Klavier- und Chorwerke).

Fromm-Michaels, Ilse, geb. 30. 12. 1888, studierte bei J. Kwast und C. Friedberg Klavier, bei Pfitzner und Steinbach Komposition. Pianistin und Pädagogin. Ab 1946 Dozentin an der Hamburger Musikhochschule (Orchester- und Kammermusik, Klaviermusik, Lieder).

Gaschin, Fanny, Gräfin von und zu Rosenberg, 9. 3. 1818 Thorn –? Pianistin (Klavierstücke).

Geiger, Constanze, 15. 10. 1835 (1836?) Wien – 24. 3. 1890 Dieppe (Frankr.). Schauspielerin, Pianistin (Chor-, Orgel- und Klaviermusik, Lieder).

Gilbert, Pia, geb. 1. 6. 1921. Lehrerin (Orchesterwerke).

Görres, Maria Vespermann, 19. Jh. (Lieder, Instrumentalwerke).

Götze, Auguste, 24. 2. 1840 Weimar – 29. 4. 1908 Leipzig. Sängerin, Lehrerin am Dresdner und Leipziger Konservatorium. Errichtete 1875 eine eigene Gesangsschule (Drei Opern, Lieder).

Gollenhofer-Müller, Josephine, 19. Jh. Harfenistin (Stücke für Harfe).

Goßler, Clara von, 19. Jh. (Klavierwerke, Lieder).

Grab, Isabella von, 19. Jh. (Klaviermusik).

Griebel, Thekla, 19. Jh. (Eine Oper).

Grünbaum, Therese, geb. Müller, 24. 8. 1791 Wien – 30. 1. 1876 Berlin. Dramat. Sopran, Primadonna an der Wiener Hofoper und an der Berliner Kgl. Oper. Gesangpädagogin (Lieder).

Haaß, Catherina, 29. 2. 1844 Ottweiler –? Komponistin, Musikschriftstellerin (Klavierstücke, Lieder).

Halpern, Stella, geb. 18. 5. 1923. Lehrerin (Kammermusik).

Hans, Lio (Pseudonym Lili Scheidl-Hutterstrasser), geb. vor 1900 Wien (Sinfonische Dichtungen, Lieder, Kammermusik, Opern, u. a. »Maria von Magdala«, aufgeführt 1919 an der Wiener Volksoper).

Hartze-Stibbe, Marie, geb. 1880, ausgewandert nach Amerika (Klavierkonzert, Kammermusik, Lieder, Klavierwerke).

Heidenreich, Henriette, 19. Jh. (Violinstücke).

Heidrich, Hermine Margarete, geb. 1884 Berlin (Oper, Chöre, Lieder, Kammermusik).

Heinke, Ottilie, geb. in Breslau, 19. Jh. (Stücke für Klavier und Violoncello).

Heinrichs, Agnes, geb. 26. 7. 1903 Köln. Lehrerin, Pianistin (Klavier- und Chorwerke, Kammermusik, Lieder).

Heitmann, Mathilde, 19. Jh. (Lieder).

Heller, Ottilie, 19. Jh. (Lieder, Klavierstücke).

Hendrich-Merta, Marie, 7. 10. 1852 (1842?) Salzburg –? (Lieder, Klavier- und Kammermusik).

Henn, Angelika, geb. in Pforzheim, 19. Jh. (Eine Oper, Lieder, Instrumentalwerke).

Hensel, Fanny, geb. Mendelssohn, 14. 11. 1805 Hamburg – 14. 5. 1847 Berlin. Pianistin (Lieder, Kammermusik, Klaviermusik, Werke für Chor und Orchester).

Hertz, Hedwig, 19. Jh., verstarb in Berlin (Chorwerke, Lieder, Klavierwerke).

Herz, Maria, 1878 –? Nach London ausgewandert (Klavierkonzert, Kammermusik, Lieder, auch mit Orchester).

Heuberger, Jenny, 13. 7. 1831 Kassel –? Ausbildung zur Bühnensängerin, als Gesanglehrerin in Danzig tätig (Lieder).

Heynsen, Adda, geb. 1893. 1936 von Hamburg nach London ausgewandert (Klavierstücke).

Hinrichs, Maria, 1828 – 5. 5. 1891. Gattin des Komponisten Robert Franz (Lieder).

Hoppe, Clara, 1856 Berlin – 1937. Konzertsängerin, Kompositionsschülerin Hugo Kauns, Friedr. E. Kochs und W. Bergers (Opern, Gesangsduette, Lieder).

Huber, Nanette, 19. Jh. (Klavierstücke).

Hübner, Ilse, 1898 Wien – 1969. Seit 1922 in den USA. Lehrerin, Musikwissenschaftlerin, Musiktherapeutin (Eine Sinfonie, Kammer- und Klaviermusik).

Hundt, Aline, 1849–1873. Liszt-Schülerin, Dirigentin. 1871 führte sie in Berlin ihre Sinfonie G-Moll auf (Chor-, Klavier- und Orchesterwerke, Lieder).

Japha, Louise, verh. Langhans, 2. 2. 1826 Hamburg – 13. 10. 1910 Wiesbaden. Studierte in Düsseldorf bei Robert Schumann, Pianistin (Oper, Lieder, Klavier- und Kammermusik).

Kainerstorfer, Clotilde, 19. Jh. (Geistliche Chorwerke mit Orgel, Lieder).

Keetman, Gunild, geb. 5. 6. 1904 Elberfeld. Mitarbeiterin von Carl Orff, Lehrerin (Lieder, Kammermusik, Spielstücke).

Kern, Frieda, 20. Jh. Schülerin von Franz Schmidt. 1943–45 Lektorin für Musiktheorie in Wien (Orchesterwerke, Kammermusik, Lieder).

Kern, Louise, 19. Jh. (Kammermusik).

Kinkel, Johanna Matthieux, geb. Mockel, 8. 7. 1810 Bonn – 15. 11. 1858 London. Musikpädagogin, Pianistin, Schriftstellerin (Eine Operette, Lieder, Chorwerke, Klavierwerke). Ihre Tochter Adele komponierte ebenfalls.

Kirchner, Elisabet, 1866–? Lebte in Berlin (Kammermusik, Klavierstücke, Lieder).

Klingberg, Friedl, geb. 1899 Berlin (Klavierstücke, Chöre, Lieder).

Klenze, Irene von, 19. Jh. (Lieder).

Kocher-Klein, Hilda, 20. Jh. Schülerin von Josef Haas (Kammermusik).

König, Marie, 19. Jh., geb. in Löbau (Sachsen). Musiklehrerin in Dresden, wo sie in jungen Jahren starb (Lieder, Klavierstücke).

Könneritz, Minna von, 19. Jh. (Lieder und Instrumentalwerke).

Korn, Clara Anna, geb. Gerlach, 30. 1. 1866 Berlin – 14. 7. 1940 New York. Pianistin, Lehrerin. Studierte in den USA, später auch bei Dvořák. Seit 1893 als Pädagogin an amerikan. Konservatorien, auch musikschriftstellerisch tätig (Oper »Our last war«, Sinfonie, Klavierkonzert, Kammer- und Klaviermusik).

Kralike, Mathilde von, 19. Jh. (Klavierwerke).

Krause, Anna, 19. Jh. (Lieder).

Kühn, Leonore, Dr. phil. (Pseudonym für Eleonore Frobenius), 31. 1. 1878 Riga –? Ursprünglich Pianistin und Musikpädagogin, seit 1901 Philosophie-Studium. Dichterin, Philosophin (Lieder, Chöre, Orchesterwerke).

Kukuck, Felicitas, geb. Kestner, geb. 2. 11. 1914 Hamburg. Kompositionsstudium bei Hindemith. Seit 1948 freischaffend in Hamburg lebend (Klavier- und Chorwerke, Lieder).

Kurzböck, Magdalene von, 19. Jh. Pianistin (Lieder, Klavierwerke).

Lang, Josephine, verh. Köstlin, 14. 3. 1815 München – 2. 12. 1880 Tübingen. Sängerin, Pianistin, gefeiertes Wunderkind, von Mendelssohn und Ferd. Hiller gefördert. 1840 zur königlichen Hofsängerin ernannt. Nachdem 1856 ihr Gatte verstorben war, lebte sie vom Unterrichten (Lieder, Klavierwerke).

Laszlo, Anna von, 19. Jh. (Kammermusik, Lieder).

Le Beau, Louise Adolpha, 25. 4. 1850 Rastatt – 2. 7. 1927 Baden-Baden. Pianistin, Pädagogin (Klavier-, Kammer- und Orchestermusik, Lieder, Chorwerke).

Lemke (Lemcke), Anna, 4. 10. 1862 Elbing –? Studierte in Berlin. Musiklehrerin (Klavierstücke, Lieder).

Lewing, Adele, 6. 8. 1866 Hannover – 16. 2. 1943 New York. Pianistin, Lehrerin. Studierte in Leipzig bei Reinecke und Jadasson, in Wien bei Fuchs. Vielseitige Konzerttätigkeit als Solistin führender Orchester. Ihre Kompositionen wurden mehrfach ausgezeichnet (Lieder, Klavierwerke).

Liebmann, Helene, geborene Riese, um 1796 Berlin –? (Kammermusik, Lieder).

Löwe, Augusta, 1822 Berlin –? Sängerin (Lieder).

Ludwig, Rosa, 19. Jh. (Klavierwerke).

Mädler, Ruth (blind), geb. 1908 (Chorwerke mit Orchester, besonders Messe, Kammermusik, Klaviersonaten).

Mahler-Werfel, Alma Maria, geb. Schindler. 31. 8. 1879 Wien – 13. 12. 1964 New York (Lieder).

Mampe-Babnigg, Emma, 19. Jh. Sängerin (Lieder).

Mannkopf, Adolphine, 19. Jh. (Lieder, Chormusik).

Marchesi, Mathilde de Castrone, geb. Graumann, 24. 3. 1821 Frankfurt am Main – 17. 11. 1913 London. Sopranistin, Gesangspädagogin. Schülerin von O. Nicolai (Wien) und Garcia (Paris). Sie lehrte in Wien, Köln und Paris. Viele bedeutende Sängerinnen ihrer Zeit sind durch ihre Schule gegangen (24 Hefte Vokalisen, Lieder).

Marie Paulowna, Großherzogin von Weimar, 1786 – 23. 6. 1859 (Klaviermusik).

Marie-Elizabeth von Sachsen-Meiningen, 19. Jh. (Klavier- und Kammermusik).

Maur, Sophie, 1877 –? Schülerin Regers (Klavierstücke, Lieder).

Mayer, Emilie, 14. 5. 1812 Friedland (Mecklenb.) – 10. 4. 1883 Berlin. Pianistin, Schülerin von Karl Loewe und A. B. Marx (Eine Operette, sieben Sinfonien, zehn Ouvertüren, Klavierkonzert, Kammermusik und Klavierwerke).

Mayer, Lise Maria, geb. 22. 5. 1894 Wien. Studierte bei R. Stöhr und J. B. Foerster, Dirigieren bei Franz Schalk in Wien (Eine Oper, Sinfonische

Fantasie für Tenorsolo, Chor und Orchester, Kammermusik, Klavierstükke, Lieder).

Menter, Sophie, verh. Popper, 29. 7. 1846 München – 23. 2. 1918 Stockdorf b. München, Klaviervirtuosin. Sie studierte bei Fr. Niest, Tausig, Bülow und Liszt, als dessen beste Schülerin sie galt. Glanzvolle Konzerttätigkeit in ganz Europa. 1883–1887 Professorin am Konservatorium Petersburg. Enge künstlerische Verbindung mit Tschaikowsky (Zigeunerweisen, Ungarische Fantasie für Klavier mit Orchester, Klavierstücke).

Mikusch, Margarethe von, geb. 26. 3. 1884 Baydorf (Schlesien). Studierte Harmonielehre in Dresden und Wien, Kontrapunkt in Berlin, besuchte in München die oberste Fugenklasse der Akad. der Tonkunst (F. Klose) und war 1911 Schülerin von Max Reger und James Kwast (Sinfonie, Streichorchester-Suite, Kammermusik, Klavierstücke, Lieder).

Molique, Caroline, 19. Jh. (Lieder, Violinstücke).

Molitor, Frederike, 19. Jh. (Lieder).

Momy, Valerie, 19. Jh. (Klavierstücke).

Müller, Elise, 1782 Bremen –? (Lieder).

Müller-Hermann, Johanna, 15. 1. 1878 Wien – 15. 4. 1941 ebd. Lehrerin. Studierte in Wien bei Guido Adler, A. v. Zemlinsky und J. B. Foerster. 1918–1932 Lehrerin am Wiener Konservatorium (Sinfonie mit Chor und Soli, Kammermusik, Chöre, Lieder, auch mit Orchester).

Näser-Otto, Martha, 17. 3. 1860 Luckenwalde –? Studierte Klavierspiel und Theorie in Berlin (Lieder, Klavierstücke).

Naumann, Ida, gest. 1897 Berlin. Sängerin (Lieder).

Netzel, Laura, veröffentlichte unter dem Pseudonym N. Lago zwischen 1890 und 1900 (Kammermusikwerke).

Niederstetter, Emilie, 19. Jh. (Klavierwerke).

Nikisch, Amélie, geb. Heußner, 1880 Brüssel – 1938 Leipzig. Opernsoubrette in Kassel und Leipzig, Gattin des gleichnamigen Dirigenten (Komische Oper »Daniel in der Löwengrube«, Hamburg 1914, Operette »Meine Tante, deine Tante«, Berlin 1911, Singspiele, Musik zu Weihnachtsmärchen).

Nöthling, Elisabet, Berlin, gest. 1881 (Kammermusik, Chöre, Duette, Lieder).

Nüsse, Lucie, geb. 1895 (Lieder).

Ohe, Adele aus der, 11. 12. 1864 Hannover – 7. 12. 1937 Berlin. Pianistin. Studierte bei Kullak in Berlin, debütierte zehnjährig als Solistin in einem Orchesterkonzert. Schülerin von Liszt (Lieder, Klaviermusik).

Olivier, Charlotte, 19. Jh. (Klaviermusik).

Pelckmann, Stephanie, geb. 1898 Berlin (Lieder).

Perschmann, Elfriede, geb. 1888 Berlin (Chöre, Lieder, Klavier- und Violinstücke).

Peschka, Minna, geb. Leutner, 25. 10. 1839 Wien – 12. 1. 1890 Wiesbaden. Sängerin, Sopran (Lieder).

Pessiak-Schmerling, Anna, 1834 Wien – 1896 ebd. Lehrerin (Chor- und Klaviermusik, Lieder).

Pfeilschifter, Julie von, 15. 4. 1840 Mannheim –? Trotz dürftigen Musikunterrichts wurde sie eine geachtete Klaviervirtuosin (Klavierstücke, Lieder).

Pfund, Leonore, geb. Thiele, 21. 5. 1877 Glauchau –? Lebte in Dresden (Lieder).

Pitsch, Else, geb. 1898. Lebte in Berlin (Chöre, Lieder).

Plitt, Agathe, 1831 Thorn –? Pianistin (Chorwerke, Lieder).

Polko, Elise, geb. Vogel, 31. 1. 1823 Dresden – 15. 5. 1899 München. Sängerin,

Schriftstellerin. Nach musikal. Ausbildung in Paris und Leipzig, wo sie mit siebzehn auftrat und Mendelssohns Förderung erfuhr, sang sie an mehreren Bühnen, bis sie aus gesundheitlichen Gründen aufgeben mußte und sich schriftstellerisch betätigte (Lieder).

Porita, Ruth, geb. 1902. Lebte in Karlsruhe (Geistliche und weltliche Chöre, Lieder).

Pott, Aloyse, 23. 4. 1815 Wien –? Pianistin (Lieder).

Quiel, Hildegard, geb. 1888. Schülerin Elisabeth Kuypers (Märchenspiel, Kammermusik, Klavierstücke, Chöre, Lieder).

Rainer-Kupffer, Maria von, geb. 1894. Lebte in Dresden. Violinvirtuosin (Violinstücke).

Richter, Pauline, 19. Jh. (Lieder, Klavierstücke).

Ritzel, Waltrud, geb. 1901. Lebte in Wiesbaden (Operette, Lieder).

Rothschild, Wilhelminie Freifrau von, 1832–1924 (Lieder).

Ruttenstein, Constance Baronin, 19. Jh. (Lieder).

Sabinin, Martha von, 19. Jh. (Lieder, Klaviermusik).

Saligny, Clara, 19. Jh. (Klaviermusik).

Sawath, Caroline, 19. Jh. (Klaviermusik).

Schaden, Nanette von, geb. in Salzburg, 19. Jh. Pianistin (Klaviermusik).

Schäffer, Therese, 19. Jh. (Klavierwerke, Lieder).

Schauroth, Delphine von, 1814 Magdeburg – ca. 1881. Pianistin (Klaviermusik).

Schick, Philippine, 9. 2. 1893 Bonn – 16. 1. 1970 München (Lieder, Kammer- und Orchestermusik, Chorwerke, Oper, Klavierwerke).

Schlick, Elise, 19. Jh. (Lieder).

Schmezer, Elise, geb. Kratky, 19. Jh. (Lieder, Oper).

Schmitt-Lehmann, Frieda, geb. 1885 München. (Das Lied von der Glocke für Soli, Chor und Orchester, Kirchenmusik, Lieder, Sinfonische Dichtung).

Schnorr von Carolsfeld, Malvina, geb. Garrigues, 7. 12. 1825 Kopenhagen – 8. 2. 1904 Karlsruhe. Gattin des gleichnamigen Sängers. 1860 an die Dresdener Hofoper verpflichtet. 1865 war sie Wagners erste »Isolde« in München. Später wirkte sie an der Oper in Karlsruhe (Lieder).

Scholl, Amalie, 1823 Dresden – 1879 ebd. (Lieder).

Schonthal-Seckel, Ruth, geb. 27. 6. 1924 Hamburg. Seit 1956 Bürgerin der USA. Lehrerin (Kammer- und Klaviermusik, Lieder).

Schorr-Weiler, Eva, geb. 1927 Crailsheim/Württ. (Kammer- und Klaviermusik, Werke für Orgel, Chorwerke, Lieder).

Schreinzer, F. M., 1812 Danzig – 1873. Pianistin, Sängerin (Lieder, Klavierstücke).

Schubert, Georgine, 28. 10. 1840 Dresden – 26. 12. 1878 Potsdam. Sopranistin, Unterricht bei Jenny Lind und Manuel Garcia (London). Gastspiele im In- und Ausland (Lieder).

Schulze-Berghof, Luise, geb. 1889. Lebte in Potsdam (Balladen und Lieder, Melodramen).

Schumann, Clara, geb. Wieck, 13. 9. 1819 Leipzig – 20. 5. 1896 Frankfurt am Main. Pianistin (Lieder, Klavierwerke, Kammermusik).

Schuster, Elfriede, geb. 1894 Berlin. (Klaviertrio, Klavierkonzert, Lieder).

Schweizer, Gertrud, 20. Jh. Mannheim. Schülerin Tochs. Während der Nazi-Herrschaft vergast (Klavierstücke, Lieder).

Schwertzell, Wilhelmine von, 19. Jh. (Lieder).

Seipt, Sophie, geb. in Köln, 19. Jh. (Werke für Violoncello).

Senfter, Johanna, 1879 – 1961. Mit vierzehn wurde sie von Reger entdeckt. Sie studierte am Frankfurter Konservatorium Klavier und Geige (Sinfonien, Klavier- und Violinkonzerte, Kammermusik, Lieder).

Sick, Anna Laura, 1803 –? Pianistin (Klavierstücke, Lieder).

Sporleder, Charlotte, 8. 11. 1836 Kassel – 1915 (Orchesterwerke, Klavierstükke, Chöre, Balladen und Lieder).

Stecher, Marianne, 19. Jh. Organistin (Orgelwerke).

Stein-Schneider, Lena, 1874 –? 1941 ausgewandert (Operetten, Sing- und Märchenspiele, Lieder, Tänze).

Steinsdorff, Helene, geb. 1881 Solingen (Orgelstücke, Lieder).

Stollewerck, Nina von, 1825 Wien –? (Lieder, Chor- und Orchesterwerke, Klaviermusik).

Tschierschky, Wilhelmine, 19. Jh. (Lieder).

Tuczek, Felicia, Wien, Schwägerin Max Bruchs (Streichquartett, Klavierstükke, Lieder).

Veltheim, Charlotte, 30. 3. 1803 Breslau – 27. 4. 1873. Sängerin, Pianistin (Lieder, Klavierstücke).

Vespermann-Görres, Maria, 5. 4. 1823 München – 23. 5. 1889 ebd. (Klavierwerke, Chöre, Lieder).

Vigny, Louise von, 19. Jh. (Lieder).

Voigt-Schweikert, Margarete, geb. 1887 (Märchenspiele, Lieder, Violinstücke).

Waldburg-Wurzach, Julie von, 27. 4. 1841 Wien –? (Lieder, Klavierstücke).

Webenau, Vilma von, 1875–? (Opern, Kammer- und Klaviermusik, Lieder).

Weigl, Valley, geb. 11. 9. 1889 Wien. Ab 1944 US-Bürgerin, Dozentin (Chorwerke, Kammermusik, Lieder).

Wentzel, Elisabet, geb. von Wartenberg, geb. 1889 (Klavierstücke, Lieder).

Wichern, Caroline, 13. 9. 1836 Horn b. Hamburg – 19. 3. 1906 ebd. 1860–1880 Chorleiterin in Hamburg, 1881–96 Gesangslehrerin in Manchester. Danach Rückkehr nach Hamburg, Arbeit als Dirigentin. 1900 dirigierte sie dort ein Orchesterkonzert mit eigenen Werken. Sie gab verschiedene Liedersammlungen heraus (Frauenchöre, Kinderlieder, Klavierstücke).

Wieck, Marie, 17. 1. 1832 Leipzig – 2. 11. 1916 Dresden. Halbschwester Clara Schumanns, Lehrerin, Pianistin und Konzertsängerin. Titel Fürstl. Hohenzollernsche Hof- und Kammervirtuosin. 1914 Professor (Klavierstücke, Lieder).

Wieruszowski, Lili, geb. 10. 12. 1899 Köln. Organistin, Chordirigentin (Orgelwerke, Chorwerke, Instrumentalmusik).

Wiseneder, Caroline, 20. 8. 1807 Braunschweig – 25. 8. 1868 ebd. Lehrerin (Lieder, zwei Opern).

Wolde, Elsa, verh. Flach, geb. 1891 (Chöre, Lieder, Kammermusik).

Wunsch, Ilse Gerda, geb. 14. 12. 1911 Berlin. Organistin, Pianistin, Chorleiterin (Lieder).

Wurmbrand, Stephanie Vrabely, 19. Jh. (Klavierwerke).

Zechlin, Ruth, geb. Oschatz, geb. 1926. Lehrstuhl für Komposition in Berlin (DDR) (Orchesterwerke, Kammermusik).

Zieritz, Grete von, geb. 10. 3. 1899 Wien. Sie studierte Komposition und Klavier in Graz und Berlin (Mojsisovics-Mojsvar, Schreker). In Berlin freiberuflich tätig (Orchesterwerke, Klaviermusik, Lieder mit Klavier- und Orchesterbegleitung).

Zimmermann, Agnes Marie Jacobina, 5. 7. 1845 (1847?) Köln – 14. 11. 1925 London. Pianistin. 1863 Debüt in London. Gab in England Beethovens und Mozarts Klaviersonaten und Schumanns Klavierwerke heraus (Klavier- und Kammermusik, Lieder).

Zumsteeg, Emilie, 9. 12. 1796 Stuttgart – 1. 8. 1857 ebd. Tochter des Komponisten Joh. Rudolf Z. Lehrerin, Sängerin, Pianistin. Ihre Lieder wurden einst viel gesungen (Klaviermusik, Lieder).

ANSCHRIFTEN

Musikfrauen e. V., Conradstr. 12, 1000 Berlin 27.

Arbeitskreis Frau und Musik, Schlagbaumsweg 150, 5000 Köln 50.

Troubadoura Frauenmusikzeitung/Troubadisc Frauenplatten, Arcisstr. 62, 8000 München 40.